上海助力打赢脱贫攻坚战口述系列丛书

静安的责任

中共上海市静安区委党史研究室 编

上海人民出版社　学林出版社

编委会

前　言

20 世纪 90 年代以来，静安区（含原闸北区、原静安区）积极贯彻中央决策部署，按照上海市委、市政府关于对口支援工作的要求，承担了西藏、云南、新疆、湖北等地区的对口帮扶工作，受命援建干部与当地干部群众手拉手、肩并肩，为促进受援地区经济发展、提高当地人民生活水平，保持社会稳定和巩固边疆安全，做出了应有的贡献，体现了静安的责任担当。

2015 年 11 月，中共中央、国务院印发了《关于打赢脱贫攻坚战的决定》，提出"到 2020 年，稳定实现农村贫困人口不愁吃、不愁穿，义务教育、基本医疗和住房安全有保障"。同月，闸北区和静安区落实上海市委、市政府"撤二建一"重大决策，成立新的静安区。在市委、市政府的坚强领导下，静安区按照"中央要求、当地所需、静安所能"的原则，对照"两不愁三保障"的基本要求和核心指标，在农村建设、产业发展、社会事业、劳务协作、人才支持等方面推出了一系列帮扶新举措，为受援地取得脱贫攻坚战的胜利提供了强有力的支持。

有鉴于此，在静安区委组织部、区政府合作交流办的大力支持下，静安区委党史研究室组织力量，以口述史的形式，对原区委领导、主管部门负责同志、援建干部及家属、受援地干部群众进行采访，编纂出版了《静安的责任》一书，忠实记录了静安对口支援工作，以及援建干部在帮扶地区不畏艰险、忘我工作，为改变受援地区贫困面貌而奉献智慧与汗水的历程。

习近平总书记强调："消除贫困、改善民生、逐步实现共同富裕，是社会主义的本质要求，是我们党的重要使命。"通过东西部扶贫协作和对口支援，"推动区域协调发展、协同发展、共同发展的大战略，是加强区域合作、优化产业布局、拓展对内对外开放新空间的大布局，是实现先富帮后富、最终实现共同富裕目标的大举措"。《静安的责任》既生动再现静安区对口支援的工作历程，又展现了静安干部忠诚担当、不辞辛苦、攻坚克难、乐于奉献的精神特质。希望通过本书能够激励全区干部群众不忘初心、牢记使命，围绕中心、服务大局，为谱写对口支援工作新篇章接续奋斗！

编　者
2020 年 9 月

目录

CONTENTS

有一种光荣：功成不必在当时，功成不必在当地

孙建平，1957 年 2 月生。现任上海浦东发展银行监事会主席。2013 年 7 月至 2015 年 11 月，担任中共上海市静安区委书记。2015 年荣获"全国优秀县委书记"称号。在任期间，选派优秀干部到静安区负责对口支援的新疆巴楚、湖北夷陵等地任职，并多次率党政代表团赴对口支援地区考察援建项目，获得当地干部群众的好评。

口述：孙建平
采访：林　捷　郭晓静　蒋　妍　陈　超
整理：蒋　妍　陈　超　陈　童
时间：2020 年 6 月 8 日

　　静安一直有着对口支援的优良传统，我们的重要任务就是传承和发扬。
2013 年至 2015 年期间，静安深入开展与新疆巴楚、湖北夷陵地区的对口支援
工作，帮助两地开展区域五年规划研究，不断加大对口支援力度，启动援助项
目 45 个，统筹安排资金 4.06 亿元，组织专题培训班 6 期、共 681 人次，致力
于拉动各地发展经济、改善民生，努力促进民族团结。2014 年，我们在静安
区对口支援与合作交流领导小组会议上提出："有一种责任叫支援，有一种感
情叫牵挂"，向与会的同志强调，对口支援与合作交流是中央的重大战略决策，
这项工作绝不是少数人的事，是国家使命，是我们义不容辞的责任，是全区工
作的重要组成部分，必须全力以赴不折不扣地履行。

　　在援建干部座谈会上，我会经常提到两种工作境界，即"功成不必在当
时"和"功成不必在当地"，这是践行以人民为中心的家国情怀，是一份勇于
担当、甘于奉献的光荣。在国家对口支援的战略布局中，我们任内所做的工作
仅是历史发展进程中的一小部分，国家要求我们对口支援的这些地区，也同样
是体现我们价值的重要地方。做事出成效是需要经历过程的，如果一定要功成
在当时的话，基本上只能做快速见效的事情，打基础、利长远的事情就没人做

了。我们鼓励大家要做栽树的人，甘心做好利于当地经济发展的基础性工作，所以说"功成不必在当时"。我们把这种理念作为对口支援工作的指导思想。在做好本职工作的同时，我们要时刻记得：我们心有多大，静安就有多大。我们心有多大呢？除了静安的 7.62 平方公里，我认为还要算上 3400 平方公里的夷陵地区，还要加上 2 万多平方公里的巴楚，这就是"功成不必在当地"的境界。把对口支援看成是一种光荣，更是一种责任，这就是我们的提倡和我们的追求。

从"受援方"到"合作方"，要充分尊重受援地党委政府

2013 年 7 月，我从虹口来到静安工作，通过一段时间的调研，我对何为"超大型城市核心区"有了自己的理解，它主要有四个方面的使命与责任：一是代表着城市发展的方向；二是城市精细化管理的标杆；三是城市经济的风向标；四是处在城市更新的前沿。那时候的静安区总面积 7.62 平方公里，仅占上海 1/900，但在经济上创造了全上海 1/40 的产值，可见静安的经济密度和发展水平。在党的十一届三中全会上，邓小平同志提出，"在经济政策上，我认为要允许一部分地区、一部分企业、一部分工人农民，由于辛勤努力成绩大而收入先多一些，生活先好起来"。1985 年 9 月 23 日，在中国共产党全国代表会议上，他又指出："鼓励一部分地区、一部分人先富裕起来，也正是为了带动越来越多的人富裕起来，达到共同富裕的目的。"我在学习小平文选的时候，对上述的讲话印象很深。现在，习近平总书记也提出打好打赢决胜全面小康攻坚战，"攻坚"不是仅靠少数几个职能部门对困难地区的支持，而是要举全国之力，大家一起来克难攻坚。所以静安干部群众也应当有这种强烈的责任心去做好这方面的工作，这也是我们后来提出支援式合作的一个思想根源——如何探索出一条共建、共享、共赢的对口支援新道路，促进民族团结，实现共同发展，真正做到静安和对口地区"在一起"。

在这个过程当中，我们确立了支援式合作的方针。我们清楚地意识到我们和对口支援地区不是单纯的支援方和受援方，而是合作方的概念。静安不是单纯的输出和支出，或者仅仅表现为一种支援，我们是支援方式的合作。当地的

党委、政府与我们一起履行国家赋予的责任，所以说首先它是一种合作。例如我们提出的"夷陵因静安可以更美好、静安因夷陵可以更精彩"就是静安对口支援夷陵的美好愿景和正在奋力实现的目标。例如，静安区全力帮助夷陵优质柑橘进入上海大市场，为夷陵橘农增收贡献力量，使得夷陵的资源优势和静安的市场优势能在合作中创造巨大价值。

第二，对口支援不应当是全区少数人的事。虽然我们派出的人不多，但这是全静安的大事，无论是在这件事的知情面还是社会动员上，都不应当是少数人承担的责任，需要更多的关注、更多的参与，共同推进这项工作持久有效地开展。"赠人玫瑰，手有余香"，静安不仅仅提供经费援助，重要的是要在思想认识上再提高，把各项工作调整到更好状态，用更加直接、有效的方式来做好对口支援工作。

第三，要提高对口支援的针对性和有效性。首先要立足长远，中西部的发展最终还是要依靠当地，我们暂时有一段时间的输血，最重要的是要让受援地区具备造血能力。帮助对口地区培养人才、发展经济，人才方面的培训静安有优势，通过进修培训、挂职锻炼，加强对口地区的干部、专业技术人才和经营管理人才的培训，协助对口地区开发特色产业，必要的时候对拥有资源但缺乏发展理念和思路的，通过帮助制定发展规划的方式逐步挖掘当地的发展潜能。我记得以前在云南文山州的两个县亟须帮助制定发展规划，我们就请了同济大学的专家通过两个月深入调研，给他们各自做了一个发展规划，他们就以这个为蓝本逐步形成了自己的发展思路。其次是要因地制宜，要结合静安和对口地区的实际，让对口支援项目和当地群众的需求密切结合，确保让群众得到实惠。在设立帮扶项目的时候，能认真听取并尊重当地的意见，多做一些改善民生的项目，静安援建夷陵地区所建立的妇幼保健院、社会福利院、老年公寓这些项目，社会反响都很好。再次是产业扶贫方面，当地的经济发展不起来、就业不充分，静安就以帮助三峡移民安置和产业发展为重点，支持当地的生活基础设施建设，配套发展当地的优势种植业，改善三峡移民的生产生活条件。

"思想先进是本质上先进　观念落后是根本上落后"

各项工作要走在前面，首先在思想观念方面应当走在前列。我们不认为静安与对口支援地区之间是单纯的支援和受援的关系，更不是一种施予的过程，全区上下大家在这方面思想认识高度一致，才能够协调一致，众志成城去完成对口支援和合作交流任务。因此，我们在 2014 年的区对口支援与合作交流领导小组会议上提出了三点思考：

一是从部门到政府。我到静安之前，静安区的对口支援工作主要就是区发改委、区财政局和区合作交流办几个部门的工作任务，影响力有限。如何做好这项工作？我想还是要牢记群众路线、群众方法、群众观念。一切为了人民群众是我们的根本出发点和根本目的，一切依靠人民群众是我们的根本方法，国家赋予我们静安对口支援的使命和任务，我们应该要发动整个静安一起来做实、做细、做好这件事。

所以从 2013 年开始，静安区无论是区委的报告还是区政府的报告上，都有大的段落专门来阐述静安区的对口支援工作。我们把它作为一项重要的工作来承担，作为一项重要的工作来向上级党委、向人民进行报告。此外，当时我们和两个地方的领导交流时都谈到了希望引起各方面关注，列入各自的工作议事日程上，在双方的网站上都能看到动态链接，静安援建干部的一些重要活动和情况也应当在我们区里的网站上有所反映。

二是从政府到社会。我们把对口支援这项工作从过去长期认为是政府性的工作，做成了社会性的工作。发动社会参与，对口支援是全区的事，而不是少数人的事，更不是个别部门的事，我们希望各方面都能够关注，提供方便及参与。通过区工商联让我们民营企业去对口支援地区考察；让静安的光彩事业促进会，通过形式多样的慈善活动积极地为中西部边区捐款捐物，给区里的干部群众提供一个为对口支援地区的经济发展和民生改善做贡献的平台。同时把社会各阶层发动起来，给他们提供就业，帮助他们，改善他们的生产生活。此外，在重要的节庆时间点上，增强两地的文化艺术交流活动，增进彼此了解。静安的专业艺术家与优秀群众文化团队要去；当然，静安有比较重要的活动时，也邀请对口支援地区派代表参加，与静安市民同台联欢，在共享当地文化盛宴的同时，体悟到这是历史赋予我们在一起的机遇，我们也要为此创造条件。

三是从当前到长远。我们非常注重两地青年和儿童的交流。沪夷两地青少年暑期互访交流活动从 2015 年创办以来，一直延续至今。两地的青少年之间架起了友谊的桥梁，这种友谊不仅仅只是停留在我们某一个项目上，而是扎根到年轻一代，进一步巩固了两地传统友谊，深化了全方位交流合作，也奠定了两地未来合作共赢发展的坚实基础。

当地所需　静安所能　携手攻坚

对静安来说，我们承担着两个地区的对口支援工作，任务是非常重的。一个是对口湖北省宜昌市的夷陵区，也就是三峡工程的所在地，上海是三峡工程的受益地区，所以国家把"反哺"三峡地区的这个重任交给上海，我们已经对口帮扶了二十八年，今后还将继续下去。另一个是新疆维吾尔自治区的巴楚县。2010 年，中央决定把对口支援新疆，尤其是南疆特别困难的几个县交给上海，上海当时决定巴楚由静安和松江两区负责。到了 2014 年，市里又做出调整，把巴楚完整的交给静安进行对口支援。时任中央政治局委员、上海市委书记韩正在市里相关会议特意强调："新疆工作是全党全国的大事，上海一直把援疆工作当作光荣使命和责任，摆在非常重要的位置上。民生为本、产业为主、规划为先、人才为要，在当地党委、政府的统一领导下，结合对口的喀什市县的实际，以更务实有力的举措，全力以赴将援疆工作做得更好更实，不辜负中央期望和新疆人民的期待。"

我与新疆巴楚的渊源始于 2010 年，当时曾先后两次随上海党政代表团去当地考察，第一次是时任上海市市长韩正带队，第二次是随时任中央政治局委员、上海市委书记俞正声去新疆。当时我是松江区区长，根据组织安排是和静安区一同对口支援巴楚。所以 2010 年第二次赴新疆考察时，我在巴楚县待了三天，在当地党政领导的陪同下了解巴楚的城市规划、工业园区建设、考察巴楚公共资源配置和公共服务能力情况，提出了一些自己的建议：

▶ 2014 年 7 月 18 日，静安——巴楚对口援建工作座谈会暨捐赠仪式

　　我毕业于同济大学，当时松江刚建成了一座松江新城，所以在巴楚的时候我就和当地党政领导强调城市规划的重要性，除了城市静态规划和公共资源配置、公共服务能力提升的规划外，还要做好城市风貌保护的规划。这样在城市建设过程中，不会因为谁投资，谁可以自由决定城市建筑的高度、立面、色彩、线条，而是要符合整体的风貌规划安排。所以大家现在到巴楚县城可以看到大量新疆特色民居风格的老建筑被保留，巴楚县成了新疆当地具有一定民族特色的新兴城市。

　　上海静安和新疆巴楚两地干部群众携手把这个县城建设好，就是要让老百姓在出行、购物、就医、教育、文化、体育、养老等方面都能够切实得到改善，使得巴楚的社会经济发展真正让人民群众可感受、可享受、可评价。

　　巴楚县委书记跟我说，当时我给他们的建议，他们认真进行了研究，并在工作中作为重要参照。我认为，援疆是中央交给我们的共同责任，要靠我们共同努力去完成。我们要加大民生建设、人才培养，尽最大努力支持巴楚经济社会发展。静安有自觉、有条件、有能力承担这一重大的使命和责任。

　　与新疆巴楚整体性帮扶不同，湖北省宜昌市是省内经济发达地区，我们的对口支援主要聚焦在三峡移民工作上，移民安置的特殊性、服务三峡工程的长期性和土地资源缺乏移民脱贫致富任务的艰巨性，是三峡库区移民工作的三大难点。因而我在区援建干部交流座谈会上提到："我们不能包打天下，我们不能在有限的时间、有限的能力、有限资源的情况下，什么事都去触碰，必须抓住重点，形成聚焦。"正所谓有舍才有得，我们援建干部能力有限，又是在一个人生地不熟的地区，就应当要做好定位，区分好哪些事是在范围内，要全力以赴的；哪些是能力范围以外的，我们向当地党委、政府积极建言。所以我们静安援夷陵干部形成这样一种共识：积极解决因三峡工程建设造成的移民生活生产方面的困难问题，当地政府做得还不够的地方，就需要我们静安干部群众及时补位。我每年都会抽出时间去夷陵考察当地移民生活情况和对口援建项目进展。记得有一次我们来到一个三峡移民聚居的村落，当时刚刚下了一场大雨，当地不少居民房屋都进了水，老百姓也没有怨言，用泵机往外抽水。我当时就发现这道路两旁怎么感觉没有下水道？一问当地的村干部才知道，二十多年前在修建三峡工程的时候，就在这附近建了一些临时性的房屋，这条道路是一条实心路，没有下水道，这才导致了大水漫灌现象时有发生。当时我就和静安援夷陵干部说，新增一项对口支援的项目，在这条路上建设下水道。坝区移民为大坝建设做出了巨大牺牲，改善他们的生产生活条件，是对口支援部门义不容辞的责任。我们静安的项目一定是紧紧围绕解决三峡移民生产生活上的困难去规划、落实。

也是在那时，我意识到，一定要让夷陵的当地干部学习治理城市的先进经验。授人以鱼，不如授人以渔。我们根据夷陵帮扶的需要和夷陵干部群众自己提出的需求，开设"订单式"培训。此外，在 2015 年 7 月，我受邀为宜昌市委中心组专题学习城市规划与危机管理作辅导报告。当时我就以上海城市建设管理为例，结合工作实践，就如何坚持国际一流设计、彰显城市特色魅力、选择城市推进途径、实现产城共融、推动城市可持续发展，介绍了一些城市建设管理的理念和方法。

对口支援 静安干部历练的大舞台

对口支援就像是干部锻炼的大舞台，上海市在关于对口支援干部选拔方面

◀ 2014 年 9 月 26 日，
为宜昌市委中心组
专题学习城市规划
与危机管理作辅导
报告

有明确的规定和条件，需要经过层层的遴选。静安的同志都有很强烈的愿望走上这个舞台，展现自己的才华和价值。区委本着"给想干事的干部提供舞台、给能干事的干部准确评价、让干成事的干部得到重用"的选拔理念，积极推荐英才，所以对每位有幸参与到这个对口支援工作中的同志来说都是一次非常好的机会。同时，对于静安的这些干部都能够很好地抓住这个机会我感到非常自豪。他们一方面在完成对口支援任务过程中体现了自己的聪明才智，让当地的干部群众高看静安的干部一眼；另一方面，他们也是在这个过程当中磨炼自己，使自己能够成长为更坚强的干部，回到静安以后更好地发挥作用。除此之外，从静安干部身上，我觉得有三个方面比较突出：第一，静安干部有奋发进取昂扬向上的精神。迎着困难上，围着难点攻，具备艰苦奋斗的作风。第二，静安干部做事有方法、讲科学。他们做事讲究、尊重科学、遵循规律，不盲目蛮干，不缺工作方法。第三，静安干部的团队意识强。他们无论是在夷陵还是在巴楚遇到困难后，都是相互加强合作，一起来做事。我们静安区委、区政府就是他们强有力的支撑。

同时，静安的援建干部是不负众望的，我认为这样一段援建交流的经历是他们人生宝贵的财富，帮助他们成为社会上有影响、有建树的人。我认为，优秀的干部应具备以下五个方面：第一，具备明确的奋斗目标和执着的追求。所有做成事的人一定是坚持不懈向着目标前进。第二，善于凝聚团队的力量。领导者要善于把自己的想法变成大家的想法，进而变成大家的行动，团队不在人多在于心齐。第三，理解管理的优先级。人力资源、财务管理、企业管理这样的优先级管理体系，应当永远把人放在第一位，这是最重要的资源和能力。第四，更加善于学习。领导者应该把握各种先进技术，尤其是信息技术来提高自己的核心竞争能力。第五，具备强烈的社会责任感。领导者要吸引更多有能力的人成为合作伙伴，强烈的社会责任感是最重要的。

对照上述这五项特征来看我们区参与对口支援的同志们，他们是在有限资源、有限专业、有限影响的情况下去完成脱贫攻坚的任务。回来以后当资源能力各方面的赋权赋能都到位的情况下，当然可以做得更好，是不是这个道理？无论是在对口夷陵还是巴楚的这些干部，正是通过这样的锻炼，回来以后得到了很好的发展。

我是 2013 年的 7 月 10 日到静安区工作，2015 年的 11 月 4 日两区合并以后我离开了静安区。我们派到新疆去的同志他们三年一届，我 2014 年把他们派出去，但是他们回来的时候我已经离开静安，所以在我离开静安前，专程赶到新疆巴楚去看望这 33 位同志，他们是带着上海的嘱托，也是带着我们的期盼去的。我在当地了解了他们的工作表现后，并在常委会上认真地进行了研究，向下一届新的静安区委提出了对援建干部的安排建议。

作为静安人，"功成不必在当时，功成不必在当地"，这也是一种光荣。

责任担当　勇于奉献

方莉萍，1958年1月生。现任中共上海市政协常委、地区政协联络指导组组长。2003年1月至2011年2月任闸北区委常委、组织部部长。其间，在闸北区援建干部"选、育、管、用"的全过程中综合施策、整体推进发挥了重要作用。2009年8月率闸北区赴藏学习考察团一行七人赴藏交流考察慰问援藏干部。

口述：方莉萍

采访：林　捷　郭晓静　蒋　妍　陈　超

整理：蒋　妍　陈　超　黄泽骋

时间：2020 年 7 月

20 世纪 90 年代起，闸北区按照中央和上海市委的要求，加大对口支援力度，不断拓宽合作领域，重点援建一批"小、软、民、特"项目。积极探索新的合作形式，通过优势互补，推动对口支援地区的繁荣发展。同时，积极选派优秀中青年干部到对口支援地区任职或挂职，在艰苦环境中培养使用干部，提高综合素质。

时代赋予的光荣使命

对口支援，是指在国家统一领导下，经济发达地区对口帮扶民族地区、经济欠发达地区，以促进地区协调发展、实现共同富裕。中央民族工作会议明确指出，既要继续发挥中央政府的主导作用，又要坚持抓好各地区各部门的对口支援，这是支持民族地区加快发展的重要举措。我认为对口支援具有以下三个特点：

一是具有计划性。作为国家宏观调控的重要措施，对口支援是在中央及地方各级政府直接组织、协调下进行的，支援对象和任务非常明确。

二是既具有支援性又有互补性。这是党和国家赋予经济发达地区的职责和义务，要求支援一方讲大局、做贡献，积极支援和帮助。同时，受援方也要积极合作、优势互补、互惠互利、共同发展。

三是具有稳定性和全面性。对口支援工作使支援地区和受援地区双方能够在支援和合作上相对固定、长期坚持，合作范围和形式可以多种多样。

2003 年至 2011 年，我在闸北区担任区委常委、组织部部长。作为区委组织部的负责人，主要是在区委的领导下，做好对口支援干部的选拔工作。记得当时的闸北区重点援建一批"小、软、民、特"项目。"小"指的是规模比较小；"软"说的是当地的经济发展比较软弱；"民"指的是扶助贫困的群众；"特"是根据当地的特点来考虑进行对口支援。二十余年来，闸北区先后对口支援的地区主要是西藏日喀则地区的拉孜县、萨迦县；云南省文山州的麻栗坡县、砚山县；新疆阿克苏地区的温宿县和四川省都江堰市的大观镇等。在援助这些地区的过程当中，闸北区委、区政府按照"扬长避短、互惠互利、共同发展"的原则，大力开展对口支援和经济技术协作。对口支援领域不断扩大，从经济扩展到文化、教育、卫生等社会发展领域；对口支援的内容也有新的补充，在干部交流、边境贸易、发展外向型经济等方面有了新的进展，取得了显著成效；对口支援的范围也有所扩大，如对口支援"三峡工程"，对口帮扶贫困地区等。我记得时任闸北区委书记姚海同同志在相关工作会议上曾提出三点意见：

一是站在全局和战略的高度，充分认识加强合作交流与对口支援工作的重要意义，加强合作交流是闸北提升区域竞争力的内在需要和重要契机。

二是发挥自身优势，拓宽合作交流与对口支援工作思路。借助上海国际茶文化节、上海旅游节闸北活动等品牌活动，搭建文化、旅游合作交流的平台，推动文化交流，促进文化要素流动。要动真情、求实效地加大对口支援力度，支持当地发展。

三是加强领导，开创合作交流与对口支援工作的新局面。从领导体制上、参与主体上、合作领域上实现新突破，进一步充实区合作交流与对口支援领导小组力量，构建政府引导、市场运作、企业主体、社会参与的合作交流工作机制，推进区域间经贸、文化、教育、卫生、社会管理等领域的全面合作。

二十年间，闸北区对口支援工作进展顺利，取得了显著的经济和社会效益：

一是促进了对口支援地区的资源开发利用，使资源优势逐步转变为产业优势及经济优势。

二是深化了闸北区与各地之间的企业合作和交流，推动了企业组织结构和产品技术结构的调整，促进了企业经营机制的转变。

三是为对口支援地区交流培训了大批专业技术人才和干部，提高了双方干部队伍的素质。

四是弘扬了扶贫济困精神，增强了闸北干部群众的责任感，密切了党和政府与人民群众的关系。

实践证明，中央采取地区与地区对口支援措施是正确的，是符合我国国情的，是在当时条件下，先富带动后富、逐步实现共同富裕的有效举措，也是时代赋予的光荣使命。

在"选、育、管、用"中做好干部培养

当时的闸北区委组织部在开展干部工作中，始终着眼于干部选、育、管、用全过程，综合施策、整体推进。坚持压担培养，综合运用"调、挂、派"等方式，有计划地选派干部特别是年轻干部到征迁改造、信访维稳等中心工作和经济发展主平台、主战场，到东西部扶贫协作、对口支援地区等艰苦环境中砥砺品质，着力补齐干部队伍能力建设短板。

特别在选派对口支援干部方面，首先根据市委组织部选拔干部的总要求，做到三个结合：

一是广泛动员与个别物色人选相结合。就是在广泛发动的时候，结合干部日常的表现、岗位的匹配性以及身体状况这些方面来进行综合的分析和比选，使得我们选派干部的工作更有针对性。

二是组织选派与个人志愿相结合。组织有意挑选的干部一定要征求干部本人及其家属的意见，对于摇摆不定、犹豫不决的干部一律不选派。这样使得选派干部自愿自觉参加对口支援工作。

　　三是选派干部与培养干部相结合。对口支援地区无论在工作条件、生活条件甚至于生存条件上来说都相对比较艰苦，选派的干部大多数未曾有远离家门、独处一地的经历。所以这也是我们培养干部在艰苦环境中锤炼党性、磨炼意志，提升在复杂地区工作能力的一个机会，也是对选派干部的考验。

　　其次，区委组织部根据实际情况还设定了以下的标准和原则性要求：

　　一是政治素养要强。即：党性观念强、政治立场坚定。对于有投机心理、自控力差的干部坚决不选；

　　二是工作能力强。对于能力平庸、作风浮夸的干部坚决不选；

　　三是身体素质要强。尤其是选派去西藏的干部（要适应高原反应），有身体健康上的要求；

　　四是岗位匹配性强。对口支援地区需要一定量的，熟悉党政岗位的干部和专业技术人才，如：县里的书记、副书记要能够熟悉党务工作；县长、副县长要有丰富的行政管理工作经验；教育、卫生系统管理部门要有懂其专业的教师、医生人才，所以在岗位配置上我们也是尽可能满足支援地区的要求。

　　在工作中，我们也深刻地认识到，做好对口支援工作，关键在人，关键在干部。为此，在对口支援干部工作上，我们开展了如下工作：

　　一是做到由偏重"选"向"选、育、管、用"转变。夯实"大多数人选大多数人"的选人用人机制，实现全方位、多角度、近距离识别选用干部。

　　二是党建引领对口支援工作。认真贯彻落实中央和上海市委的部署要求，探索"党建引领、区域统筹、各方参与"新路，在驻区单位党组织、"两新"组织党组织和高层次人才中广泛宣传动员，认真对接落实产业、教育、医疗、文化旅游等对口支援项目。

　　三是建立精细化的实绩考核指标体系。强化日常监督，由受援地区组织部门和派出单位共同实施管理，定期深入受援地区开展考核考察，并将援建工作经历作为干部提拔使用、职级晋升、评先评优的重要依据。

不辱使命，做人民的好公仆

　　对口支援工作，不是个人行为，更是组织行为，援建干部的一言一行不仅代表个人和单位的形象，更代表着全体闸北干部人才和上海党的诞生地的形象。因此，在每一批的援建干部行前座谈会上，区委领导都对援建干部提出殷切希望，可以归纳总结为：

第一，要克服"当过客"的思想，以主人翁的姿态做好本职工作。做事不做客，发现问题主动研究解决，遇见难题敢于迎难而上，出现失误勇于承担责任，要用端正的工作态度、过硬的综合素质，踏踏实实、尽心尽责尽力做好本职工作。

第二，要防止"走过场"的现象，深化做实对口支援方案。要聚焦对口支援重点，找准工作抓手；全面务实推进对口支援措施；着眼提升造血功能，加大产业项目对接力度；着眼改善民生福祉，全面抓实、抓紧教育、医疗等扶贫协作民生项目。

第三，要坚持从严治党的要求，以严的要求、实的作风严格历练自己。要始终在思想上政治上行动上同党中央保持高度一致，守好政治纪律、组织纪律、生活纪律、财务纪律，在艰苦的工作岗位上切实履行好神圣使命。本着对组织负责、对自己负责、对家人负责的态度，树立和维护好上海援建干部人才的良好形象。

这里我想介绍两位令我印象深刻的同志，一位是林巍同志。他是 2011 年选派去的西藏，当时他刚确定为援藏干部，正好他母亲查出来癌症。到底是去还是不去？其实他的家人包括我们组织部都很纠结。要让他去的话，我们于心不忍，因为他的母亲生了大病需要他照顾。如果不派他去，重新遴选干部的时间也来不及，而且安排的岗位是拉孜县建设局的局长，选拔匹配这个岗位的专业干部本来就十分困难。林巍的父母得知情况后，毅然全力支持他去西藏对口支援工作。那三年里我们组织部每年都去看望他的母亲和家人。林巍在支援地也是多次受到表扬和获得奖项荣誉。林巍三年援藏回来后不久，他妈妈离世了。一位平凡而伟大的母亲，养育了一位党的好干部。

另一位是宋大杰同志。宋大杰进藏的时候明确他是拉孜县的常务副县长。一年后中央调整了选派地区政策，组织上安排他去西藏自然条件更加艰苦的萨迦县担任县委书记。宋大杰是了解萨迦县实际情况的，但当组织找他谈话时，他二话没说就答应了下来，这体现了他坚强的党性以及服从组织安排的精神境界。林巍和宋大杰同志仅是援建干部的典型代表，从这些援建干部身上反映出，他们有三方面是非常值得所有干部学习并且大力弘扬的：一是吃苦耐劳的精神；二是兢兢业业的工作作风；三是甘于奉献的思想品德。

当好援建干部人才的娘家人

为了使援建干部更好地融入当地开展工作，我们组织部主要采取以下制度积极做好保障工作：

一是建立联络员制度。区委组织部有专门科室、专门人员来落实联络。及时了解关注干部的困难，及时解决有关问题，体现组织的温暖。

二是优先就诊制度。选派干部每次回沪探亲，都安排到专门医院进行体检或治疗，家属也享受优先医疗服务，保障他们的身体健康。

三是看望慰问制度。逢年过节，召开选派干部及其家属春节联欢座谈会，区委、区政府的领导亲切慰问，给予鼓励。

四是关爱制度。对有需求的选派干部家属在工作安排或是调动、子女入园、入学等问题上基本都给予妥善解决，解决援建干部的后顾之忧，让援建干部安心、放心投入对口支援工作。

五是经费和项目的保障制度。当时的闸北区经济状况一般，支持援建资金非常有限，主要用在援建工程和经济项目上，而援建干部在当地的工作经费几乎没有。我们开动脑筋，采用"三个一点"解决援建干部在当地的工作经费，即向财政争取点，请各个不选派援建干部的单位出一点，最后由区内企业资助一点，尽可能地为选派干部创造良好的工作环境和生活环境。

2009 年 8 月，我率闸北区赴藏学习考察团一行七人赴藏交流考察慰问援藏干部，亲身感受到援藏干部队伍总体素质好，适应能力强，自我要求高，团结协作意识也比较好。在座谈会上，我既带上区委、区政府对援藏干部的关心关爱，也代表区委组织部表态，一定会当好娘家人。在干部对口支援期间，区里将建立问题困难直接反馈机制，帮助解决他们面临的实际困难，充分体现"政治上关心，工作上支持，生活上照顾"的工作原则。会上既充分肯定援藏

▶ 2009 年 8 月，闸北区党政代表团向拉孜县捐赠暨欢迎座谈会

干部的工作表现和成效，又提出希望和要求。

　　当前，习近平总书记和党中央对东西部扶贫协作工作高度重视，把它作为区域协调发展、协同发展、共同发展的大战略；作为加强区域合作、优化产业布局、拓宽对内对外开放空间的大布局；作为实现先富帮后富、最终实现共同富裕目标的大举措，持续加以推进。这是在习近平总书记提出的新要求、新任务，我相信在静安全区各方共同努力下，对口支援工作和扶贫协作工作一定会做出更有特色、更大的贡献。

助力对口支援　赋能脱贫攻坚

李帆，1966年10月生。现任静安区政府办公室副主任、合作交流办主任。2007年7月至2009年2月，任闸北区人民政府合作交流办副主任兼投资促进中心副主任。2009年2月至2014年7月，任闸北区投资促进办公室副主任兼投资促进中心副主任。2014年7月至2015年11月，任闸北区人民政府合作交流办公室主任、党组书记。

口述：李　帆
采访：林　捷　化燕楠　祁耘书
整理：化燕楠　祁耘书　陈　童
时间：2020 年 8 月 14 日

不愁吃、不愁穿；医疗保障、义务教育和住房安全。这"两不愁三保障"不仅是脱贫攻坚的底线性任务，也承载着民生期待。同时，它更是一块"试金石"，检验着脱贫的质量和成效。近年来，静安区合作交流办以此为标准，严格按照党中央、国务院和上海市委、静安区委对我们的总体要求来逐步推进对口支援工作。其间，随着整个项目进程的发展，项目的内涵也在逐渐提升。如今，我们正在推进农村产业革命，培育龙头企业、教育医疗劳务协作，共建产业园区、旅游合作等多个领域持续加大力度，推动扶贫协作、产业合作再上新台阶。

结合地区特色　应对扶贫政策

当前，静安区承担着 3 个地区的对口支援工作任务，分别是新疆巴楚、云南文山州的"一市三县"（文山市、广南县、砚山县、麻栗坡县）和湖北夷陵。由于这 3 个地区的地理风貌、经济基础和人文环境各不相同，因而我们在安排对口支援工作的过程中，也会按照当地的需求和特点采取不同的帮扶方式。

比如在对口支援新疆地区时，我们主要以大量的资金投入为主，改造并兴

建当地的基础设施，力求在最短的时间内改善民生。自 2010 年 5 月党中央、国务院召开新疆工作座谈会以来，静安区秉承"硬件"建设与"软件"建设相结合，资金支持与人才支持相结合，物质支援与文化交流相结合的理念，累计实施援疆项目 200 余个，先后选派了 4 批援疆干部参与巴楚各项事业的建设，促进当地产业发展成效显著，全方位促进了巴楚地区社会、经济、文化的有序发展。仅 2020 年，我们就计划在新疆地区投入 6 亿元左右的资金，精准对接"上海所能"和"巴楚所需"，充分发掘两地资源优势，凝聚工作合力，助力巴楚县圆满完成脱贫摘帽的目标任务。

上海静安和云南文山的"感情"要追溯到 1996 年。24 年来，两地人民不仅结下了深厚的友谊，也见证了对口支援所带来的双赢效应。近年来，随着静安区对云南省文山市的帮扶力度不断增加，逐渐涌现的产业发展项目和技术支持项目也对当地经济社会发展、脱贫攻坚起到了决定性的作用。其中，文山州砚山县的中康蔬菜项目就给我留下了深刻的印象。

砚山县位于云南省东南部，文山州中西部，因"山势颇挺秀，其形如砚"而得名。自 2001 年被认定为国家扶贫开发工作重点县后，在静安区一批批对口支援干部的帮扶和当地政府自身努力下，这里不断地发生着变化。我们派出的对口支援干部实地走访调研后，很快就向我们发回报告称，当地得天独厚的自然气候造就了高品质的蔬菜，但酒香也怕巷子深。如果能借助静安区的优势，帮助当地的蔬菜打开销路，一定能让砚山县有更好的发展，让当地农民获得长期受益。

然而，当地的老百姓早已习惯了"大寨式"生产模式，对"土地流转分红模式"不太理解，更别提"全程可追溯""大棚育苗＋田间栽种"等现代农业理念。"怕麻烦"是老百姓抱怨最多的一句话。即便是像云南当地的"中康"这样的大型企业找上门，当地人依然选择墨守成规。

在了解到这种情况后，我们静安区的援滇干部便与当地基层干部一起，挨家挨户上门做思想工作，鼓励党员带头拿出土地参与流转、进行试点。其实，当地百姓的诉求很实在，就是希望能提高产量、增加收入。因而，随着"政府＋企业＋农村合作社＋农户"全新经营模式的逐步推广，再加上第一批参与土地流转的乡亲们拿到了可观收入，潜移默化的改变发生了，越来越多的农户开始愿意将自己的土地流转给企业。而后者在承包土地后，既能解决其高效使用的问题，同时还能解决当地农民的用工就业难题。

此前，由"中康"种植的农产品大多销往广东、福建地区，在援滇干部的帮助下，打开上海市场也成了企业发展新思路。然而，蔬菜大棚采摘下来到净菜车间再运输到上海，需要25小时左右，这对蔬菜的新鲜度有了很大的影响。为了破解这一难题，我们合作交流办与援滇干部一起想办法，积极与航空公司对接，最终以稍高于陆路运输的价格获取了航空运输的资源。此后，"中康"的蔬菜送达上海只需12小时，既保证了蔬菜的新鲜度，也大大降低了当地菜农和企业的损耗。

进驻上海市场伊始，"中康"又面临着销售渠道陌生、品牌知名度不高等方面的困境。如何帮助企业的优质产品打开销路，回馈砚山百姓？援滇干部又以排忧解难为己任奔跑起来，他们先后为企业牵线搭桥了上海蔬菜集团、静扶实业、上海市商务委等多个优质资源。也正是在这股合力的助推下，"中康"不仅走进了上海菜场、社区，也开始入驻申城的多家餐饮平台、电商平台、社区零售店。2019年，"中康"在上海地区蔬菜销量达1155吨，销售额为 867 万元。云南省政府也很快宣布，文山州的砚山县已达到脱贫标准，"摘帽"成功。

自 1992 年上海对口帮扶夷陵至今，静安区已委派挂职干部 14 批。相比此前的两个地区，湖北夷陵本身的基础条件较好，所以我们在对口支援时更侧重于医疗和教育领域的帮扶。虽然每年投入的资金不算太多，但每一分钱都必须用在刀刃上。也正是源于我们上海静安的精准施策，如今的夷陵已从当年的山区贫困县，跻身湖北省县级经济发展十强。

引入社会帮扶　助力技术脱贫

2019 年，静安区一家致力于服务白领的社会组织发起了"999 名静安对口扶贫县少年儿童完成新年愿望"活动。此后，在上海援疆巴楚分指挥部的帮助下，"白领驿家"了解到巴楚青少年可以看到的书籍太少了。于是，白领驿家、静安"益家盟"发起并动员爱心企业、爱心人士，募集 12000 本图书，在巴楚县第三小学设立了"益家盟·小胡杨书屋"。

工作站建立后，"白领驿家"将巴楚青少年作为第一批重点帮扶的对象，定期开展面向"小胡杨"身心健康发展的需求调研，引入专业团队参与分析研究，形成工作站服务开发、守护小胡杨、参与社会重塑的依据，并探索专业社会工作视角的巴楚画像，了解当地群体的行为习惯和思想观念，形成精准化社会援疆的服务依据。

在搭建民族友谊桥梁的同时，我们也经常鼓励新疆当地的孩子来上海走走看看。沿着职业体验、参观学习、信念教育的路线，小朋友们在白领驿家工作人员的带领下参观了上海广播电视台、十六铺码头、自然博物馆、上海航空科普馆、团中央旧址等，激起了他们对未来职业发展规划的热情，将他们带到了一个不一样的、更加广阔的世界与天地。随着第二期静安白领助力新疆巴楚小胡杨圆梦计划启动，我们也呼吁和鼓励更多"两新组织"一同参与到助力巴楚建设发展中来。

湖北夷陵是三峡工程的所在地，也是湖北省三峡工程移民最早、就地就近安置移民最多、移民结构最复杂、安置难度最大的县市区。当地的许家冲移民新村被称为"坝头库首第一村",由于三峡工程的修建,当年 19 岁的谢蓉作为三峡库区第一批移民,跟随父辈们一起离开了家园,搬迁到这个村子。没了地,也没工作,如何才能致富奔小康?这是谢蓉的迷茫,也可能是当下新疆、西藏、云南、贵州等地,脱贫没多久的老乡们的难处。

很快,静安区对口支援的优惠政策便帮了谢蓉一把。2014 年,刚投入传统手工绣创业没多久的她被安排到静安区社会组织联合会参加培训,培训内容不仅有手工编织技艺,同时还有商业营销技巧。都市人对于市场和消费的理解给了谢蓉很大的启发,此前她总在纠结怎么去刺绣,或是关注如何向游客兜售十字绣。后来才明白,更要紧的是增加产品实用性,比如手工绣的艾草抱枕,打的就是"健康养生牌"。

此外,上海的老师还鼓励她挖掘当地特色,以中华鲟为原型做成艾草挂件和香囊,成为特色旅游纪念品。在上海援鄂干部的牵线下,谢蓉很快和上海一家公益组织合作,让传统手工艺搭上电子商务的平台,并和旅游服务结合起来。发展至今,她已经能带着村里不少绣娘一起脱贫致富。

就业是民生之本,一直以来,实现移民安稳致富都是静安区对口支援的首要目标。为实现这样的目标,我们除了投入资金建设标准化厂房、加速孵化新产业,为移民提供更多就业岗位以外,在劳动技能培训方面也倾注了大量心血。

比如,静安区在援建期间先后建设了夷陵区劳动技能培训中心、许家冲移民创业园、营盘社区移民创业就业服务中心等就业技能培训平台,孵育了像谢蓉这样的致富带头人。同时,也积极搭建劳务输出平台,对夷陵区实行"两优两免"政策,帮助万余农村富余劳动力在上海务工就业。

近年来,静安区更是为夷陵开设了"菜单式"培训班。因为在多年的发展后,夷陵地区的基层干部感到在资金外更需要的是来上海学习先进理念。因此,每当夷陵把需要的课题反馈过来,静安区就会立刻为他们定制一个可以答疑解惑的培训班。十几年来,大部分夷陵的干部都曾来过上海,他们也普遍认为,夷陵当下的发展成果离不开紧跟上海理念。

村企互助结对　创新产业模式

2018 年，静安区合作交流办根据上海市"双一百"村企结对精准扶贫行动动员大会精神，在广泛听取静安区对口支援与合作交流工作领导小组全体成员单位和前方援外干部意见的基础上，牵头制定了《静安区"百企结百村"结对精准扶贫行动方案》。很快，我们便在全市率先组织召开了静安区"百企结百村"结对精准扶贫行动动员会。

近年来，为贯彻落实《国务院办公厅关于深入开展消费扶贫助力打赢脱贫攻坚战的指导意见》和上海市人民政府关于本市深入开展消费扶贫工作的工作要求，静安区积极发挥自身优势和特色，在消费扶贫方面花了大量的心思，也使了不少的力气。

为确保更多对口支援地区的特色农产品卖得出去、卖得出价钱，帮助他们增收脱贫，我们在积极筹备相关工作的过程中，得知有家民营企业也愿意参与其中，对方甚至积极主动地拿出了 800 多平方米的场馆面积，助力静安区开设一个对口支援地区农特产品展示体验中心。2019 年 10 月，这个位于万荣路 88 号的体验中心正式开门营业，内设云南文山、新疆巴楚、湖北夷陵、青海果洛

▲ 上海社会力量助力云南挂牌督战贫困村启动仪式

等多个主题展销区。

原产于云南文山州广南县的高原小粒香大米、滇味冰糖香肠，来自新疆巴楚的大枣和核桃，采用天然谷物混合萝诗蓝有机玫瑰花瓣喂养的萝诗蓝玫瑰鸡、纯物理压榨的林丰润山茶油……在我们精心打造的这个体验中心内，200多种特色商品可谓应有尽有，得到了上海市民的广泛好评。

在此基础上，我们合作交流办又和商务委沟通、协调，倾力打造了一款名为"1+X"的销售模式。它的主旨是以体验中心为核心，将各类来自对口支援地区的特色商品辐射、覆盖到静安区所有的超市、卖场甚至菜场。让更多市民领略这些特色商品魅力的同时，也打响对口支援地区农产品的口碑和品牌，助力他们更好、更快地脱贫致富。

同样，作为上海市静安区对口支援夷陵农业发展的援建项目之一，三峡夷陵茶叶展销中心也于2019年在静安区蒂芙特国际茶文化广场一楼开业。夷陵区共有萧氏茶业、邓村绿茶、秀水天香、龙峡茶业、清溪沟贡茶、东方昌绿、三峡原红、十八湾供销8家茶叶品牌企业入驻。展销中心的成立是我们静安区积极响应中央号召消费扶贫的重要举措，也希望这些入驻的茶企能以展销中心为突破口，进入上海市场，进军国际市场，不断提升夷陵茶的知名度和美誉度。

在多年的合作交流工作中，我发现真正的脱贫致富是无法在一朝一夕间就能完成的。正所谓"授人以鱼，不如授人以渔"，我们只有通过不懈地扶智、扶志才能从根本上帮助当地群众脱贫致富并巩固脱贫成果。相信在广大对口支援干部的不懈努力和合作交流办的积极配合下，我们一定能完成脱贫攻坚的目标任务，确保小康社会的全面建成。

身着白衣援西藏　奉献丹心不言悔

　　胡世斌，1967 年 9 月生。现任中共静安区卫生健康工作党委书记、二级巡视员。上海市第二批对口支援西藏干部。1998 年 5 月至 2001 年 6 月，任西藏自治区日喀则地区人民医院党委书记。1999 年、2000 年被评为静安区新长征突击手，2000 年被评为静安区十大杰出青年。

口述：胡世斌
采访：化燕楠　祁耘书
整理：化燕楠　祁耘书　陈　童
时间：2020 年 7 月 23 日

日喀则，藏语称之为"水土肥美的庄园"。

从人民广场出发，沿着 318 国道一路西行，途经海拔 3900 米的尼木县，迎着珠穆朗玛峰的方向继续前行，便能到达相距上海 4321 公里之遥的日喀则。从濒临东海的不夜城到祖国西陲的世界屋脊，我有幸与其他援藏干部一起，亲历了一段难忘的岁月。其间，我们上海援藏干部不仅把自己最好的年华留在了雪域高原，有的甚至把年轻的生命也留在了那里。

顾全大局　舍家为国

1989 年，我毕业于上海铁道医学院临床医学系。此后便被分配至静安区中心医院工作，成了一名主治医生。虽然在工作了一段时间后转岗成了医院的团委书记和院长助理，可我始终心系一线医务工作，愿意为病患做些力所能及的事情。

1994 年 7 月，中央召开了第三次西藏工作座谈会。要求确保西藏经济的发展，确保社会的全面进步和长治久安，确保人民生活水平的不断提高。为了实现这个战略发展目标，当时就提出全国各省市一起对口支援西藏自治区，这也体现了全党、全军、全国人民对西藏的大力支持和帮助。援藏工作自然少不了我们医护工作者，因而在得知静安区也要派出专业技术人员对口支援西藏后，我便自告奋勇地报了名。

谁知在面试阶段，院领导直接把我给否定了。起初我还以为是自己哪里做得不够好，仍需改进。后来得知，组织上是考虑到我的女儿才出生 2 个月，家庭条件并不太符合援藏的要求。虽然没能赶上初次援藏，但此时的我已经下定决心，一定要履行自己作为党员的誓言与职责，去祖国最需要的地方奉献自己。

1998 年，上海即将派出第二批援藏干部，我再次奋勇争先地报了名。而当组织上再次找我谈话时，我也爽快地回答说："早在 3 年前我就做好出发的准备了，请组织看到我的决心，相信我的能力。"当年，只有 31 岁的我认定：自己既是干部又是党员，援藏就是自己应该做的。而在确定自己将随其他干部一起进藏后，我感到兴奋的同时，又觉得感恩，同时还有略微的忐忑。

兴奋是因为自己期盼了 3 年的援藏梦终于实现了，可以去祖国最需要的地方发光发热，我感到无上的光荣。感恩则是源于组织上给了我这次机会，看到了我的真挚与热情。当时的我也暗自立下了目标，一定要在援藏期间做出成绩，不辜负组织对自己的信任与认可。至于忐忑，是考虑到西藏的自然环境非常恶劣，且自己在工作上仍存在欠缺和不足的地方。挂职担任日喀则地区人民医院的党委书记，我到底能不能做好？如今回想起来，这份忐忑既是我的心理负担，同时也是激励我克服困难，做好每项工作的动力。

当然，援藏不是自驾游，在做出了这个决定后，还是会有对家人的愧疚。在我进藏时，女儿还没上幼儿园，谁来照顾孩子便成了家里的大问题。最终经全家人讨论商议，我们只能选择送她去寄宿制幼儿园，"全托"了三年。其实事后回想起来，孩子在这个阶段是最依赖父母的，而我恰恰在她性格养成的这个关键阶段义无反顾地去了西藏。就我自己而言，对这段经历可谓青春无悔，但对孩子的亏欠却再也无法弥补了。

因为援藏而受影响的还有我的爱人，2000 年是我进藏对口支援的第三年。那年夏天，单位突然来电告知："你太太因为高烧不退而住院治疗了。"事后我

◀ 载誉而归，与家人
团圆

才知道，原来爱人已经发了两个星期的高烧，最终被确诊为病毒性心包炎。作为医生，我自然明白这个病的严重性和危险性，可她当时为了不影响我的援藏工作，一直自己硬扛着不说。如今回想起这些小细节，也让我感慨良多。倘若没有家人的默默支持与无私奉献，我自然没法心无旁骛地投入到援藏工作中去；也正是她们的理解与牺牲，助力我圆满走完了三年的援藏之路。

进藏生活　甘苦共尝

在踏上援藏旅途的伊始，我就感受到了祖国之大，内心的自豪感也油然而生。我们援藏干部从上海飞抵成都后，简单调整了两天便直飞拉萨。没想到落地后，还要驱车 200 多公里的山路才能抵达日喀则。此前我们对西藏的了解，更多是通过地图、新闻和影视作品。只有实地到访过，才会被它的广袤所震撼。当地干部介绍，西藏的面积有 122 万平方公里，我们在简单估算后发现，这个面积竟约是上海的 200 倍。西藏之大，给我留下了深刻的印象。

西藏之所以能征服这么多人，不仅仅是因为大，还有它的美。进藏后不久，我们便开始了下乡调研工作。在那里，我切身感受到了什么叫"一日有四季，十里不同天"。沿着陡峭的山路，每转过一个山弯，就会有不同的景色如画卷般在眼前铺开。记得有次我们在赶路间隙时做短暂的休整，大家围坐在草地上啃干粮。环顾四周，只见眼前的湖泊水平如镜，身后的大山白雪皑皑，头顶的天空碧蓝通透，脚下的土地铺青叠翠。当时我就想到，电影《红河谷》里的场景不也就如此嘛。

除风景无比秀丽外，藏族同胞的淳朴、热情、好客和友善同样让我难以忘怀。初次进藏后不久，我便因高原反应导致的肺水肿而住院治疗了三天，出院后又恰逢当地举办林卡节的庆典。逛林卡是藏族同胞在高原气候和生活环境中养成的一种习惯，在冬长夏短的青藏高原，温暖明媚的时节是非常宝贵的，因此人们会选择在这时享受、体验大自然的无限美好，举办为期一个月的庆典。起初，我们也是抱着看热闹的心态去参观、参与。谁知藏族同胞们得知援藏干部来了，争相拉我们进帐篷坐坐，并为我们端上了酥油茶，仿佛彼此间已是认识十多年的好朋友似的。

进藏生活让我无限感慨的同时，也让我吃了不少苦头。自幼在西北生活的我对艰苦并非没有概念，也根本不畏惧吃苦。然而从人类生存的角度来说，西藏的自然环境已经超越了正常人对艰苦的理解。此外，当地的经济水平和物质条件也比想象中还要落后。我在走访调研过程中发现，日喀则地区很多乡村的

◀ 下乡调研

设施条件比 20 世纪 70 年代的大西北农村还要差。

在西藏，能对身体健康产生伤害的除了众所周知的高原反应、缺氧，还有肉眼看不见却能伤人于无形的紫外线。因此进藏后，我有三样东西是从不离身的——帽子、墨镜和杯子。戴帽子不是为了好看，而是遮挡紫外线对皮肤的伤害。同样，双眼长期暴露在高强度紫外线下会增加患白内障的风险，因而我们不论在哪，都会戴着一副墨镜。最后就是要常拿杯子喝水，提防身体缺水。作为医生，当时我还建议其他援藏干部多备些金霉素眼药膏和唇膏在身上。因为西藏的气候条件实在太干燥，不做好相关防护措施的话，很容易流鼻血、唇裂和患上牛皮癣。

此外，在西藏时我们很难喝到干净的水。当时，日喀则地区的自来水管道系统连中心城区都未能完全覆盖，更别说下辖的乡镇了。就连我们人民医院的日常用水，也是靠着在医院里打深井水自行解决。人类的基本生存非常仰赖于水资源，可当地的饮水用水情况如此恶劣，百姓的体质与健康状况如何得到保障？每每想到这里，我就会感慨：自己来对了地方。

扶贫扶智　改天换日

建于 1955 年的日喀则地区人民医院是一家有着悠久历史的医院。同时，这里也是西藏西部的医疗副中心，它不仅要解决日喀则地区群众医疗服务的需求，还要辐射阿里、那曲两个地区。然而，落后的医疗设施和紧缺的医疗队伍让医院变得不堪重负，令医生感到力不从心。进藏后，我发现医院的各方面条件都继续改善着，即便是鲜有的一些亮点与特色，也是第一批上海援藏干部去了之后，慢慢形成的。此后，我们先后为医院援建了病房、综合病房、影像楼等，还投入了高压氧舱、CT 等一系列设备，使得人民医院的硬件建设有了很大改观。同时，考虑到高原地区缺氧问题严重，外来的游客和专业技术人员都需要吸氧。我们还在医院旁兴建了一家制氧厂，基本解决了当地的用氧需求。

在改善设备的同时，我们在医疗人才队伍的建设培养工作上给予了大力支持。在当时，医院里的医疗骨干虽然技术扎实，也非常有责任心，但大多是 20 世纪 70 年代从卫校毕业后分配到医院的，正宗本科医学院毕业的医生可谓凤毛麟角。医生的培养虽然需要大量的临床经验和实践经验，但仅靠这样在一线进行原始积累，无法完成科研和教学上的突破。为了确保西藏地区能有一支带不走的医疗人才队伍，我们必须花大力气并坚持做好人才培养工作。

因而从第一批援藏干部进藏开始，我们就会每年选派一二位当地医生前往静安区相关医院乃至上海市更好的三甲医院挂职学习。如今日喀则人民医院的院长米多，就是当年被选派来上海进修学习的医生之一。时至今日，随着一批批医生得以来发达地区进修学习，这些医务人员也逐渐成了医院的中流砥柱及专家成员。

在我参与援藏工作的三年间，除了目睹人民医院发生了翻天覆地的变化，也见证了日喀则地区面貌的焕然一新。当年上海第一批援藏干部入驻定日县时，县城里没有一条像样的柏油马路，没有一家成规模商店，更没有一家正规的企业。几年间的斗转星移，援藏干部为藏乡带来了翻天覆地的巨变。在我们第二批援藏干部将要离开时，可以看到修葺一新的上海路上有了往来的车辆，一栋栋崭新的藏式楼房也开始建起。阳光穿透湛蓝的天空，给巍巍群山镀上了一层金色。这番景象也仿佛预示着日喀则的明天将会越来越好。

见证牺牲　援藏情长

结束了为期三年的援藏工作后，我便再也没回过西藏。并不是不愿去，而是三次进藏三次发作的肺水肿让我心有余悸。尽管如此，当地的一草一木仍会时常浮现在我的脑海中。初冬的青藏高原，寒风乍起，尘土飞扬，天空中的湛蓝和明媚时隐时现。这样一幅如油画般的场景，也在召唤着我回去看看。

当然，让我萌发再回西藏走走念头的不光只有那里美丽的景色，还有让人难忘、挂念和缅怀的邵海云同志。西藏自治区的岗嘎镇是定日县老县城所在地，俗称"老定日"。318国道横穿全镇，是通往樟木口岸的必经之地，也是观赏珠峰的最佳位置。沿着蜿蜒的山路行至岗嘎山顶，在凛冽寒风中放眼望去，珠穆朗玛峰、卓奥友峰、洛子峰、玛卡鲁峰这四座雪山赫然入目。让西藏人民和每位上海援藏干部永远铭记的邵海云同志，就长眠于此。

把时针拨回1998年11月4日下午3点多，当时我正在人民医院的院子里种树。突然就有人跑过来说："不好了！不好了！上海来的援藏干部出车祸了！"话音刚落，我便扔下手中的活，立刻让当地的一个同志开摩托车送我去现场。在第一时间奔赴现场后，就看到我们援藏干部乘坐的那辆丰田越野车翻倒在路边，摔出路基已有十几米远，可见车祸发生得有多突然。这时，已经有医护人员开始对身负重伤的海云同志进行急救。而在看到他头上那道骇人的伤口后，有临床经验的我便心里一紧。此后，他虽然接受了当地最好的医护力量抢救，但终因伤势过重而不幸殉职，年仅 35 岁。

那天，海云同志的遗体覆盖着中国共产党党旗，由 6 名武警战士轮流抬举，日喀则扎什伦布寺的主持也为其选定了一块位于半山腰的净土。我们大家站在一起，用藏族的最高礼仪送别了海云同志。

据后来再去西藏的同志告诉我们说，每年清明节，当地干部都要前往祭扫海云同志。此外，到日喀则市烈士陵园祭奠邵海云，为他献上一条洁白的哈达，也成了上海援藏干部进藏后的一堂必修课。

回到上海后，但凡有人问我西藏苦不苦，我都微笑着摆摆手。因为和海云同志相比，生活上的辛苦又算得了什么，他把自己的生命都奉献了西藏。50位援藏干部一起出发，最终却只有 49 位回来。我们的任何困难与海云同志比，都太轻太轻了。

攻坚克难援藏路　难舍难分高原情

　　林巍，1975 年生。现任上海苏河湾投资控股有限公司总经理、党委副书记、董事。上海市第三批援藏干部，2001 年 5 月至 2004 年 6 月，挂职西藏自治区日喀则地区拉孜县建设局局长，参与主管拉孜县城镇建设、市政管理等项目。

口述：林　巍

采访：郭晓静　王　莺　陈　童

整理：王　莺　陈　童

时间：2020 年 8 月 7 日

西藏，是一片遥远而神圣的土地，让我始终心向往之。2001 年 3 月，在组织"好中选优、优中选强"的对口援藏号召下，我主动递交了报名申请。经过两个多月的筛选，我终于在新婚一周年纪念日那天，被确定为上海第三批对口援藏干部。正当全家为此激动万分之时，家庭却突遭变故，让原本信心十足的我纠结、犹豫了。最终，在家人的鼓励和支持下，我重整心情踏上对口援藏之路。可以说，援藏三年，是我在异域他乡奉献青春的三年，是我和其他援藏干部并肩战斗的三年，也是我的家人们用强大的精神信念支撑我的三年。

慈母临行寄嘱托　只身入藏担使命

被正式确定为援藏干部人选后，全家开始为我的西藏之行奔波忙碌起来。孰料，就在临行前一个月，我的母亲被检查出罹患肿瘤，必须尽快入院手术。得知这一情况后，我一时不知该如何是好，但我的母亲却义无反顾地支持我去参加援藏工作。为了不让我担心，她在入院后，特地将手术时间推迟到了我出发的那一天。

临行前的周末，我到医院和母亲话别，躺在病床上的她只字不提自己的病情，而是谆谆教导我，一定不要辜负党和国家对我的重托。直到临走前，母亲才握着我的手，眼含热泪叮嘱道，"出门在外，一切要靠自己，一定要好好照顾身体，平平安安地去，平平安安地回来。"母亲的一番话，令我鼻头一酸，我只能强忍眼泪离开了病房。那一刻，我暗下决心，一定不能辜负母亲的殷切期望，圆满完成中央交予我的这项神圣使命。

我的援藏三年，也是母亲和病魔斗争的三年。每次和家中通电话，母亲从不跟我提起她的病情，反而始终关心我在西藏的工作生活。仅有一次，电话那头的母亲流下了眼泪。那是在我援藏的第二年，一天晚上，正在宿舍看书的我接到了母亲的电话，几句亲切的问候之后，是母亲长时间的沉默，紧接着传来了她哭泣的声音。我赶紧询问怎么了，这时母亲才哭着跟我说："巍巍，妈妈怕是见不到你了。"母亲的这句话，如同一块巨石压上我的心头，我连忙安慰她，"不会的，现在医疗水平越来越发达，我们一定要相信医生，一起努力把病治好。"

直到那年底休假回上海后，我才得知，早在年初时，母亲的病情就开始恶化，从乳腺转移到了肝脏，但是为了不影响我的工作，她一直让家里人瞒着我。经过一系列的化疗、放疗、介入治疗，始终不见成效。那天，医院通知母亲转院治疗，她深知自己的身体状况不容乐观，这才给我打了那通电话。但即便如此，母亲在电话中仍不忘嘱托我，一定要把援藏工作做好。

母亲治疗期间，组织成了我在后方的强力保障，领导和同事们各处奔波，帮忙联络母亲入院就医事宜。我们同行的 50 位援藏干部和我一同承担起了为人子的责任，只要大家休假或出差回上海，一定会代替我去医院看望母亲，带去我在远方的问候。

三年援藏工作，从某种意义上说，是我的母亲和我在共同援藏，她用她的精神信念支撑着我，让我能够为国家建设、民族团结贡献自己的力量。除了母亲之外，我也要感谢我的太太，三年时间里，是她一手肩负起育儿的重任，让我可以没有后顾之忧地在西藏为国尽力。

在我进藏时，我的太太已经怀有 8 个月身孕，我至今仍清楚记得她为我送行时的情景。2001 年 5 月 28 日，我们 50 多名援藏干部在上海展览中心集合

▶ 上海市第三批援藏
干部欢送仪式

出发，家属们纷纷赶来现场送行，其中便有我太太挺着大肚子的身影。当时还有记者采访她，"小朋友的名字起好了没有呀？"在这样的家庭情况下，我的援藏之行正式启程。

进藏后，我便紧锣密鼓地投入到援藏工作中。转眼就到了 7 月，组织上考虑我太太临盆在即，给我特批了一个月的陪产假。我原打算在孩子 8 月预产期前一周左右返沪，但没想到，在最后一次产检中，医生发现孩子脐带绕颈，非常危险，必须要尽快剖腹产。听到消息后心急如焚的我，赶紧向组织请假，并开始安排回沪事宜。当时西藏的交通还不及现在这么便利，一周仅有一班直飞上海的航班，其余时间只能转机。

7 月 24 日凌晨 2 点，我匆匆忙忙收拾好行李，直奔拉萨贡嘎机场。待我赶到时，机场尚未开门，大门紧闭。在焦急等待一个多小时后，终于买到拉萨飞往成都的机票。正当我在成都双流机场上空盘旋下降时，我的女儿在上海呱呱坠地。由于无法联系到正在飞机上的我，上海的领导只能将这一喜讯先传去了西藏。飞机降落后，我一打开手机就看到远在西藏的兄弟发来的消息："母子平安！"直到这时，我心里的石头才落地。等我赶到上海时，已是下午 5 点多，产房外站着的，除了我的家人，还有我的领导和同事们，见我奔进医院，时任组织部副部长黄秋蓉同志紧紧握着我的手说："我终于放心了，现在我把她们母女交给你了，你好好陪陪她们！"那时，我感觉到王部长手心里都是紧张的汗水。为了纪念这一段难忘的经历，也为了感谢组织对我的关心与信任，我给女儿曾起了一个名字：林援藏。

援藏三年，如果没有家人的默默支持，没有组织的信任与厚爱，便没有我在前方的披荆斩棘。这三年，也让我深切感受到，组织对援藏干部和家属们的关心与爱护，正是有了党和国家这一强大坚实的后盾，我们才可以没有后顾之忧地去拼搏、去工作、去奉献。

深入当地寻症结　紧贴需求办实事

经过一路奔波，我们来到了山河壮丽的雪域边关。当走下舷梯的那一刻，映入眼帘的是高远壮阔的蓝天白云，扑面而来的是格外清新的空气，迎接我们的是热情淳朴的藏族同胞们，所有这一切让我们倍感激动。但紧随其后的，是来势汹汹的高原反应。对此，我们早已做好充分准备。对我们而言，当时，更重要的是，要在最短的时间内深入当地，了解当地的人文环境、熟悉当地群众的生活。我们肩负着祖国交付的任务，要在当地卓有成效地开展实施援藏项目，用好、建好、满足援藏项目，实现当地群众对美好生活的向往。因此，尽管被高原反应折磨得头昏脑涨，但我们小组所有人在踏上工作岗位的第二周，就陆续到拉孜县下辖的 11 个乡镇进行走访调研，初步了解当地农牧民的基本生活需求，基本掌握当地社会发展的主要瓶颈桎梏。这两周的时间里，高原反应在逐渐消退，而我们对当地的自然地理、人文环境、宗教历史等方面的了解也在不断加深。

通过走访调研，我们发现，当地无论是基础设施建设还是科教文卫发展，均远远落后于内地城市。当时，从上海到西藏的 318 国道，在进入西藏地界后，绝大多数路面竟然变成了砂石路。不仅如此，西藏当地除了县城或地级县市的主干道是水泥路、柏油路之外，其余道路大部分都是沙石路。交通的不便严重阻碍了当地的经济发展水平，而通信设施的落后，进一步加剧了这种状况。2001 年时，在拉孜县的大街小巷，见不到一部手机。我们初到拉孜时，想要和上海取得联系，只能专门跑到县城的邮局拨打长途电话。

交通的不便、通信的闭塞，严重制约了援藏工作的顺利开展。由于道路运输原因，当时在拉孜能看到的最新的《人民日报》是一个月前的报纸，这对于需要及时了解党和国家大政方针的我们而言，无疑是一条跨不过去的鸿沟。为此，我们只能依靠一台随沪进藏的笔记本电脑，希望通过网络及时了解国家大事，但是问题却并没有迎刃而解，因为在当地，连最基本的电力设施都不具备。当时，全县只有县委机关大院有一台柴油发电机，但考虑到能耗和成本，县长规定，每天仅能发电两小时。每天晚上，我们要赶紧给笔记本电脑充电，才能勉强维持电脑第二天正常工作。如此艰苦的工作条件，是我们在到达西藏前未曾想到的。

基础设施的薄弱制约了当地的经济水平，而医疗、教育资源的短缺则严重影响了祖国下一代的成长和培养。尽管中央政府部门拨付专项资金用于在当地援建学校，推行义务教育，一定程度上解决孩子的就学问题，但是他们却还享受不到与之配套的医疗条件。有一次，我们到一所学校走访时发现，有两个小朋友不坐在教室里写字，却坐在宿舍门口晒太阳。细问老师之后才得知，两个孩子着凉感冒，但因为没钱治病，只能通过晒太阳的方式来"治疗"。

当地的所见所闻，让我感受到了当地人民群众对发展的迫切愿望，我对自己肩负的使命有了更清晰的认知，也让我对党和国家的伟大事业有了更深刻的理解。作为一名援藏干部，我的首要职责便是要确保援藏项目的落实、推进，让每一个藏族同胞能切实享受到国家援藏工作中的惠民工程。

为满足当地人民群众的文化生活需求，我们在拉孜县打造了集文化、娱乐、休闲、购物、餐饮于一体的拉孜文化广场。广场由综合楼、商场、旗台等设施组成，占地面积 20130 平方米，总建筑面积 3600 多平方米，总投资 1000 万元。整个广场设计颇具巧思：综合楼和旗台的中轴线正对北京方向，寓意拉孜人民一心向北京；旗台二层的三级台阶，寓意上海第三批援藏干部的倾情奉献……

在经过将近一年的方案设计和场地选址后，该项目于 2002 年 5 月正式破土动工。作为建设局局长的我，在项目施工与管理过程中，始终严把质量关，

▶ 落成后的拉孜文化
广场夜景

对每一个施工细节都高标准、严要求，力争将其打造为百年工程。在此过程中，让我记忆犹新的是混凝土浇筑环节。由于当地并不具备大型水泥搅拌车进场施工的条件，因此所有的混凝土搅拌全都要靠人工操作。我在例行检查中发现，工人在进行黄沙、水泥、石子的配比时，相对比较随意，如此一来，怎么保证建筑的安全稳固呢？为此，我多次督促他们按照精确的比例进行配比，在我的带领下，当地的施工方也逐渐认识到安全施工、规范施工的重要性。

除了把好质量关，同时也要把好预算关，确保将有限的援建资金用到刀口上。多功能礼堂建成后，为了能够找到价廉物美的座椅供应商，我们多方询价，不惜舍近求远，联系到位于成都、西宁等地的座椅生产商。最终，在核定的预算范围内，找到了最为优质低价的座椅。通过类似方式，我们将文化广场最终的造价降低近百万元。

援藏项目不仅要着眼于现在，更要放眼未来。在综合楼建设过程中，为了避免今后出现由于运营成本过高而关门歇业的状况，我们又专门拨付 150 万元资金，用以建设配套的拉孜商场。以商场的租金弥补整个文化广场的日常运营成本，通过"以文养文"的方式，确保拉孜文化广场能够长久运营。经过三年的规划建设，拉孜文化广场成了全县的文化活动中心，也成为拉孜县的标志性

◀ 在市容整治过程中，新建成的垃圾箱房

建筑，并获评西藏建筑最高奖——雪莲杯。

　　拉孜文化广场的落成，极大丰富了当地群众的文体生活，而除此之外，援藏工作也要致力于改善群众的生活水平，提升当地的经济发展水平。拉孜县属于西部重镇，人员交往、货物流通较为频繁，但与之相对的贸易集市却显得简陋不堪。原先拉孜县的集贸市场仅有一个牌楼，内部还沿袭着最为原始的地摊经济。每逢集市开放，农牧民们在地面铺上一块布，摆上货物，便开始做生意。为了促进当地贸易交流的繁荣，我们在市场内部重新规划出四十余个整齐统一的摊位，农牧民们再也不需要蹲在地上做生意，焕然一新的集贸市场也成为县城的另一个税收支柱。

　　作为建设局长，我还担负着市容环境整治工作。当时，拉孜县"脏、乱、差"现象比较普遍。为了整顿城市风貌、创建文明城区，我们通过建管并举的方式，在当地推进了自行车、长途汽车、机动车停放点建设，以及垃圾箱房建设等项目，同时还在当地设立了8个公共厕所。通过这些举措，一方面让拉孜县城变得更加干净整洁，另一方面也逐步培养起群众现代健康的生活习惯和生活方式。

立足当下谋发展　授人以渔显成效

作为援藏干部，我要配合好、落实好、推进好援藏项目的稳步开展，同时作为拉孜县建设局局长，我也肩负着全县基础设施建设、环境卫生改善、城市生活供给等各方面的工作。

2001 年下半年，建设局受县政府委托，管理全县自来水管道。当时，拉孜县尚未建成自来水厂，全县的生活用水属于靠天吃饭——雪山消融后的雪水流入建于小山坡的水库中，再经由管网输送到各个供水点。由于雪水无法人工控制流量和流速，水流过大时，便会发生水管爆裂的状况，为此，我们决定对全县的管网进行全面梳理和修缮。在此过程中，发现一个有些令人啼笑皆非的问题：当时，全县的管网从水库一路到各个供水点，没有一个阀门。也就是说，如果要对其中某一段水管进行维修，必须要在源头用一块大石头将出水点堵住。如此一来，便会影响全县居民的正常用水。为解决这一问题，我们从援藏资金中拨付出一笔经费，一方面用于管网的安全运营，在水源地专门派人定期巡视，确保全县居民的用水安全；另一方面对全县水管进行优化配比，在主要节点处安装阀门，并针对重点区域和单位，将水管铺到居民家中，方便居民的日常生活用水。

就在同一年，西藏自治区开始推行房改政策，即 1998 年之前参加工作、工龄满 20 年的当地干部职工可以享受房改津贴。这项政策的建立，标志着当地从原先自给自足的农村建房制度逐步转变为城镇化住房供应制度。为确保房改政策顺利推进，我们进行了大量的梳理、建档工作，并同步做好资料上传工作。而在房改工作的基础上，我们也顺利推动房屋产权登记工作，逐步培养起当地老百姓的房地产权、物权意识，有效避免日后因为房屋产权不明晰而引发的各类矛盾。

同时，作为建设局局长，我深知规划乃建设之基，没有好的规划就没有真正意义上的建设。因此，援藏期间，我始终对当地城乡规划严格管理，紧抓"一书两证"制度，切实提高城乡规划的前瞻性和科学性。

三年工作期间，拉孜县建设局在工作中做出的努力、取得的成绩有目共睹。但在我看来，仅仅依靠三年的对口援藏远远不够，在做到"授人以鱼"的同时，"授人以渔"，为当地培养一批"带不走"的人才，通过这些年轻干部带动拉孜今后三十年的建设发展，切实保障当地的长远发展。

当时建设局工作人员不超过十人，每个人都身兼数职，即便如此，我们还是把肯干肯学、年富力强的同志输送到上海、吉林等地培训。在当时闸北区委组织部和区建委的大力支持下，我们选派了两名同志到区建管中心、房管局、环卫队、房地产交易中心等部门学习。经过为期三个月的短期培训，两名同志无论是业务水平还是管理能力，都获得极大提升。

在这些年轻干部中，有两位同志我至今印象深刻。其中一位是一个名叫格桑次仁的藏族小伙。他在大学毕业后进入建设局工作，踏实上进，是一棵好苗子。为此，我们专门把他送到吉林学习培训，三个月后，他不仅业务水平突飞猛进，而且眼界也开阔了，理念也转变了。如今二十年过去了，他也已经成长为拉孜县的骨干力量，用他的经验带领着拉孜人民共同建设美好的新家园。

另一位是一名汉族干部，名叫邓永彬，是重庆永川人，大学毕业后来到西藏工作，从此便在那片土地扎了根，奉献着汗水和热血。而他仅仅是西藏年轻汉族干部的一个缩影，相较于我们三年一批的援藏干部，他们其实一直也在践行自己的援藏之路，默默无闻地用青春浇灌着西藏的格桑花。从某种意义上来说，他们比我们更深入当地、更了解西藏，和当地的同胞有着更深厚的友谊，他们是比我们更值得尊敬的最可爱的人。正是有了像邓永彬这样的汉族干部，我们才能实现民族的融合与团结，实现祖国的繁荣统一。

回望三年工作，我一方面完成中央交给我们的援藏任务，履行好建设局长的岗位职责，另一方面，也始终着力于培养年轻骨干，为区域的建设、未来的发展做好长远规划。

防患未然抗非典　全民齐心克时艰

三年援藏过程中，另一段让我至今难忘的经历便是 2003 年全民齐心抗击"非典"的时刻。西藏当地医疗水平相对较弱，医疗设施、物资相对匮乏，很难承受住"非典"大规模流行，因此，对于西藏而言，抗击"非典"不容有失。

对于建设局而言，任务艰巨。当时全县共有大大小小建设项目二三十个，且分布在一万多平方公里的地域范围之内，有些项目甚至在人迹罕至的山沟沟里，如何才能确保所有项目万无一失呢？我们首先召集所有工程项目负责人，全面部署非典防控要求，并要求各乡镇做好流动人员的排摸、跟踪、管控措施。同时制作并印发藏汉两种文字的告知书，做到全民普及、全民宣传。

第一阶段工作完成后，我们便开始对所有工地进行全面消杀。在此过程中，遇到好几个车辆无法到达的工地，但是人民的生命安全容不得半点闪失。我们便和乡干部们一起，把消杀工具、药品放在马背上驼进山里，进行现场消杀，做到全县所有工地无一遗漏。而在项目建设管理、竣工验收过程中，我们也把安全生产和非典的防控工作结合起来，作为日常检查的一部分，做到早发现、早报告、早隔离、早治疗。

在全民齐心努力下，西藏自治区平稳度过了那段艰难的时期，确保人民的健康安全和地区的稳定发展不受影响。

援藏三年，也许我失去了不少，但我也得到了很多。当克服高原反应、克服心理的恐惧，当和藏族同胞们朝夕相处一千多个日日夜夜，当在那片热土留下曾经工作过的痕迹，我所得到的不仅仅是业务水平的提升，也是对意志品质的磨炼，更是对我心灵的洗礼。这一段的经历，将成为我永生难忘的宝贵财富，那一片的土地，也将成为我今生魂牵梦萦的第二故土！

情洒拉孜：那三年，我在"堆谐之乡"

施东，1963年5月生。现任中共静安区委第一巡察组组长。2004年至2007年，担任西藏自治区日喀则地区拉孜县委副书记、上海第四批援藏干部。2004年末，带领西藏拉孜县干部群众，成功通过上级主管单位对全县的"基本普及九年义务教育"和"基本扫除青壮年文盲"的验收考核，以及之后的多次复查验收。

口述：施　东
采访：林　捷　蒋　妍　陈　超
整理：蒋　妍　陈　超　黄泽骋
时间：2020 年 7 月 2 日

西藏日喀则地处祖国西南边陲，平均海拔 4000 米以上，是西藏脱贫攻坚主战场之一。上海对口支援日喀则二十多年来，先后选派 9 批共 660 名优秀中青年援藏干部，推进实施 1600 多个援藏项目，持续帮扶日喀则市及重点支援的江孜、拉孜、定日、亚东、萨迦五县社会经济发展，促进边疆稳定和民族团结，取得了很好的政治效益、社会效益和经济效益，而我也有幸成为这六百位援藏干部中的一分子。

根据中央"分片负责、对口支援、定期轮换"的方针，2004 年 6 月 5 日，我们第四批 50 名上海援藏干部带着全上海 1600 万人民的深情厚谊，从黄浦江畔来到雪域高原雅鲁藏布江发源地日喀则，开始了新一轮的对口支援工作。

艰苦不怕吃苦　缺氧不缺精神

当时我在闸北区委组织部干部科工作，那时区里希望能够挑选一个各方面品行过硬又没有后顾之忧的中青年干部去援藏，但经过组织的层层遴选后，入围的同志很少，后来区委组织部就来征询我的意见。我父母都是老党员，从小教育我们要服从组织安排，再艰苦的地方党让我们去就要坚决服从，家里都非常支持，所以我的态度也很坚决，我认为在西藏这样的条件下，更是组织在和平年代考察干部能力与品行的一种方式。现在，将对口支援的重任交付给我，就是组织对我的信任，我不能辜负党的培养。

临行前，上海市领导与我们座谈时说，支援西藏是具有战略意义的，现在西藏的形势是好的，是稳定的。但是由于好多干部在藏工作已经几十年，年纪大了，身体不适应了，需要轮换。我们的同志要去建设新西藏，要培养更多的民族干部，巩固祖国西南边疆。因此，同志们的工作是艰苦的，但任务却是光荣的。关键是要有一种艰苦奋斗、百折不挠的精神，只要有了这种精神和勇气，困难是可以克服的。你们去，要保持和发扬党的优良传统，给西藏人民有个好印象；同时还要向当地干群学习，学习他们的好思想，好作风。还要很好地贯彻党的民族政策，搞好民族团结。援藏同志们要发扬阶级友爱精神，像红军爬雪山、过草地那样，互帮互助，互相关心。总之，要做到每位同志安全到达，不出任何问题。

会后，我们50名上海援藏干部带着上海市委领导的嘱托来到了广袤的藏区。日喀则海拔高、气压低、氧气稀，虽然我们做足了心理准备，可还是有点超出我们的预想，当地的老乡说我们新来的援藏干部都要经历三个"不知道"，慢慢适应就好了。

一是饱没饱不知道。在当地坐着的感觉就像是在上海背着几十公斤的重物在快跑，所以刚到西藏每个人都在喘，心脏负担也比较大，导致大家刚开始三餐饮食不是很好，自己有没有吃饱是不知道的。

二是睡没睡不知道。在西藏因为时差的关系，我们一般凌晨两点多才能入睡。说是入睡其实就是躺在床上似睡非睡的"假寐"，眼睛闭着但其实人很清醒。长期处于这种状态，其实对身体的伤害是非常大的。

三是病没病不知道。那时候我始终感觉到像是有一把锤子在敲打自己的脑袋，就像我们在上海得了重感冒的感觉。经历了半个月之后，症状会慢慢缓解，但依然不能快走，否则高原反应就要出来了。

虽然艰苦的生活环境带给我们暂时的困扰，但是我们缺氧不缺精神、艰苦不怕吃苦，将特别能吃苦、特别能战斗、特别能忍耐、特别能团结、特别能奉献的"老西藏精神"植入我们的骨髓、融入我们的血液，做到了海拔高，斗志更高；风沙硬，作风更硬；气压低，标准不低。我们上海第四批援藏干部联络组在借鉴前三批援藏干部各项管理制度的基础上，广泛听取全体援藏干部的意见，制订了《上海市第四批援藏干部守则》等一系列规章制度，各小组也制定了相应的学习制度、经费使用办法、管理规定等，进一步规范了援藏干部的工作和行为。实践证明，我们所有援藏干部凭着顽强的毅力和强大的精神，就像一粒粒飘来的种子，经受住了生存环境转换的严峻考验，在这片神奇热土上扎下了根、站稳了脚，同时也受到日喀则地委、行署和广大干部群众的充分肯定和好评。

迎难而上 "普九" 攻坚

说起"普九"，它的全称是"普及九年义务制教育"。这在内地和沿海地区早已解决，这些地方不是接不接受九年义务教育的问题，而是在考虑怎样争取进重点学校、考名牌大学的问题。但在西藏，因地广人稀、条件落后，长期以来始终无法达到"普九"目标。所以，为了说明任务的困难程度，西藏同志在它后面加了两个字，叫"普九"攻坚。

从全国来讲，当时只有西藏等几个西部省份还没达到"普九"目标，其他各省市都早已完成。而根据国务院制定的《国家西部地区"两基"攻坚计划（2004—2007年）》，中国最晚在2007年底，必须全部完成"基本普及九年义务教育"和"基本扫除青壮年文盲"这两项战略任务。

在西藏各地，日喀则地区人口最多，辍学少年也同样最多。西藏"普九"关键看日喀则，而日喀则"普九"关键看拉孜。这是因为日喀则地区东富西贫，拉孜是日喀则地区下辖的一个大县，也是它的西部中心，由此可以看出拉孜"普九"攻坚的艰巨性和重要性。

我们这批上海援藏干部有五位同志在拉孜工作，我担任县委副书记，除了分管党委口的党建工作之外，还特意让我分管教育工作，主要是为了确保完成当时一项最紧迫的任务——"普九"攻坚。这对于刚刚踏上雪域高原的我来讲，压力是非常大的。到了拉孜以后，我把主要精力都花在了"普九"攻坚上，克服了头痛、胸闷、失眠等高原反应所引起的身体不适，与当地干部一起，广泛调研，深入探讨，反复评估，经过半个月时间的努力，制定了一套具体详尽的工作方案，待 6 月底自治区教育厅和地区教育局的有关领导来拉孜县审定之后，立刻部署并实施，在这期间我主要做了如下工作：

一是走访排摸工作。当时拉孜全县三万多人，共有十一个乡镇，每个乡镇设有一所中心小学。全县只有一所初中，就设在县城内。全县一到三年级学生都是在各自的村里上学，四到六年级学生则需要统一到乡镇的中心小学就读。而当时的县城初中的入学率只有 30% 左右。想要"普九"成功，入学率是最大的硬指标，标准入学率一般中学是 90%，小学是 97%。我主要抓的就是初中入学率的工作。

二是入户劝学工作。国家对农牧民学子的教育问题非常关心，在整个藏区都实行"包吃包住包学费"的三包政策，但农牧民朋友觉得首先是家里的农活缺少帮手了；其次是觉得初中毕业回去还是继续做农牧民，反而是学校的食宿太好了，回来后放牛放羊也不愿意去了。这种劝学，当时还是带一些强制性的。我们发动全县干部来做这项工作，让农牧民们把孩子送来上学。现在回首发现，这不仅仅是对农牧民、对基层的干部也是一种教育，当地干部群众能够

▲ 2004 年拉孜县芒普乡"普九"攻坚现场动员会

感受到政府是下了多大的决心，花费了多少人力物力财力在做这项工作。其中也有些孩子在读完初中后，汉语水平提升了，他们能到日喀则甚至拉萨的服务行业工作了，还有人当了导游，这对他们各自的人生都有很大的改善，是有积极意义的。

三是引进师资工作。刚开始拉孜县的师资数量是远远不够的，在自治区教育厅和地区教育局领导的关心支持下，拉孜第一年就招募到了一百位教师。他们有些是从内地过来的，有些是西藏本土培养的。当时条件很艰苦，三十位女老师上下铺挤在我们原来的县委常委大会议室，就像集体宿舍一样。

四是后勤保障工作。为了确保生源，我当时筹集资金把教室和校舍建立起来。2004年我刚去的时候，他们已经在立项了，但进度比较缓慢，要知道，当时整个县城居住人口也只不过3000多人，接下来为了"普九"攻坚而实现人口数量翻番，其中还不包括随之而来的教师队伍大规模扩容，对于县城的压力是可想而知的。为了做到这一点，我们把县城里所有的空置用房都腾出来，作校舍和宿舍使用。

在拉孜县的教育工作经历对我来说非常重要，当时"普九"成功后成就感油然而生。此外，我在当时走访排摸的过程中，与两家农牧民的孩子结对助

◀ 2006年7月，施东与结对助学女孩家庭合影

学。一个男孩一个女孩，他们的成绩确实是所在的乡中心小学最好的。2007年我援藏回沪时，他们也刚好小学毕业，来到上海的共康中学就读初中。随后三年，每逢国庆、春节等假期，我都带他们去外滩、城隍庙走走看看，并资助他们暑假回拉孜的探亲旅费。那个女孩直到现在都和我保持联系，2018年她从西南交通大学毕业在拉萨的一家地质研究所工作，真可谓知识改变命运。

更值得一提的是，当时上海联络组本着既严格要求又热情关心的原则，狠抓援藏干部生活作风建设，坚持每两个月召开一次联络会议，对援藏工作进行研究、部署和讲评，对援藏干部的工作、学习、生活情况进行回顾总结。我记得当时上海援藏干部第一次全体会议刚开到一半，我就从亚东县被电话召回到拉孜，因为西藏自治区教育厅提前来检查，我要向他们汇报"普九"攻坚前期的一些准备工作，以及下一步的措施安排，争取他们的资金支持。也就是那几天，成为我一生最难忘的回忆。

最难忘的那一天

2004年6月25日，正好乘着几天空隙，我与拉孜其他几位援藏兄弟一起赴亚东县参加自6月4日进藏以来的上海援藏干部第一次全体会议。会期三天，28日下午结束。27日深夜突然接到县委办打来的电话，上级教育部门领导要提早来拉孜，第二天下午4点在县里召开专题会议，听取分管书记的工作汇报。

电话另一头的那份焦虑心情，我完全可以想象得到。虽然我此刻还远在千里之外，但立刻给了他们肯定的答复，并马上向上海总领队赵福禧同志报告并请假，准备第二天一早天不亮就出发，提前赶回拉孜。

按正常的话，亚东到拉孜只要八九个小时就足够了。但恰好那几天，康马县城附近正在铺设柏油路面，要封路施工，我必须赶在民工出工之前通过这一路段。否则一旦封堵，就至少要多耽搁2个小时以上。所以，我们一路马不停蹄，路边景色就算再美，也不会停下欣赏了。那天一路上十分顺利，康马、江孜、白朗，一个又一个县城，从车窗外慢慢移过，我们都没停顿。一直到了日喀则市区，才匆匆吃了一碗面条，随即又继续赶路。

车到拉孜县政府大院的时候，已经是下午 3 点半了。下车时，正好遇到多吉县长陪着西藏自治区教育厅的白马主任等一队人马刚刚从县中心小学视察后回来，大家热情招呼了几声，就一起向县常委会议室走去。路上，多吉县长把我悄悄地拉在一旁，长叹了一口气道："唉！我刚才担心死了，他们来了之后，一看你们上海干部都不在，就非常生气。说你要是不亲自到场汇报，说明援藏方面对拉孜'普九'没有诚意，说明拉孜县委对教育不够重视，他们就要取消接下来的资助项目，前期的 6 栋中学宿舍楼工程也要暂停。如果这样，那还了得，可把我吓坏了"。随后，他又笑着拍拍我肩膀说："现在好了，你终于赶回来了"。

边走边说的时候，他突然发现我脸色不对，就关心地问我要不要紧。我嘴上说没关系，心里却明白，肯定是赶了一天的路，把人搞得太疲劳了，现在这个样子肯定是脑供氧不足所引起的。我暗地里给自己打气：现在是关键时刻，决不能掉链子，一定要坚持住，只要熬过这 2 个小时，把方案汇报完了，躺下来好好休息休息，就不会有问题。这一坚持，就出现了两个没想到的后续结果，让我记忆犹新、印象深刻。

第一个没想到的，这次会议非常成功，为拉孜后来通过"普九"验收奠定了良好基础。会上，我对拉孜"普九"的 36 项验收指标逐一作了分析，并详细介绍了确保达标所必须采取的各种对策和举措，里面有分工、有落实、有责任、有监督、有追究。同时，我还重点把"控辍保学"的具体工作细节，都详细地列举了出来。尤其是当我讲到，我们要在短时间内，把目前只能容纳 800 名中学生的教学和住宿条件，扩大到能容纳 3000 名，确保入学率达到 90% 以上的时候，领导们都给予了充分肯定。

第二个没想到的，就是自己的身体状况突然出现了大问题，差点一命呜呼。会议结束后大家一起用餐，我硬撑着作陪，后来实在支持不住了，两眼一黑倒在了餐桌上。不知过了多久，也不知其间发生了什么，等我醒过来的时候，发现自己已经躺在了床上。侧头一看，多吉县长和县人民医院的念扎院长都陪在我身旁，同时我还看到许多的氧气瓶和氧气袋。当看到我睁开眼睛时，他俩激动得都快要哭出来了。我也被当时的气氛所感染，伸出手来，与他们紧紧相握，很久很久，一直没有松开。当时心情不知怎么形容，一回想起来，就会不由自主地掉眼泪，直到现在还是。那份感情，我一直深藏在心底。2004年6月28日，我最难忘的一天，工作有了新起色，生命有了新脉动。

藏族踢踏舞亮相央视春晚

日喀则地区拉孜县是"堆谐"的故乡。高地为"堆"，歌舞为"谐"，"堆谐"即高地的歌舞。当地30％的农牧民会弹唱六弦琴，40％以上的农家有六弦琴，70％以上的农牧民会跳"堆谐"。"只要有脚就能跳舞，只要有嘴就能唱歌，只要有手就能弹六弦琴"，这是拉孜县人民真实的生活写照，拉孜踢踏舞（又称拉孜堆谐）是他们最喜爱的一种歌舞。

在对口支援项目建设方面，我们上海市第四批援藏干部在制定规划时，把援藏项目、资金的投入同实现日喀则各族群众的根本利益结合起来，把加强基层基础建设同改善农牧民的生产生活条件结合起来，把项目重点向基层倾斜、向农牧区倾斜。援藏期间，我作为分管拉孜县宣传文化工作的副书记，在富有拉孜特色的非物质文化遗产的保护与弘扬方面，还是做了不少工作的。

为了挖掘西藏的传统音乐文化，我们拉孜县委、县政府和日喀则地区烟草专卖局合作，从拉孜11个乡镇中选出了"最会跳舞的人"70位男女，组成拉孜县农民艺术团。后来，他们排练4个月的节目《飞弦踏春》在2006年西藏自治区春节、藏历年晚会上引起轰动。《飞弦踏春》的编导扎西旺拉是拉孜县的一位小学音乐教师，12岁开始弹唱拉孜堆谐，他从数以百计的经典拉孜堆谐中汲取精华，配以词曲，将随性的个人舞蹈变为供大众欣赏的舞台艺术。2007年，这支农民艺术团更是收到了来自中央电视台春节联欢晚会导演组的邀请，向国内观众和世界华人华侨展示西藏农民的风采，这在西藏乃至在中央电视台春晚的历史上都史无前例。

2007年1月29日晚，西藏自治区党委宣传部、文化厅、广电局、自治区烟草公司、拉孜县委等领导在拉萨举行欢送仪式，为赴京参加中央电视台2007年春节联欢晚会的拉孜农民艺术团的演员们送行。

我记得在欢送会上，时任自治区副主席的尼玛次仁说："藏族农牧民参加

拉孜农民表演的六弦弹唱《飞弦踏春》，走进了中央电视台春晚的舞台。

Traditional ballad singing by Tibetan farmers at the CCTV Spring Festival Gala

▲ 中央电视台 2007 年春节联欢晚会演出现场

春节联欢晚会演出，这是自治区的大喜事，也是自治区社会主义新农村建设和文化建设的丰硕成果。"当时大家听得都很振奋，纷纷表示要将西藏优秀的民族文化艺术，通过中央电视台春节联欢晚会，向全国和全世界唱出来、跳出来，使拉孜的节目成为 2007 年春节联欢晚会的亮点和热点。那时的场景令我印象深刻。

人生是感动的旅程。一段段经历，一份份感动，都会在心底刻下一道道印痕，留下难忘的回忆。毫无疑问，援藏岁月是我人生中最为重要的时光，让我无法忘怀。我本着"一茬接着一茬干、一张蓝图绘到底"的精神，以负责的态度将援藏接力棒交给了下一批的上海同志。我们坚信，在党中央领导下，沿着中国特色社会主义道路，按照中央西部大开发的战略决策，西藏未来的岁月将会更加美好，更加灿烂。

援藏三年，事非经过不知难

张劲松，1976 年 10 月出生。现任中共上海市嘉定区委常委、政法委书记。2013 年 6 月至 2016 年 6 月担任中共西藏自治区拉孜县委书记、拉孜小组组长，主持拉孜县委和拉孜小组的全面工作。2014 年获评日喀则市"4.25"抗震救灾先进个人。

口述：张劲松

采访：林　捷　郭晓静　蒋　妍　陈　超

整理：蒋　妍　陈　超　黄泽骋

时间：2020 年 7 月 6 日

318 国道，中国最长的国道，起于上海人民广场、止于珠穆朗玛峰脚下，全长 5476 千米、囊括北纬 30° 线上密集景观带……它被誉为"中国人的景观大道"。这幅中国山水长卷，串起的不止有平原、丘陵、盆地、高原各式风景，更有沪藏一家亲的情谊。

318 国道 5000 公里处，位于西藏自治区日喀则市拉孜县境内。2013 年 6 月，肩负着组织的信任和重托，满怀对藏族同胞的深情厚谊，我和其他九位援藏干部来到拉孜县，开始为期三年的援藏工作。

初次入藏行万里　以身作则察民情

进藏伊始，我在西藏自治区党校接受了为期三周的援藏县委书记任前培训。来到拉孜县后，我主动邀请拉孜县委、县政府相关领导为小组成员讲课，从县情、稳定、纪检、藏族文化、风俗、藏区形势、藏传佛教和"老西藏"精神等几方面向小组成员介绍了拉孜的基本情况。上任之后，作为一名援藏县委书记，我深感责任重大。身上的担子就是动力，在迅速调整身体之后，我带领拉孜小组与当地干部合作，利用两个月时间展开实地调研，走遍了拉孜县的

11个乡镇和30余个县直单位，行程近万公里。我们边调研边讨论发展思路，最终形成共识，从百姓需要出发，着手打造以基础教育、基础设施、基层政权建设为主要内容的"三基"工程。

第一个"基"是基础教育。西藏要发展，除了靠一批又一批的援藏干部外，归根结底还是靠当地的干部和青年人才，他们才是西藏的未来。我们一直说要打造一支带不走的援藏干部队伍，想要这些青年未来成为可造之才，我们就要抓好基础教育。

第二个"基"是基础设施。虽然经过了那么多年的援藏，可由于西藏特殊的地理环境造成当地物资匮乏、交通不便，通常只有半年的施工期，这导致西藏拉孜的基础设施仍旧比较薄弱。此外，西藏地域广阔，这也客观上造成施工成本非常高昂，但基础设施建设依旧要加紧推进。

第三个"基"是基层政权。西方反华势力渗透到自治区当地的事件时有发生。西藏占我国国土面积近八分之一，如何守住祖国的大好河山？主要还是靠基层政权。

确立了三年的援藏工作思路后，如何保障工作有序开展不走样，作风建设是关键。首先，针对援藏项目资金较多的情况，我们建立了援藏项目经费使用管理规定，规范了经费的审批、使用、备案程序，对经费的使用坚决做到公开、透明。在小组内部，结合中央八项规定，自治区约法十章、九项要求等内容，经常开展廉政教育，定期开展批评与自我批评，及时查摆各自的不足，未出现任何违纪问题。

其次，我还给拉孜小组立下规矩，要坚决做到"三个不"（不接受请吃和馈赠、下乡调研不接受哈达、县内调研不坐车）。定期深入基层调研，在下乡、出差期间坚持轻车简从、不搞排场、围绕三条底线（党风廉政底线、安全稳定底线、民族团结底线），签订了《援藏拉孜小组党风廉政、安全稳定、民族团结承诺书》。

此外，在我们拉孜小组的会议上，我提出了三个"保"的基本要求，即保命、保脸、保前途。首先把命保住，当然这个"保命"有两层含义：第一个指的是自然人的生命。组织派我们到西藏不是希望我们来牺牲的，是希望我们来带动当地的发展。那三年我们在拉孜工作有三件宝：氧气、救心丸和手电筒。因为西藏当地会经常停电；救心丸要随身带着晚上随时准备吃；氧气更是要天天吸。第二个指的是政治生命。在当地，党风廉政是我们紧紧守住的一条底线。

其次是保脸。我们有一句话叫形象是易碎品，我们拉孜小组不仅代表着闸北，更代表着上海干部的形象。虽然我们的援藏项目、援藏资金有限，但是我们的作风、我们的形象，我相信当地的干部会口耳相传，所以这是非常重要的。

最后，当我们做到了前两个"保"，回来之后我们才有更广阔的舞台，所以要保前途。我一直反复强调，援藏是我们的人生财富，不是我们的资本。如果你把援藏经历当成财富，踏踏实实做好对口支援工作，你回到上海开展工作就会更加得心应手，因为很多困难都经历过、克服了。

也是基于上述几点，我在维护好小组内部团结的基础上，与当地干部精诚团结、相互包容、相互尊重，大事讲原则，小事讲风格，维护了各民族之间、班子之间、干部之间的团结，营造了团结共事的和谐氛围，树立了援藏干部的良好形象。

建设"智慧拉孜"创新社会治理

"智慧拉孜"项目的工作思路是通过对拉孜县域内人员社会活动和社会关系数据的密集采集，形成社会管理基础数据库后，通过依托数据库的管理平台，实现政府决策数据化、服务群众个性化、政府工作程序化。该项目是建立在前几批援藏干部工作的基础上持续推进的：第五、第六批上海援藏干部实现了网格化管理，我们第七批援藏干部在传承的基础上进行精细化，解放人力，实行更好的管理，这也是党委和政府践行党的群众路线，为人民服务，有针对性地送政策上门，送服务上门，送实惠上门。

可以说，当时拉孜县各个职能部门数据化程度都相当低。但正因如此，这里并不存在内地大城市常见的"数据壁垒"和"数据孤岛"的问题，因此工作反而易于推进。当时的拉孜可以说是一张白纸，所以发挥的空间很大。随后，我们从上海请来智慧城市解决方案的先进企业，曾经打造"网上世博"的 3D 技术综合服务商上海创图科技，参照内地发达地区的智慧城市建设，开发"智慧拉孜"平台。项目共分为四块：核心数据库、智慧地图、事件处理流程和拉孜热线，做到"实有人口、实有房屋、实有单位和实有组织"全覆盖。借助这一庞大的数据库，政府工作人员仅需简单的操作，即可对全县居民进行极为精准的服务。以发放社会低保为例，"智慧拉孜"只要在管理平台设定好年收入低于多少的数额，全县的低收入人口信息就汇总到管理平台；再比如实施有针对性的农机补贴惠民项目，只要按上级标准设定条件，符合条件的家庭信息就会汇总到管理平台，而且在汇总信息中，还会提供家庭的劳力结构、学历水平、生产资料等基本信息供项目实施者进一步参考。

更值得一提的是，在办事时限提醒一栏，平台采用的是倒计时提醒，最开始显示办事进度的是绿灯，时限过半是黄灯，到了时限还没有办理就是红灯。当黄灯亮起的时候，管理平台会自动给主要责任人有频率地发短信督促。当红灯亮起的时候，如果责任单位不及时书面说明办事不到位的理由，我就会找分管的县级领导或找牵头单位责任人谈话。举个例子，在 2014 年 7 月 13 日，柳乡通过信息平台提交民生问题，反映该乡梯田改造困难，存在靠天吃饭的问题，服务中心立刻通过信息平台将问题指派到县扶贫办，扶贫办迅速行动，用时 30 天安装了两座提水灌溉设施，彻底解决了这一难题，受到当地群众的拍手称赞。

实践证明"大数据"绝不仅仅只是一个时髦的概念，而是可以切实用来改变社会治理模式的利器。我认为大数据时代，与其被动接受，不如主动利用。我们通过一年的不懈探索，最终形成了一套采用先进的信息技术手段，服务于县级政府社会综合管理的一体化解决方案，我们终于可以骄傲的提出"三个不会"实现服务百姓普惠制。

一是不会再像过去，国家的好政策在实施过程中要逐乡逐村传达，上报后还要花精力审核是否符合标准。这是"智慧拉孜"通过计算机提高了数据的利用效率，解决了职能部门找不准服务对象问题。

二是也不会出现群众希望政府解决问题、享受优惠政策时找不到"有关部门""有关政策"，提供不了"相关申报材料"。这是"智慧拉孜"让政府部门工作信息和群众需求信息对称起来，明确了职能部门责任、明确了程序审核责任，解决了群众找谁服务的问题。

三是更不会出现一些群众一遍二遍享受优惠政策，一些群众一年两年享受不到优惠政策。这是"智慧拉孜"数据采集过程中，录入人员、数据入库审核人员都要记录在案，一旦出现群众反映政府办事不公的情况，计算机的痕迹管理就派上用场，可以追查问责，将有效解决过去政策执行者关照亲戚朋友多，真正需要帮助的弱势群体得不到照顾的情况，解决社会福利公平问题。

"智慧拉孜"项目建设取得成效，并得到了自治区、地委领导的高度肯定，时任西藏自治区党委副书记、人大常委会主任白玛赤林在拉孜县调研时指出："智慧拉孜项目是加强社会服务管理的重要抓手，是借鉴发达地区社会管理的成功典范。拉孜小组的创新举措，非常符合西藏的实际，对加强地区的管理，维护拉孜的和谐稳定具有非常重要的作用。"时任日喀则地委书记丹增朗杰在考察"智慧拉孜"项目后强调，"智慧拉孜"建设具有创新性和实用性，对于推进经济建设，加强社会管理，促进民生改善都具有很强的实用性，为拉孜"一手抓发展、一手抓稳定"创造了必要的条件与手段，应该在日喀则18个县（区）进行推广。

众志成城　共助灾区建立和谐家园

2014年4月25日的尼泊尔大地震对我们每一位拉孜小组的成员来说必定是终生难忘的。4月24日拉孜县里下了一场大雪，积雪过膝，大家都觉得好美。可内地的人或许不知道，因为处于后藏的西部地区，拉孜冬天的湿度接近于零，是根本不下雪的。平时我们到了晚上为了保证房间的湿度，就把一桶水洒在地上，否则气候干燥会使我们流鼻血。现在回想起来，其实气候反常，一定是有大灾。4月25日大地震，拉孜是幸运的，没有人员伤亡，只有百余处的房屋不同程度的受损。也就在地震发生后不久，我就接到来自自治区党委、政府将拉孜县确定为全自治区两处大型受灾安置点之一的通知。当时那几乎是

▲ 持续奋战在救灾一线，休息间隙在户外匆忙吃两口晚餐

一个不可能完成的任务：要在一天内找到合适的区域，连夜搭建完成 1500 顶帐篷，妥善接收来自樟木口岸的 5000 余名受灾群众。

"受灾群众，上海人民跟你们在一起"，是援藏干部抗震救灾的口号，更是我们责无旁贷的使命。留在当地的 8 名援藏同志一个都不少地加入了这场抗震救灾的战役之中。我们带领全县党政军警民 1000 余人，冒着鹅毛大雪和龙卷风的侵袭，连续奋战三天三夜，在原本规划的产业园内迅速搭建帐篷 900 余顶，让千余名受灾群众妥善入住安置点，先后转移 4000 多名群众，其中包括不少尼泊尔受灾群众。

要在海拔 4000 米以上的高原，3 天不眠不休，72 小时连轴转，建起一座千人居住的'小城'，以前从来没有过，相信以后遇上的机会也不大。那时候，头痛也感觉不到了，满脑子想的只有一件事———如何安置好受灾群众？那一刻，我真心觉得，祖国的强大繁荣才是百姓最大依靠。

在抗震救灾的过程中，一位孕妇的故事令我记忆犹新。那是 4 月 25 日，来自地震重灾区吉隆县的孕妇白玛旺姆受地震影响，提前分娩。新生儿出生后，即出现了重度窒息症状，产妇也面临大出血险境。当地医疗条件有限，家人立即用车急送产妇和宝宝到拉孜县，谁知过嘉措拉山山口时遇到大雪封山。

产妇急得直流眼泪："早知道这样不应该出来，死也是死在家乡好！" 4 月 27 日晚 12 时许，拉孜卫生服务中心接到白玛旺姆家人打来的求助电话。县卫生服务中心主任李天舒立即和 4 名应急人员驾车前往救援。刚到海拔 4000 多米的山脚，因路上结冰，汽车难以前行。李天舒同志当即决定医护人员立即徒步上山接病人。经过 3 个多小时的艰难攀爬，终于在海拔 5248 米的嘉措拉山山口接到了产妇和新生儿，通过积极救治，他们终于转危为安。

救灾的那些天，我们拉孜小组成员在基层村居点、救灾指挥点、物资筹备点、医疗救助点、居民安置点来回穿梭着。安置点内，比肩而立的帐篷顶上，是一面面飘扬的五星红旗，代表着我们援藏干部一颗颗红心和决心。经历了这场考验，拉孜小组的同志们有的头发白了、有的嘴唇紫了、有的喉咙哑了、有的皮肤黑了、有的人瘦了。但每个人那谦逊踏实的工作理念、埋头苦干的工作态度、务实清廉的工作作风，一抓到底的工作韧劲，受到了拉孜各族干部群众的拥戴。当年 5 月，在西藏自治区 "4·25" 地震抗震救灾表彰大会上，我们 "上海援藏拉孜小组" 作为全国各地 2000 多个援藏小组之一，成为唯一一个荣获 "4·25" 大地震抗震救灾先进集体的组织，这份荣誉也是对我们那段艰苦岁月最好的褒奖。我本人也被评为日喀则市 "4·25" 抗震救灾先进个人。

◀ 2014 年 5 月，西藏拉孜小组在震后过渡安置的临时指挥点前的合影

"4·25"地震对于我们每个人来说都是劫后余生，但庆幸的是，我们能够和受灾群众在一起共渡难关，我们拉孜小组为所有的援藏干部、上海的援建干部、全部的中共党员争了光！

情牵藏区　百年树人系心间

俗话说得好，十年树木，百年树人。在援藏工作中，抓好基础教育是重中之重。所以三年来，我对教育工作坚持亲自管、亲自抓，交任务、压担子。当时，我们联系了闸北团区委和闸北区青联通过整合各方资源，推进"小小智慧屋项目"。这是根据信息化助推教育均衡理念，坚持"推动自主性发展、实现个性化教育、干预有问题学生"，让学生体验与时俱进的信息化课程、让老师实时了解学生状况，让学校调整需要的教育资源，有效地转变传统教育方式，提升拉孜县教育水平。此外，我还和拉孜县县长商议，从援藏资金中拿出一笔钱来，帮助那些念完高中但家庭条件困难的孩子们到内地进行职业技术培训，两年学成之后，他们所从事的汽车修理、餐饮服务在日喀则或拉萨当地的人才市场都具有相当的竞争力。我们为什么做这件事情？是因为我们必须积极宣扬"知识改变命运"的理念，要让这些困难家庭的家长愿意送孩子出来读书学习。这样，我们的基础教育不仅是九年制义务教育，只要是学习提升，我都把它视作基础教育，我们觉得做这件事情还是有意义的。

与此同时，令我十分感动的是，上海有很多好心人表示希望能够帮助我们西藏地区的一些家庭困难的孩子继续他们的学业。于是我们拉孜小组利用休息时间讨论设计出了一套资助方案。首先我们请当地学校梳理出学习成绩优异、具有发展潜力但家庭困难的学生与上海的爱心人数结对签约。其次，我们在协议中明确了责任义务，比如上海的爱心人士每年向我们的困难家庭孩子提供价值2000元的实物。我们是不提倡现金资助的，原因有三：第一是提供现金，不一定会用到孩子身上，而提供实物可以促使爱心人士与孩子进行深入的交流，比如是需要书籍还是御寒的衣物抑或是学习用品，等等，这样一来爱心人士对孩子们的帮助不仅仅是物质上的支持，更是精神上的关怀。第二是我们明确困难家庭不允许向爱心人士家庭索取更多的物资。第三是我们要求保护这些

◀ 张劲松受上海爱心
人士委托向拉孜县
当地学生赠送衣物
与学习用品

困难家庭孩子的个人隐私。那么为什么是每年价值 2000 元的实物呢？因为西藏与内地的教育保障制度不同，从幼儿园到高中十余年的教育都是免费的，包括食宿、校服、课本费都是全免的，所以我们根据当地实际的生活水平进行测算，认为 2000 元的实物是足够的。

说来也巧，我和另一位援藏干部、时任拉孜县发改委副主任倪伟明同志，我们两个的孩子当时都就读于上海市大宁国际小学。通过我们的牵线，这所学校与拉孜县平措林乡的中心小学成功结对，我们的两个孩子也在学校发起倡议，希望身边的同学们捐衣服、捐书籍、捐学习用品给西藏地区的孩子。我们认为这一方面能够帮助到西藏的孩子们，另一方面我们通过录制西藏地区教学的视频让上海的孩子们了解相隔万里的同龄人艰苦的学习环境，这是一种很好的德育，也是一种双向教育。

援藏三年，我与拉孜县的同志们风雨同舟，甘苦与共。面对恶劣的自然环境，我收获了战胜困难、挑战极限的勇气；面对西藏的特殊性和远离家庭的痛苦，我收获了爱国家、爱家人的情怀；面对困难群众的需要和发展稳定重任，我收获了敬业与担当。有生之年，我一定会再去看看拉孜这个"第二故乡"，看看在那里的父老乡亲。

援藏三载写忠诚　雪域高原展担当

尤晓军，1970年9月生。现任静安区文旅局副局长。上海市第七批援藏干部。2013年6月至2016年6月，任中共西藏自治区拉孜县委副书记、常务副县长。援藏期间，获评2014年度上海市第七批援藏联络组优秀援藏干部。

口述：尤晓军
采访：范建英　陈　童
整理：范建英　陈　童
时间：2020 年 6 月 17 日

作为第七批援藏干部，我们的援藏之行适逢国家对口援藏工作迈入新阶段。此前，上海对口援藏工作，一般由各区抽调一至两名干部组成临时班子，前往日喀则地区以及下辖的受援县开展工作。从我们第七批开始，对口援藏工作开始实行"包县制"，即一个区承包一个县的援助工作。2013 年，闸北区派出由 7 名公务员干部和 2 名事业单位干部组成的援藏队伍，进驻西藏日喀则地区拉孜县，开展对口支援工作。

在我的想象中，在那如人间仙境般的雪域高原上，有蓝天白云、高山大河，有成群的牛羊，有淳朴的藏民同胞，真可谓是无处不浪漫、无处不美丽。能够在这样的地方挥洒汗水，内心顿觉激动万分。但同时，我也怀揣着一份忐忑，那里的气候能适应吗？那里的生活条件是否足够方便？自己能否全方位融入当地风土人情？带着这些疑问与好奇，带着为国奉献的信心和决心，也带着上海市政府和上海人民的殷切嘱托，我们踏上了那片遥远而神秘的土地。

艰难险阻进藏路　情谊盈满同胞情

2013 年 6 月 18 日，我们从上海起飞前往成都，第二天一早又马不停蹄从成都飞往拉萨贡嘎机场。甫一落地，高原的壮丽山河如同画卷般在我们面前展开，洁白的哈达戴上了每个人的脖颈，援藏兄弟们的脸上都洋溢着激动与兴奋。从贡嘎机场到我们的支援地日喀则，约有三四小时的山路，海拔从3650米攀升到3850米，一路上，原先的激动之情消失殆尽，整车人都因为严重的高原反应变得鸦雀无声，西藏同胞精心准备的路餐几乎无人问津。在经过对我们而言极其漫长而颠簸的车程后，终于到达日喀则。此时，几乎每个人都被高原反应折磨得"面目全非"，每个人的症状不尽相同，我的手指甲因为充血全部呈现出黑紫色，同行的另一位同事则出现了舌头肿大的症状，严重到连嘴都合不拢。在参加完当地为我们举办的简单的欢迎仪式之后，所有人都筋疲力尽，只想倒头就睡，然而却因严重的高反，辗转反侧，几乎难以入睡。懵懵懂懂到了第二天一早，互相道别之后，我们便整装待发，各自奔赴最终受援地。

我们援建干部的目的地是日喀则地区（后改市）的拉孜县，距离日喀则市大约155公里路程，距离并不算太远，但海拔却从3850米上升到4050米，这对我们这些还没适应高原的外乡人来说，无论是生理上还是心理上都是极大的考验。但很快，生理上的不适就被心理上的震撼所驱散。当我们乘坐的大巴驶入拉孜县城时，全县人民倾城而出，每一个路口都有交警在指挥交通，当我们的车辆驶过时，交警和城管（第六批援藏拉孜小组组建）纷纷向我们的援藏车辆驻足敬礼。在开往县委、县政府大院的路上，长四五百米的马路上挤满了身着节日盛装的师生群众，夹道欢迎我们援藏干部的到来。可想而知，我们当时是怎样的心情。下车之后，我们还感受了当地最为隆重的藏族欢迎仪式：先把糌粑洒向天空，然后再用糌粑轻点自己的额头，送上一碗甘甜的青稞酒，再敬献神圣洁白的哈达。在如此的礼遇之下，一股光荣与神圣之情油然而生，我们代表的是上海市委和市政府以及上海两千多万人民，当地群众对我们的欢迎便是对上海的欢迎；同时，我们也感受到了沉甸甸的使命感，这三年，我们能给当地群众交出满意的答卷吗？能对得起群众对我们的期望和期待吗？在盛情之下，我们感受到的是热情，同时也是压力。

第二天一早七点多钟，我们受邀参加当地为第六批援藏干部举办的欢送仪式。从宿舍往广场走的时候，远远就传来了《送驼铃》的音乐声，数百名群众

◀ 第七批援藏干部拉
孜小组在县政府前
合影

身着节日盛装，每个人都拿着洁白的哈达，自发在广场外排队，等候着为援藏
干部敬献哈达。在一侧观看的我们，从群众眼里看到的是不舍与感激。这三年
来，第六批援藏干部们为当地做出的贡献、和人民群众结下的友谊，当地群众
都看在眼里、记在心里。在现场的第六批援藏干部，黑瘦的脸庞挂满了泪水，
脖颈里的哈达厚厚一圈又一圈，如同雪人一般。很多藏族同胞和我们的干部紧
紧相拥。一开始，我们还有些不以为意，心想着三年以后我们要做男子汉，绝
不能轻易掉眼泪。但没过五分钟，我们一个个也都被这热烈、感人的场景所感
染，泪水也止不住地任意流淌，现场的情绪一度无法控制。作为第七批援藏干
部的我们暗下决心，未来这三年，绝不能辜负当地政府和群众对我们援藏工作
的殷殷期盼，接过第六批援藏兄弟的接力棒，继续将我们的第二故乡拉孜建设
得更加美丽！

生命长度变厚度　主动请缨援建设

送走第六批同志后，我们便正式开始为期三年的援藏生涯。其实早在进藏
前，我们就已经预料到将会面临种种不适，但直到真正安顿下来后，才意识
到，这些不适应远远超出了我们原先的想象。

　　我们对口支援的是拉孜县，"拉孜"一词在藏语中有"神山顶，光明最先照耀之金顶"，也有"神仙休闲之地"的含义。县内旅游资源丰富，对于游客而言，处处都是山河壮丽的雪域风光，但对于常年生活在那里的同胞而言，在美景的背后，是极其恶劣的自然气候条件和生活环境。每年进入 10 月中旬后，当地的气温便会骤降到零度以下，进入冰天雪地的时节。到来年 5 月前，看不到一抹绿色。如此恶劣的自然环境，加上当地薄弱的基础设施，使我们在西藏的生活更加艰难。尽管国家建造了发电厂、输变电工程，但由于当地地质活动频繁，停电如同家常便饭。我还记得，最极端的一次，我们经历了长达 20 多天的停电。除了停电，另一个严重影响日常生活的便是停水，洗澡洗一半突然停水的状况时有发生。所以我经常和家里人开玩笑，我现在之所以洗澡速度这么快，就是在西藏锻炼出来的！

　　自然环境的恶劣、生活条件的艰苦，我们都能克服，对于我们而言，报名援藏的初衷，就是要到祖国最艰苦、最需要我们的地方补短板。但是身体上的不适着实成为我们开展工作的拦路虎。对于平原过去的人而言，面临最严重的问题是缺氧。由于地处三类高原地区（4000 米以上），氧气含量十分稀薄，"高反"带来的失眠、头痛、眩晕、食欲不振，给援友们的工作、学习和生活带来了极大的影响，而要基本适应高原环境，每一次至少要两个月以上。由于缺氧，身体还会产生自动应激反应，心跳速度加快，如此一来便会导致心脏负担加重，久而久之，就会影响心脏的正常功能。以我个人为例，在西藏的三年，我的心跳速度常年不低于 100 次 / 分钟。而高原环境带给我的另一个"礼物"就是高原睡眠障碍，整宿整宿无法入眠，为不影响日常工作，我足足吃了三年安眠药。

　　在那个超出人类生存极限的环境中，身体的损耗是不言而喻的。但是在家国大义之前，这些都显得微不足道。通过我们三年的努力，去实现党和国家对各族人民的爱护和眷恋，这是党和国家的嘱托，是我们义不容辞的使命。我可以很自豪地说，这三年中，我们没有一个援藏干部因为适应不了艰苦的环境而临阵退缩。

　　出于对我们身体健康的考量，进藏之后，当地县委、县政府要求我们，先休整两个星期，最主要的任务就是适应高原环境。但是仅仅4天后，同志们就纷纷摩拳擦掌。尽管身体还没适应，但内心早已斗志昂扬，主动要求走上工作岗位，开展援藏工作。当时作为拉孜小组临时带队的我，在听到同志们的请愿后，便向我们的小组长、县委书记张劲松同志做了汇报。当时正在拉萨进行县委书记岗前培训的他，一听我们的想法，十分感动，同意我们提前进入岗位，但同时也关照我们，身体是革命的本钱，一定要掌握好工作节奏，在确保身体无恙的情况下，循序渐进开展援藏工作。在此情况下，我们援藏小组和县委领导商量后决定，先开展为期两周的调研工作，主要分为两个方向，其一是对第六批援藏工作的项目开展情况、建设情况、资金使用情况进行调研；其二是对拉孜县的政治、人文、社会等各方面进行调研。只有对当地情况知根知底，才更便于今后开展援藏工作。

拉孜县全县面积4500平方公里，海拔最高处为6000多米，最低处3300多米。全县共有2个镇9个乡，我们利用半个月的时间，跑遍了11个乡镇，行程数千公里。对部委办局、援藏项目进行了全面调研，掌握了第一手工作资料，并在最短时间内撰写完成调研报告上交县委、县政府，由此拉开了援藏工作的序幕。

谋篇布局促发展　文化传承增自信

前期翔实的调研工作让我们之后工作开展"有的放矢"，针对当地文化、旅游、产业发展等各方面的发展现状和瓶颈，我们从实际出发，落实、推进了一系列援藏项目，获得了良好成效，在当地脱贫攻坚战中发挥了重要作用。

在外人眼里，拉孜县处处都是文物古迹、异域风情，具备得天独厚的发展旅游的基础条件。但事实上，高原环境却让很多游客望而却步，当地地广人稀，交通不发达，旅游成本高，加之人文条件、社会条件相对较差，种种因素严重制约了旅游业的发展。而旅游业的发展和振兴，对具有独特文化风格、深厚文化积淀的藏区来讲，对于实现产业富民、产业安民，具有十分重要的意义。因此在三年中，我们以加强和改善当地旅游基础服务设施为突破口，大力发展旅游产业。其中一个重点项目便是318国道5000公里旅游休闲服务区的打造。

◀ 在 318 国道 5000 公
里广场处接受藏族
同胞的欢送

　　318 国道是我国著名的一条进藏路线，它的起点在上海的人民广场，终点在西藏聂拉木县的樟木口岸，而拉孜县就在 318 国道 5050 公里处，如果换算成里，正好是 1 万多里，所以我们是名副其实的在家乡万里之外援建。而 318 国道 5000 公里处一向都是进藏驴友们的打卡点，为提升知名度、扩大影响力，第五批、第六批的援藏干部在那里打造了一个纪念广场。我们在援藏前辈们打下的基础上，结合当下旅游发展实际需求，投入几千万援建资金用以打造全新的旅游综合服务区，其中既有雄伟大气的纪念广场、纪念碑，也有条件完备的旅游综合服务设施，包括商场、停车场、旅游厕所等。焕然一新的综合服务区，既为舟车劳顿的进藏游客提供了休息娱乐的场所，也为当地藏民开展商贸活动创造了平台，为拉动旅游产业发展、提升当地经济发展水平发挥了重要作用。如今，那里已经成为驴友们进藏打卡的网红地标。每每在网上看到游客在 5000 公里处的打卡照片，背后便是我们当年打造的综合服务区和纪念碑，我内心仍然会感到无比自豪和激动，那代表的是我们的援藏印记，是我们三年努力的结晶，也使我们一批批援藏人的梦想变为现实。

　　除此之外，我们还在拉孜县城旁边打造了一个集休闲、旅游于一体的度假区，里面有山有水、有树林、有草地、有帐篷。无论是当地群众还是内地游客都可以在那里"过林卡"(藏区人民一种休闲娱乐的活动，和内地踏青郊游活动类似)。在这两个大型项目之外，我们投入几十万元，制定了拉孜的旅游产业规划，对当地原有的一些重点旅游景点，也进行了旅游布局和旅游配套设施的开发。

通过旅游资源的开发，当地经济发展水平有了一定的发展。但发展旅游某种程度上也是一把双刃剑，在创造经济效益的同时，旅游开发也势必会对当地的生态环境造成破坏，因此我们在扶持当地旅游业发展的同时，也积极推进当地产业经济发展，通过农产品深加工等方式带领当地藏族同胞携手奔小康。

西藏当地的藏鸡和藏鸡蛋经济价值很高，但鉴于当地农户都是个体饲养，单兵作战的方式导致藏鸡和鸡蛋产量少、规模小、质量低，严重阻碍了农户们脱贫奔小康的道路。经过调研考察后，我们开始投入援建资金用以推行集约化养殖。由援藏资金支持建立种鸡场，社会专业机构负责种鸡培育。种鸡场和当地农户通过签约的方式，提供一定数量的种鸡交由农户饲养，产蛋后，再由农户交由种鸡场统一集中销售。在此过程中，农户们仅需注意种鸡日常保暖、饮水等，发现病鸡及时上报，保证存活率和产蛋率即可。通过这种方式，原先散兵游勇的养殖方式，转变为流程化作业，养殖的规模化整为零，鸡蛋的生产化零为整，通过集中销售形成产业链。农民们的负担小了，收入反而高了，有了成功的先例之后，越来越多的农民们汇集进来，大家对美好新生活都有了盼头!

以藏鸡养殖为成功范例，我们在当地走出了一条可推广、可复制的农副产品产业发展之路，与旅游产业发展相辅相成，共同拉动当地经济发展水平，切实改善当地群众生活水平。而在帮助当地群众"富口袋"的同时，我们也通过对当地文化产业、传统手工艺人的扶持，传承和发扬传统文化、民族文化，以此提升藏族人民的文化自信、民族自信。

在西藏有一种名叫"谐"的著名舞蹈形式，翻译成汉语就是"边唱边跳"。而拉孜县内涵丰富的"堆谐"文化，已被列为国家级非物质文化遗产，并有"堆谐故乡"的美称。所谓"堆谐"，意指边唱边弹边跳。在上海亚信峰会期间，拉孜县文工团曾代表西藏自治区到上海，代表国家向世界展示特色民族文化。为了能让这种艺术形式传承发扬，我们利用部分援建资金，用以扶持"堆谐"文化的传承人。此外，拉孜县还有在藏区享有盛誉的、技艺精湛的拉孜藏刀、扎木年（六弦琴）、唐卡等民族手工艺品，堪称民族特色产业上的多道风景。对于这些从事传统手工艺的匠人们，我们同样通过资金扶持、网络销售平台搭建的方式，帮助当地的特色文化传承发扬，打开了了解西藏的窗口。

群众安危系心间　争当抗震先锋队

援藏三年间，另一段让我终生难忘的经历便是"4·25"尼泊尔地震抢险，那也是一段我们和当地人民心连心、共患难的感人时光。

地震发生后，日喀则市作为距离尼泊尔最近的地区，受灾比较严重，马上启动地震应急抢险预案。根据日喀则市委要求，拉孜县作为受灾较重的地区，在积极做好县里灾情统计、灾民救助等工作的基础上，要承担起此次"4·25"地震的灾民一线安置点的建设任务，要求我们迅速找到合适的区域，连夜搭建完成 1500 顶帐篷，妥善接收来自地震重灾区樟木口岸的 5000 余名难民。

接到市委指示后，时任拉孜县委书记的张劲松同志（上海第七批援藏拉孜小组组长）马上召集开会，安排落实各项救灾任务。我们所有援藏兄弟主动请缨，要求投入抗震救灾第一线。在我们看来，援藏干部的先进和积极，既要体现在日常工作中，更要体现在这种紧急的时刻。越是危急的时刻，我们就越要冲在第一线，和当地群众同甘共苦，共克时艰。

对于我而言，还有一个特殊情况。我原本已经预定 4 月 28 日的机票返沪，探望生病住院的父亲，地震发生后，我第一时间向县委书记表态，暂时先不回上海。作为援疆小组的一员、作为县委班子的一员，在这种时刻我一定要跟援藏兄弟们在一起、跟全县的干部群众在一起，绝对不能做"逃兵"！当时，我们还有一位在上海公干的同志，听闻当地情况后，也主动请缨要回来跟我们并肩战斗，但考虑到情况未稳，我们没有同意他回来。除此之外，我们留在当地的 8 名同志一个都不少地加入了这场抗震救灾的战役之中。

要在拉孜县找到一块可以容纳 1500 顶帐篷的平地实属不易，经过多方寻访，我们终于找到一块相对平整且面积较大的戈壁滩。确定选址之后，日喀则市调运的帐篷等救灾物资开始陆续往拉孜县输送。从那时开始，我们就和当地群众一起清理和平整场地、搭帐篷、挖壕沟、搭建临时厕所，整整十多个小时，顶着烈日骄阳，迎着漫天风沙，缺吃少喝，但是再苦再累，我们没有一个人离开，始终与当地近千名干部群众一起，并肩战斗在那寸草不生的戈壁上。我们并不是人数最多的，我们也不是力气最大的，但我们没有接受特殊照顾、没有接受特殊保护，用自己的实际行动感染了800多名干部群众。自治区各地的人民子弟兵、武警战士们也陆续进驻营地，架设通讯天线，铺开野战厨房设备，整个救灾点挖掘机的隆隆声、漫天风沙的呼呼声、蓝天上输送救灾物资直升机的轰鸣声、参与建设的干部群众"号子"声此起彼伏，演奏成一曲万众一心、抗震救灾的交响乐，场面热烈而有序，令人震撼，使人难忘。经过整整一天一夜的连续奋战，日喀则市前线抗震救灾指挥部迅速设立，1000多顶救灾帐篷在戈壁滩上平地而起。

地震发生后第三天凌晨，从樟木口岸撤离的灾民陆续到达安置点。当他们从车上下来的时候，看到一顶顶结实的帐篷，看到迎接他们的别着党徽的干部和人民群众，看到基地里飘扬的红星红旗，泪流满面，念叨着"感谢党、感谢政府"。对他们而言，终于可以不用担惊受怕，有一个平安落脚的地方。当时的这番景象，让我们所有人觉得，再苦再累都是值得的！

作为县委、县政府班子成员，按照县委指挥部的统一安排，我受命在营地指挥部值守第一个晚上。晚上睡觉时，听着外面的风"呼呼"地刮着帐篷顶，感觉随时要把篷顶掀翻，大风裹挟着泥沙从帐篷四周的缝隙钻了进来。等第二天起床时，整个人和被子像被埋在土里，真应了一个词叫"灰头土脸"。正是在这样的环境下，我们援藏小组的同志们前前后后忙碌了大半个月，随着安置点灾民的生活步入正轨，我们才陆续回到自己的本职工作岗位。

当时我在拉孜县分管商务局，主要负责县城平抑物价。考虑到救灾物资紧缺，可能会出现商贩坐地起价、扰乱社会市场秩序的现象，因此，我安排县商务局、工商局每天加强市场巡查，发现问题及时处置。令我们备感欣慰的是，整个救灾期间，当地物价十分平稳，酒店、饭店、商店不仅没有涨价，而且还免费给救灾的干部群众、人民群众送水送饭。他们自发的举动映射出当地群众的醇厚与质朴，体现的是无私、崇高的思想品质，也让我们深切感受到人民的

▲ 第七批援藏干部在"4·25"尼泊尔地震抢险地震现场合影

力量、组织的力量、祖国的力量。

经过连续一个多月的连续奋战，因为"4·25"地震给当地人民带来的伤害基本得以平复。在此过程中，我们拉孜小组所作出的努力也令当地干部群众刮目相看。当年5月，在西藏自治区"4·25"地震抗震救灾表彰大会上，我们"上海援藏拉孜小组"作为全国各地援藏小组之一，成为唯一一个荣获"4·25"大地震抗震救灾先进集体的组织，这份荣誉也是对我们那段艰苦岁月最好的褒奖。

援藏三年，我们克服了身体上的不适，体验了祖国边疆的风土人情，感受到边疆人民的深情厚谊，待到要离开的时候，心中满是不舍与留恋。在第七批和第八批援藏干部迎来送往的仪式上，许多群众连夜翻山越岭赶到拉孜县城，为的就是给我们献上一条哈达，送上一份离别的祝福。面对此情此景，原本说好不哭的我们，还是抑制不住内心的激动与感动，哭得不能自已。不仅如此，当我们的车辆驶离县城后，还在半路被送别的群众拦下，要求接受他们的哈达，感谢我们三年为他们的付出。我想，这一切便是对我们三年援藏工作最好的回馈！

援藏三年，每一天都是漫长的。结束援藏后的今天，回首看，恰如人生的一刹那。再次援藏已无可能，但我会时刻关注我们为之付出的"第二故乡"拉孜县的发展变化，有机会也会去藏区看看那边的山、那边的水和那边的人。援藏有期限，但我们与美丽西藏的缘分、与藏族同胞的深情厚谊，将延续到永远、永远。祝福祖国、祝福西藏——扎西德勒。

三年援藏后 从此不言愁

　　翁文杰，1970年10月生，现任静安区拆违办副主任，区城管执法局副局长。上海市第七批援藏干部，曾任中共西藏自治区日喀则地区拉孜县县委常委、副县长，分管公检法司、环保、住建等部门以及上海援藏项目的谋划和建设工作，荣获西藏自治区援藏干部先进个人。

口述：翁文杰

采访：刘伟星　祁耘书

整理：刘伟星　祁耘书　陈　童

时间：2020 年 8 月 5 日

2013 年 6 月，我作为上海市第七批援藏工作队的一员，从美丽的东海之滨来到雪域高原。三年间，我遵照组织上的相关部署，分析援藏工作的新起点，探索援藏工作的新理念，创新援藏工作的新举措，实现了援藏工作的新跨越，书写了拉孜地区的发展新篇章。

初入高原克服万难　深入基层扎实调研

2013 年 6 月 16 日，我们援藏干部一行从上海启程。抵达成都后稍作休整，第二天凌晨 4 点多，便又马不停蹄地从成都飞往拉萨。虽然早在出发前，我就一直听人说高原反应特别厉害，也专门做了预防的准备，可出现高原反应后到底是什么感觉，还是不清楚。因为听说在高原上还能点上烟的话，就说明还没缺氧，所以我在抵达拉萨后做的第一件事，便是问同行的同志要了一根烟。就这样，从来没有碰过烟的我在"世界屋脊"上抽了人生中的第一支烟。

大家看我还能抽烟，纷纷半开玩笑地说我身体底子好，完全不惧高原反应。当时自己也觉得身体各方面并无异样，便安心地跟着前来迎接我们的车队上了路。从拉萨前往日喀则，需要走半天的山路，海拔高度也逐渐上升。一路上，我发现身边的同志从刚开始的兴奋、攀谈，渐渐转变为不适和沉默。直到这时，我依旧很庆幸自己的高原反应并不强烈，可以很好地适应当地环境，也对自己的此次援藏之行充满信心。

抵达日喀则时已是傍晚，我们立刻与前一批对口支援干部进行了交接和沟通。临睡前，我在刷牙时突然发现，怎么自己的舌头是黑色的？起初，我还以为是吃了或喝了什么有颜色的东西，后来才反应过来，这是严重高原反应导致的缺氧症状。经医生检测，我血液中的含氧量已不足70%。当晚，躺在床上吸氧的我第一次感受到了强烈的心理落差。从此前的信心满满到躺倒在床上，我对自己产生了强烈的怀疑。在这种环境下工作3年，我真的做得到吗？

在忐忑中度过了一夜后，我们正式踏上了前往拉孜的行程。拉孜县距日喀则市大约150公里的路程，海拔却要从3700多米升到4050米左右。看似只有300米的落差，对我们这些从未在高原生活过的异乡人而言，却是一种对身体和心理的双重考验和历练。

我清楚地记得，在前往拉孜县的途中，车队在一个检查站旁稍作休整。我们几个对口支援干部相互搀扶着去路边解手。就是这短短的几十米路，我亲眼看着3位同事直挺挺地晕倒在了地上。原来，他们对高原的不适反应比我更强，可即便如此，他们依旧硬扛着。正所谓"在高原上工作，最稀缺的是氧气，最宝贵的是精神"。大家的咬牙坚持不仅让我对未来的援藏生活重燃了信心和决心，也成了我日后工作、生活中的源源动力……

抵达拉孜县时，车队的行进速度明显放慢。是出事了吗？本在闭目养神的我们一行人纷纷朝窗外望去，只见当地群众已经在路旁排起了长队，载歌载舞，夹道欢迎上海援藏干部的到来。当地的藏族干部考虑到我们的身体状况，也专门指示：上海的援藏干部务必先休整两个星期。而在接连数日的卧床吸氧和调整适应后，我们都渐渐适应了高原反应所产生的不适，也慢慢克服了心理恐惧感，打消了退缩的念头。很快，大家便摩拳擦掌地走上了工作岗位。因为我们知道，援藏的每一天都是宝贵的。在离开这里前一定要做出成绩，让拉孜人民享受到实实在在的变化。

在率先开展的走访调研工作中，我发现拉孜县可谓地广人稀，且基础设施较差。放眼望去，县城里的建筑基本以平房为主，最醒目的则是由上海对口支援项目援建的上海大酒店。即便如此，酒店也只有 3 层楼高。此外，拉孜县的电力供应也时常出现状况。尽管国家此前已经花大力气修建了发电厂，但受制于地理环境等因素，当地依然会时常停电。就在我们第七批援藏工作队抵达拉孜后不久，便体验了一段长达 20 多天的停电生活。

此后，为进一步完善援藏工作思路，保证决策的科学性和援藏项目的实效性，我们小组成员在县委书记张劲松同志的带领下，克服万难、深入基层，走遍了拉孜的 11 个乡镇和 30 余个县直单位。同时，我们还借自治区、日喀则市领导调研拉孜县的契机，分组对"三农"工作、项目建设、产业发展、社会管理服务、城市管理和基层党建等 6 个方面开展细致的调研，为全县经济发展会诊把脉。由于各项决策都源于基层、来自群众，且经过了充分论证，所以不仅保证了决策的科学性，也极大调动了干群落实各项工作任务的主动性、积极性。

在下乡调研时，我们要面对的不仅是困难，同时还有危险。比如在前往个别车辆无法驶达的乡村时，我们都会选择骑马前行。某次，我小心地跟在一位援藏干部身后，在悬崖旁的小径上骑行。突然，他胯下的马一脚踩偏，硬生生

◀ 318 国道 5000 公里标志性纪念碑主体竣工

地将小径上的一块大石头蹬落深渊。受到惊吓的马匹只靠三只脚站在悬崖旁，甚是惊险，目睹了全过程的我也吓出了一身冷汗。

虽然事后县委和组织上都要求我们在调研的基础上注意安全，但我们还是会尽可能地下乡常走走、多看看。在对口支援西藏拉孜的三年间，我们先后深入基层调研 200 余人次，行程累计数万公里。这些调研不仅为小组开展各项工作打下坚实的基础，也为当地群众解决了不少我们力所能及的问题。

产业开发多管齐下　脱贫扶智助民翻身

每到炎炎夏日，上海人都有吃西瓜的习惯。如果我和别人说，在西藏拉孜也能吃到西瓜，而且是我们上海正宗的 8424，估计大部分人都会觉得我在开玩笑。其实早在第三批援藏干部入藏时，他们便为拉孜引入了蔬果大棚设备，对西瓜及其他蔬果进行试种，帮助农民增收。之后在一批又一批援藏干部的改良推广下，"拉孜西瓜"这个品牌开始逐渐被打响。

我们在对拉孜当地的瓜棚进行调研后发现，当地的土壤条件其实并不适合种植西瓜。当年，技术人员将经过处理后的羊粪施回田里，以此增加土壤的肥力。这也导致了拉孜的 8424 必须 3 年一种，每隔一个周期，就要换块土地种植，让原本的土地得以休养，重新积蓄肥力。于是，我们决定在原有的基础上继续扩大当地农户的种植面积，并投资 1775 万元建设了一个农业科技示范园区。在园区内，现代农业大棚数量超过 80 座，这里不仅能培育种植西瓜，还能种植樱桃、西红柿及其他蔬果和经济作物。

在确保硬件设施到位的同时，我们也非常注重对农业人才的培养。在 3 年间，我们先后组织了多批农户前往拉萨、上海等地进行培训，结合科技进行学习，让当地老百姓逐渐学会果蔬种植及抗病抗虫等技术。同时，我们还尝试建立了上海至拉孜双向农业技术培训机制，加大种植产业技术扶持等，来逐步扩大蔬果的种植规模和市场份额，为当地农户的增产增收进一步夯实了基础。

除了发掘拉孜当地的产业潜能，我们援藏干部还主动探究、了解了藏区特有的优势资源。其中，当地独有的藏鸡就让我们觉得具有很大的开发潜能。但是藏鸡与我们此前熟知的传统家鸡不同，它们从雏鸡长为成鸡需要一年的时

间，且每 3 天才下一个蛋，藏鸡养殖产业的关键便在于藏鸡能否稳定产蛋。

于是，我们投入专项援建资金用于推行集约化养殖。由政府出资建立养鸡场，交由社会专业机构负责培育。在此过程中，农户们仅需注意藏鸡的日常状况，确保存活率和产蛋率。通常，一只鸡的年产蛋量在 100 枚左右，按每枚 3元的收购价来计算，50 只鸡就可以带动一个贫困户。如果养殖规模达到 500只鸡，获利更高。以此类推，养殖规模越大，收入就越高。可以说在 3 年的援藏工作中，我们通过此类创新模式、健全体系，逐渐实现了藏鸡养殖业的产业化发展和品牌化经营。

"堆谐"泛指后藏地区的农村歌舞。斜挎扎年琴，脚蹬黑皮靴，身着氆氇藏袍，缠在头顶的发穗和舞者的情感一样火红热烈。这是藏民舞动"堆谐"时的标配服饰。平日里，无论是农区秋收时节的晒场上，还是牧区日落而息的篝火旁，抑或者在城镇林卡之中的草坝上，只要琴声响起，藏族同胞们便会顿地而歌，踏足起舞。悠扬的琴声载着歌、伴着舞，粗犷朴素的"堆谐"已经走过了七百多年的历史。那么，如何让堆谐文化和拉孜当地的经济发展结合在一起呢？

我们在调研论证后，决定为当地修建了一座堆谐文化演艺中心。一方面，该中心可以让堆谐演员有更多的表演平台；另一方面，我们也希望拉孜县能在旅游旺季来临时，每晚举办一场堆谐演出。根据设想，这些演出将具备现代元素，包括声光电设备，故事情节的穿插和与观众互动方面，让游客体会到别样的拉孜文化风情。此外，我们也鼓励每个乡镇成立民间农民艺术队，对这些艺术队给予基金扶持。让他们在农忙季节务农，在农闲季节组织团队排练演出，更好地传承堆谐文化。

让我感到非常意外的是，西藏拉孜县竟然也有温泉，而且是股神奇的温泉。拉孜芒普温泉被称为"医治百病之玉泉"，当地有首民歌这样唱道："仙女和寿星告诉众生，这里是人们理想的去处……"据当地人说，该温泉含天然矿物质 20 余种，水质优良。相传，不少患有风湿病和关节炎的人会慕名而来，在长期浸泡后，他们便能扔掉拐杖，重新用两条腿走路。

然而在我们实地探访、调研后发现，这股温泉虽有诸多神奇的传说，可设施相对陈旧和简易。此后，我们不仅对温泉的各类硬件设施进行了升级换代，在开发过程中也充分考虑了当地生态环境脆弱的因素，尽可能地将这股温泉开发得原汁原味，确保了旅游资源的合理开发。

智慧工程助力民生　心系群众勇抗天灾

大数据、智慧城市……对于常年生活在沿海发达地区的上海人而言，这些关键词并不是什么新鲜玩意，但在西藏的拉孜县，却是个完全新生的事物。其实，"智慧拉孜"的诞生也是机缘巧合。2013 年，拉孜中学操场的地下管道发生渗水，直到制定维修方案时才发现，根本没人知道地下管网的排布走向，也没有一张正规的管网图纸。最后，施工队只能放弃做"微创手术"的念头，将操场开膛破肚，以最原始的方法进行维修。正因为如此，让我们下定决心，在前几批援藏干部制定的网格化管理的基础上，用智慧、智能的手段参与到整体管理中来。

"智慧拉孜"项目由上海出资 700 万元援建，包括综合数据库、内部管理系统、智慧地图和指挥大厅四大模块。它的工作方式则是通过全面采集县域内人员的社会活动和社会关系数据，形成静态数据和动态数据相结合的社会管理基础数据库，再通过管理平台操作，实现政府决策数据化、服务群众个性化、政府工作程序化。简而言之，就和我们上海当前正在推行的"一网统管"有些类似。

随着"智慧拉孜"项目的有序推进，全县 5.8 万余人口的数据很快便全部录入完成。借助这个庞大的数据库，拥有不同权限的政府工作人员仅需简单的操作，即可对居民进行精准管理。刚开始，也有部分当地干部不理解"智慧拉孜"的作用和意义，认为这会给自己工作带来新的内容和麻烦。但是用过之后，他们就能明显感到管理成本降低了，有些干部甚至会主动把自己的本职工作和"智慧拉孜"结合起来，令越来越多的部门开始加入这个"系统"中来。可以说，在我们援藏三年期间，"智慧拉孜"是最成功的也是最具亮点的一个项目。虽然它是由张劲松同志全力主抓，全权负责，但能参与其中，我始终倍感荣幸。

除了"智慧拉孜"，三年援藏期间最让我难以忘怀的便是"4·25 尼泊尔大地震"。2015 年 4 月 20 日那天，拉孜县下了一场前所未有的鹅毛大雪。仅一个晚上，积雪深度就有膝盖这么高。次日清晨，大家看到熟悉的街景变成了银装素裹的雪中世界，纷纷拿出手机拍照。那天，我也拍了不少照片并发了朋友圈。其实事后回想起来，初春的拉孜应该是极度干燥，本不该降大雪。正所谓天有异象必生大事，几天后，猝不及防的地震灾情便印证了这句老话。

地震发生后，不论是日喀则市、西藏自治区还是党中央、国务院，都对这次的灾情非常重视。相对周边地区而言，拉孜县不仅连接着通往尼泊尔的樟木口岸，还有一块面积较大的平原，因此这里也当仁不让地成了集中安置灾民的首要场所。很快，拉孜县委便接到任务，务必连夜在安置点紧急搭建 1500 顶帐篷，尽快安顿受灾群众，确保他们的人身安全。

时任拉孜县委书记的张劲松同志马上召开了紧急会议，表示越是在危机的时刻，我们援藏干部越是要挺身而出，冲锋在一线。在妥善分配完工作任务后，我们便奔赴各自的岗位，确保抗震救灾工作的有序进行。

由于我当时需要分管公安、城市管理等多个条线，因而未能在第一天亲临安置现场，而是坐镇后方值班，协调调动公安干警和武警官兵。当时，我还安排了县自来水公司在安置点铺设自来水管道，以保证安置居民的用水问题。在上海从事多年的城市管理经验也提醒我，大灾过后需防大疫，卫生保障工作马虎不得。因此，我又分派了一些城管执法队员和环卫系统的工作人员奔赴安置点，严格落实公共垃圾堆放点和公共厕所的清洁卫生工作，将发生次生灾害的可能性降到最低。

第三天，当我终于可以亲临安置点现场时，只见一千多顶帐篷已经在武警战士、当地干部和我们援藏干部的连夜奋战下，搭建了起来。县委书记张劲松同志全程组织指挥，不眠不休地奋战了几十个小时。当我看到他第一眼时，就心里发酸，湿了眼眶。只见他嘴唇发紫、眼圈发黑，缺氧和缺觉所引发的症状使他"面目全非"。在他身先士卒的感召下，我立刻开始与当地干部一起背挑肩扛地搭帐篷、搬救灾物资，直到安置点的帐篷全部搭设完毕，一面面五星红旗迎风飘扬。

从入藏初期的心里没底到援藏期间的全情投入，我不仅见证了西藏的变化，也感悟到了自身的转变。在西藏，我经受着最直接的国情教育、最生动的民族团结教育、最深刻的党性教育。有了援藏的经历，就仿佛有了"红军不怕远征难，万水千山只等闲"的雄心和气概。可以说，三年援藏既磨炼我意志、又砥砺我品格、更历练我人生。在今后的工作、生活中，无论何等困难和坎坷，我都有了勇敢面对、顽强克服的决心和信心，可以向关心我的领导、家人和上海人民交上一份满意的答卷。

两年援滇行　一世文山情

　　项凯，1959年生。现已退休，退休前曾任中共闸北区国资委党委书记、市北高新集团公司监事会主席等。上海市第三批援滇干部，2001年5月至2003年5月，任云南省文山壮族苗族自治州扶贫开发办公室副主任，推进落实各项扶贫、脱贫项目开展。

口述：项　凯

采访：郭晓静　王　莺　陈　童

整理：王　莺　陈　童

时间：2020 年 6 月 4 日

时光如梭，光阴似箭，回望当初的援滇岁月，往事历历在目。2001 年，在组织号召下，我第一时间递交对口援滇的报名申请表，于我而言，这是一份应尽的责任。当然，我的内心也曾有过纠结，一方面，是出于对未知环境和工作的担忧，另一方面也是放心不下家中老小。为人子、为人夫、为人父，多重身份决定了我必须对家庭尽责，而对口支援工作则是为国尽忠，义不容辞。古语有云，"自古忠孝难两全"，好在，有家人的支持，让我没有太多后顾之忧地去投入扶贫工作。

教育扶贫出实招　多方奔走助"英才"

2001 年 5 月，我们一行 15 人作为上海第三批援滇干部暂别上海，踏上了对彩云之南的对口支援之路。飞机在昆明降落之后，我们在昆明住了两夜。在昆明，我无法把这片红土地和贫穷联系在一起。无论城市建设还是当地人民的生活水平，都和上海相差不是太大。如此的景象让我心生疑问："这里还需要我们来扶贫吗？"带着这样的疑问，我坐上前往文山州的汽车。当汽车穿行在蜿蜒曲折的山路上，当城市的一幢幢高楼被漫山遍野的绿色所代替，我心中的疑问慢慢解开了。经过长达 7 小时的长途奔波后，我们终于到达了目的地——文山州。而这里，是一个和昆明完全不同的世界，落差明显。

当时，我和虹口、松江、南汇的 3 位同志一起到文山州挂职，我担任州扶贫开发办公室副主任。那时的文山州集"老少边穷"于一身。老，即革命老区；少，即少数民族集聚区，有壮族、苗族、瑶族、彝族、回族、傣族等十几个少数民族；边，即地处祖国的西南边陲；穷，即贫困地区，当时全州人均GDP 为 2200 元，州辖 8 县全部是国家级贫困县。基于这几大因素，文山州当时在云南省内属于最为落后的地区之一。

让我最为深切感受到文山的"穷"，是在我第一次下乡的时候，当时所见的景象，时至今日我仍无法忘怀。赴滇前，我受时任闸北区教育局副局长的王一鹏委托，到乡里看望并慰问援滇教师。在崎岖蜿蜒的山路上颠簸数小时后，我终于到达砚山县八嘎乡的八嘎中学，此时已近学校的午餐时间。因为学校里没有食堂，学生们三三两两聚在外面的空地或土堆上，端着碗或站或蹲地吃饭。大部分孩子手里只有一碗白米饭，见不到一丁点菜，偶尔能看到米饭上有一抹红色，走近一看，才发现那红色的是一些辣椒酱。只有少数几位条件稍好的学生，花上五毛钱打一个菜，而这些菜里，也见不着一丝荤腥。或许是营养不良的原因，孩子们个个面黄肌瘦，虽然已经是初中生，体型却和城市里小学三四年级的孩子差不多。而孩子们的住宿条件更是令人揪心。走进宿舍，一片漆黑，其间还夹杂着一股股刺鼻的异味。待我适应了房屋的黑暗后，才看到，眼前密密麻麻摆着的一张张老式木质上下床。询问之后才知道，这里头竟然满满当当塞了八十多张床，也就是说，一共有一百六十多个孩子挤在这间卫生条件极差，而且还有安全隐患的大屋里。

孩子们的学习生活环境让我痛心，而让我更痛心的是，这样的现象在当地比比皆是。有一次，我前往麻栗坡县马毛小学调研，类似的景象再次展现在我的眼前。一间土楼房，一面破铜锣挂在树上当上课铃敲，这便是学校的全部家当。全校一共只分两个年级，两个班级，学生加在一起只有十多个人，老师也只有两名，平日就操着浓厚的当地口音教学。

可以说，当地的教育水平无论是硬件设施还是软件力量，都无法和城市相比，再加上贫困家庭众多，辍学现象在当地非常突出。因此，我在文山的那两年，对教育事业倾注了不少心血，在认真落实上海带去的教育扶贫项目的同时，再争取更多的社会援助。

教育扶贫的举措之一便是援建希望学校。我们以麻栗坡县的麻栗镇和砚山县盘龙乡为项目乡，在两年时间内，用计划内资金援建了4所希望学校，这些学校除了宽敞明亮的教室、干净卫生的宿舍之外，同时配备了电脑教室、活动室等，为孩子们提供了更多交流互动、接触外面世界的渠道。此外，我们还搭建起远程教育网，让全校师生可以接受发达地区教师教育的机会。在确保对口援建学校的顺利落成之外，针对原有校舍破败不堪的情况，我多方奔走"化缘"，动员社会力量一同参与进来改造校舍。在原大宁街道刘智敏主任的积极帮助和支持下，和闸北区一家民营企业多次沟通后，对方捐资10万元改造猛硐乡铜塔村小学。之后，我又协调到5万元资金改造了马毛小学。在2002年春节回上海休假期间，我通过朋友俞斌的介绍，联系到上海市希望工程办公室的曾孟琛同志，向他介绍文山当地的教育情况，希望他能够在改造学校方面提供一些帮助。小曾十分热心地为此事到处奔走，没过多久，就给我带来好消息。在他的积极协调和牵线搭桥下，终于落实嘉定区的一家民营企业，由这家企业出资30万元，改造边境乡的分水岭小学，让更多的"戍边"孩子能够坐在窗明几净的教室里。至此，共新建或改建了七所希望小学。

一次次"化缘"的成功，让身处异乡的我备受感动，我深切感受到，我们从来都不是一个人在战斗，在我们的背后，是整个上海市政府和上海人民在做我们的坚强后盾。

援建学校从硬件上为孩子们创造了就学条件，但是教育扶贫的核心还在于"人"。在当地，一些孩子因为家境贫困，父母无力承担上学的开支，只能被动辍学。针对这些孩子，闸北区教育局开展了"1+1"助学活动，帮助众多寒门学子重返校园。在具体落实过程中，我接触到许多家境贫寒的学生，随着交流的加深，我发现一个问题，对于一部分家庭极其困难但又成绩拔尖的学生而言，"1+1"助学所提供的资助还无法完全解决他们的生活困难，他们需要更

▲ 上海东华公司赴滇签约，捐赠村民修路款并助养 6 名寒门学子

多帮助。了解这一情况后，我在上海动员了十二名乐善好施的好心人，分别是大宁街道的金小敏书记等六名班子成员，还有上海东华装饰公司的吴国富总经理等六位企业家，在麻栗坡县民族中学和县一中这两所重点中学，筛选了 12 名品学兼优但又最为贫困的农家子弟，双方签订了"一对一"结对助学协议，每人每年资助 1000 元，承担受助学生从初中一年级至高中毕业的全部学杂费和部分生活费，如果学生考上大学可以继续商议助学方案。

当然，我们也希望能帮助尽可能多的孩子，但毕竟资金有限，所以只能将这些有限的资金先用来帮助最需要帮助的孩子。这一做法在当地产生了非常好的社会影响，通过结对助学的形式，让"英才"不会因为贫穷而丧失就学的机会，同时也可以鼓励更多的学生成为"英才"，这一做法被当地教育界誉为"英才救助"。

在受助学生中，有一个小女孩让我至今难忘。她的名字叫田武兰，由当时大宁街道的金小敏书记助学。虽然名字中有个"武"，但是女孩的个性却一点也不"武"，而是如兰花般文静，非常懂礼貌。在接触中，我了解到，田武兰姐妹三人，父母均是农民，父亲初中毕业，母亲的文化程度仅有小学一年级，家中还有年迈的祖母和一位残疾的舅舅。但让我大吃一惊的是，田武兰姐妹三人个个都是"学霸"，田武兰与姐姐同读一个年级，两人学习成绩囊括年级前二名，妹妹也是年级第一名。真可谓是"寒门出才女"！而她们也没有辜负金书记的雪中送炭，始终勤学不辍，奋发向上。在我离开云南之后，也一直很关心田武兰的情况，经过多方打听后得知，她不负众望，考入了北方交大！前几天我又得到一条信息，这十二位孩子中有位叫刘明波的女孩，她当年是由东华装饰公司鲍康经理助学的，他们俩在相隔近 20 年后又重新联系上了。让人欣喜的是，当年的受助女孩如今已经成为当地县电视台的一名记者。而类似田武兰、刘明波这样，在好心人的帮助下，通过自己的努力，用知识改变命运的孩子并不在少数，他们用汗水和成绩证明了自己，而这也是对帮助他们的人的最好回报。

教育扶贫是打赢脱贫攻坚战的最重要举措之一，而且带有根本性的意义。通过教育投入、教育资助和教育帮扶，先改变一代人的观念，再由他们推动上一代和带动下一代，共同树立起主动脱贫、摘掉"穷帽子"的主观愿望，只有这样才能提升脱贫质量，促进稳定脱贫，推动当地群众既"富口袋"又"富脑袋"。

对症下药解症结　多管齐下惠民生

当时，根据上海市总体要求，结合当地实际发展状况，上海对口援建具体项目的确定原则是，首先解决大多数群众的基本生存和生活困难，在此基础上，培育群众的商品意识和市场意识，通过扶持部分种植和养殖专业户来培养脱贫带头人，全方位、多举措，稳步推进扶贫工作开展。

解决群众的基本生存和生活问题，"就医难"便是其中的一项重要内容。当地许多老百姓住在大山深处，距离县城里设施较为完备的医院动辄几十公里上百里，如果没有汽车，寸步难行；有汽车，也往往是难行寸步。大多数的村寨中没有卫生所，不具备就医条件，即便是条件较好的卫生所，也远远谈不上"卫生"二字。如此状况，可以想象，老百姓的就医之难。由于看病难而导致群众因病致贫、因病返贫，成为脱贫攻坚的"拦路虎"。为解决这一问题，我们综合村寨规模大小、人口数量等要素，在两年时间里，一

◀ 原闸北区援建的砚山县"盘龙乡白玉兰卫生院"，于2002年底建成并开始接诊

共在两个项目乡设立 12 所白玉兰卫生院、卫生所、卫生室。从此之后，老百姓遇到一些小毛小病都可以到就近的卫生所、卫生室接受治疗，无需再路远迢迢地跑去县城就医。可以说，卫生所、卫生室的设立打通了贫困群众看病就医的"最后一公里"，明显改善当地缺医少药的状况，提升群众的就医条件和就医环境，在文山州脱贫摘帽攻坚战中，发挥了不可或缺的重要作用。

　　除了解决就医难问题，改造当地人畜饮水工程、建设生态村，也是上海对口援滇项目的具体内容之一。文山州属于喀斯特地貌，当地水源少、地面蓄水能力弱。一到旱季，当地百姓经常面临人畜无水可饮、无水可用的境况，为此，我们在当地启动了饮水工程，主要是为缺水的群众提供资金造水窖。在当地，每年的 6 月至 8 月是雨季，雨量比较充沛，但由于没有蓄水设施，充足的雨水只能白白浪费。在建造水窖之后，老百姓可将雨季时的雨水蓄入水窖，等到旱季时，从水窖中取水净化，便可满足日常的一些生活饮用水。在此过程中，我也见识到群众中蕴藏的无穷生活智慧。因为水窖中的水多为天落水，如果要用必须经过净化。在我的记忆中，小时候大人都会在水缸里放入几块明矾，以此达到沉淀杂质、净化水质的作用。但是在当地，老百姓却使用一种令

◀ 2003 年 3 月，项凯
在麻栗坡县乡村察
看推进沼气池建设
工作

人意想不到的植物——仙人掌，将仙人掌捣碎之后放入水中，竟然也能起到净水的效果！与饮水工程同步推进的，还有生态村建设。所谓生态村建设，主要就是为老百姓建造沼气池及配套厩舍，这种在城市难得一见的设施，对于农村家庭而言，无疑是福音。当地很多村民家中都会饲养家禽家畜，排出的粪便很难得到妥善处理。有了沼气池之后，村民可以将家禽家畜饲养在配套的厩舍中，粪便直接排入沼气池；经过分解后，产生的沼气就是一种优质廉价的燃料，不仅解决了环境卫生问题，而且还免去了村民上山砍柴的辛劳，也保护了山林植被。同时，沼气池中分解产生的沼液和沼渣又可以作为肥料、饲料使用，大大减少化肥和农药的危害。

在解决以上关乎老百姓生存的基本问题之后，我们开始着眼考虑解决他们的发展问题。两年时间里，我们一共扶持了 36 个种植、养殖、加工专业户，6个养殖专业村，3 个果树种植基地，1 个百亩菜园等。一些养殖户、种植户通过政府扶持和自身拼搏，成为当地先富起来的代表，也成为当地群众效仿的致富典型。有了他们的成功示范，周围群众也都纷纷申请"扶持"，通过这种方式，我们把简单的救助式扶贫转变成为开发式扶贫。

每一个援建项目从确定到落地，都紧紧围绕帮扶工作的总体要求展开，也切实针对当地老百姓的实际需求对症下药。通过多管齐下的项目开展，当地人民群众的生活环境得到了极大的改善，生活水平获得了较大的提升。而在改善民生的过程中，文山当地的特殊情况，也促成了一个在其他对口支援地区可能不会出现的民生工程——假肢站建设。

为帮助那些因战致残人员恢复、提高生活生产能力，从 1999 年开始，上海市民政局等相关部门就开始在当地选址建立假肢站。在我援滇的两年期间，主要是为推动假肢站建设做深化协调工作。由于最初假肢站的规模非常小，满足不了需求，就由我去协调重新选址，扩大假肢站规模。在和当地扶贫办主任、民政局领导多次走访考察之后，我们最终将假肢站的地址选在当地闹市路段，如此一来，可以更方便地服务残疾群众。假肢站建成后，由上海假肢有限公司派驻专业技师进驻，为因伤致残人员安装假肢，帮助他们恢复日常生活、生产。

假肢的安装，不仅赋予残疾群众重新自由行走的权利，更让他们重燃起对未来生活的信心和做人的尊严，让他们从生理上、精神上都重新"站"起来。同时，通过安装假肢，提高残疾人员生活、生产能力，也明显改善了当时因残致贫的现象，为当地加快脱贫步伐做出了突出贡献。

"上海精神"暖人心　造血机制促发展

随着扶贫工作的深入开展，我也愈发感觉到，仅仅依靠施舍式的输血是不行的，相比于单纯的资金投入，更应该要立足于开发扶贫对象自身资源，挖掘其自身潜力，引入市场机制，形成造血功能。同时，也要转变当地老百姓的思想观念，逐步从群众被动的"要我脱贫"，向主动的"我要脱贫"转变。

也许是山区闭塞的原因，也许是家庭贫困的原因，在和当地老百姓接触的过程中，我发现有些群众的思想观念还比较落后，比较有惰性，主动脱贫的愿望不太强。具体表现为时间观念和计划性不强。对我而言，必须要确保援建资金落到实处、确保援建项目按期交付。所以在每个项目实施过程中，我都严格把关、全程跟踪，同时帮助当地群众一起设立目标、制定计划，引导他们树立守时守约意识。遇到进度赶、时间紧的项目，可以宽限几天完工，但是一旦确定了最后期限，那就必须按时交付！一开始，当地干部对我的这种工作作风还有些不适应，但慢慢地，他们自己也感受到守时守约的重要性。在我看来，这正是一种守时守约的"上海精神"，是一种讲诚信的契约精神。

改变落后观念、转变工作作风，使扶贫工作的推进能够事半功倍，而要真正实现稳定脱贫，更关键的还要引入造血机制。

在文山当地，有一种名贵的中药材——三七，产品质量好、经济价值高，但却始终无法打开市场。得知这一情况后，我利用出差回上海的机会，为三七的推广四处奔走。功夫不负有心人，在当时南市区一位援滇干部的牵线搭桥下，得知上海童涵春饮片厂正在物色建立药材种植基地，在我的积极协调下饮片厂罗副厂长一行数人到文山州砚山县考察三七基地，双方达成协议：童涵春堂所用三七全部从砚山三七基地公司采购，同时形成以入股形式首期投资 15 万元在砚山建立三七基地的合作意向。

除了三七之外，文山当地还有许多物美价廉的特色农副产品也面临着"走不出去"的困境。麻栗坡县八布乡的小粒咖啡，品质可以媲美哥伦比亚咖啡；还有诸如茶叶、野竹笋等产品，都是"藏在深闺无人识"。那如何才能将这些产品推广到上海市场或者是为当地引进投资？为此，我花费大量的时间精力，多方奔走，拜访上海的咖啡销售公司、咖啡经营商、上海市茶叶行业协会、良友集团、大润发总部，等等，促成一次次的考察和交流。在朋友郑李萍的积极协调下，促成在上海经营咖啡的台商利先生到麻栗坡县八步乡考察，并当场拍板购买数吨八步乡的小粒咖啡，还签订下一步合作的协议书。

通过这样的形式，一方面为当地的特色农产品做了推广，另一方面，也促进了两地间的经贸互通，为推动当地的产业发展、产业结构调整发挥积极作用，帮助当地利用自身的优质资源，从单纯的被动接受"输血"渐渐转变成主动"造血"。

两年的职业扶贫生涯，于我来说是吃过苦流过泪，但我从未后悔过。两年时间，我个人所做出的努力对文山的发展进步仅是杯水车薪而已，但正是有着一批又一批援滇干部和当地干部们一步一个脚印的努力耕耘，才有了文山如今翻天覆地的变化。前几年，我抽空回了一次文山，感觉变化巨大，路变宽了，楼变多了，楼变高了，群众的生活也明显改善了。

我深信，在党中央"精准扶贫"的方针指引下，通过大家的共同努力，文山的明天一定会更加美好！

沪滇同饮一江水　文山两载助脱贫

郑伟，1967年生。现任静安区建设和管理委员会二级调研员，上海市第七批援滇干部，2009年至2011年挂职云南省文山壮族苗族自治州招商局副局长。

口述：郑　伟
采访：郭晓静　王　莺　黄泽骋
整理：王　莺　黄泽骋
时间：2020 年 6 月 5 日

　　2009 年到 2011 年期间，我作为上海市第七批援滇干部被派驻到云南省文山州，担任文山州招商局的副局长。而我和云南这段奇妙缘分的开端，还要从一个意料之外的电话说起。那天，我正在动迁基地协商动迁事宜，突然接到静安区委组织部电话，通知我去谈话。待我赶到后，组织部卢副部长便开始跟我介绍起云南的情况，直到这时我才得知，组织上经过筛选，把我列入了第七批对口援滇的干部名单。

　　组织信任我，委我以重任，令我激动万分，但随即我的心中泛起了一丝忧虑，家中上有老下有小，我这一去两年，家中也没了照应。好在，我的爱人在得知这一消息后，毫不犹豫地表示："组织需要你，你就放心去吧！家里的事情不要操心。"带着家人的祝福和组织的重托，我背起行囊，离开生活了四十多年的家乡，踏上了前往彩云之南的对口支援之旅。

脚粘泥土访民情　田间地头听民意

　　也许是巧合，也可能是和云南有着不解的缘分，我们到达云南的当天恰逢我的生日。飞机一落地昆明，同志们就为我在这距家千里之外的地方举办了一次极具纪念意义的生日会，这次特殊的生日也让我对援滇之行更加充满信心。

当时我和松江、南汇还有虹口的三名同志一起到文山州挂职。初到文山，展现在我们面前的，是一片和上海这个国际大都市全然不同的景象。第一个浮现在我脑海中的词便是"开门见山"。入住统一安排的宿舍后，只要推开洗手间的窗户，映入眼帘的便是文山的标志——西华山。另一个让我备感新鲜的是，虽然当时文山城区已经修建起柏油马路，但是路上除了奔驰的汽车之外，还经常能看到有农民驾着马车经过。对于从小在城市长大的我而言，这样的景象以前从未想象过。在亲身领略了这座边境城市的风土人情后，我怀揣着满腔热情投入到援建工作中，而当地群众的热情相待，更迅速消解了我们这些初来乍到的"外乡人"内心的不安与陌生。

在我正式到招商局挂职之后，当地领导干部向我们介绍了文山州经济发展的情况，确实不容乐观。当时，文山州一年的税收收入跟上海的一个区都没法比，甚至可能比不上某些发展较好的城镇，全州基本只能依托云南省财政资金拨款，来维系整个城市的运转。在言谈之间，我也深切感受到，当地领导和群众想要改变现状、想要发展的迫切愿望。

文山州的经济发展主要依靠农业，但典型的喀斯特地貌又严重制约了传统农业的发展，当地90%以上都是山地，可用于种植农产品的农耕地少之又少。农民们只能在山与山之间的平地——坝子上见缝插针地播种，成本高、产量低。除了传统农产品之外，也有一些农民以种植三七为生。作为一种名贵的药材，三七的经济价值相对较高，但是从播种到收成一般需要3年以上时间，周期长、回报慢。不仅如此，三七在生长过程中，会将土地中的养分吸收，一般种植完两季三七之后，土地必须经过3到5年的恢复期。这对于原本耕地紧缺的文山州而言，无疑更是雪上加霜。

当地的种种现状，让我们深切感受到对口支援工作任重而道远。虽然组织安排我们在文山州府挂职，但同时每个区还要对口帮扶下辖的两个县市，对此，我们四名同志形成了良好的协作机制。除了做好自己对口帮扶的两个区的调研工作外，也会到兄弟区对口的其余六个县市调研。看得越多、经历越多，才能发现更多的问题，共同探讨对口帮扶的对策。因此，在文山的前三个月，我们的工作区域基本都在县里，不是在下乡，就是在下乡的路上。

在到达文山之前，我从未在农村生活过，也没和农民兄弟打过交道，就连农田里的农作物也是"五谷不分"。正因如此，我比其他同志更需要深入基层一线，深入田间地头，深入农民兄弟中去，聆听他们的想法，了解他们的需求，解决他们的难题。

两年时间里，我走访州县政府和乡村100多个，走访联系基层干部群众400多人次。不同于江南地带村庄相对集中，文山当地的村庄大多散落在大山深处，路途遥远，有些偏远的村寨甚至要驱车数百公里才能抵达。有一次，我到麻栗坡县下辖的一个自然村调研，这个村仅有9户人家，但是每户人家之间都隔着"千山万水"，想要从一户人家赶往另一户人家，必须要"翻山越岭"，在这秀美山川掩映下的，是崎岖难行的土路，是四处透风的土房，是农民们恶劣的生存环境和艰辛的生活现状。

在下乡的过程中，我们也曾遭遇过不少险情。有一次，因为要处理一个紧急的项目，我必须尽快赶往麻栗坡县，当时也顾不上前些天刚下过雨，道路可能出现塌方的情况，我匆匆忙忙带着司机出发了。结果在半路真的遇到前方路段塌方，车辆无法前进。考虑到我急切的心情，驾驶员决定从旁边的小路绕道而行，结果没想到，车子一开上泥泞的小路，车胎就陷进了泥地里，动弹不得。我一看天色渐暗，赶紧下车推车，折腾了好一会儿，终于和驾驶员两个人把车从泥地里"弄"了出来。驾驶员还"表扬"我，说第一次碰到领导给他推车。我也跟他打趣说，"如果我不推车，这天也黑了，手机也没信号，我俩就只能在山里当山大王了。"类似的情况时有发生，让我切身体验当地环境的艰苦和老百姓生活的不易，更加坚定了我做好帮扶工作的决心——一定要通过对口帮扶工作，让当地百姓生活得到进一步改善。

通过无数次调研，不仅让我看到了很多，也让我学到了很多，积累起了农村工作的知识和经验，增长了基层工作的才干。可以说，每一次走访，对我而言都是一次自我成长、自我学习、自我提升的过程。

"三个确保"保基本　携手共建新农村

做好对口支援工作是贯彻落实科学发展观、实施国家西部大开发战略的具体实践，也是维护国家统一和民族团结的一项政治任务。在文山的两年期间，我们立足于岗位，稳步推进沪滇对口帮扶工作的进一步开展。在这其中，很重要的一项工作是完成"三确保"建设任务。这是国务院扶贫办贯彻落实党的十七大精神，加大对革命老区、民族地区、边疆地区和贫困地区发展扶持力度，从实现新阶段扶贫开发目标的需要出发，提出的一项在 2010 年底前必须完成的硬性任务。在这一要求指导下，我们在两年时间内合计完成麻栗坡县29 个"三确保"建设任务。

针对"三确保"任务，我们按照省市帮扶的总体要求，以点带面，建设一批示范点，起到示范引领作用，面上则以"保基本"为主，以问题为导向，把帮扶落到实处，着力解决群众急需解决的基本生活问题。

"出行难"是严重阻碍百姓正常生产、生活的老大难问题。正如我前面提到的，当地很多老百姓都生活在山区，连接农户家和维系他们生活来源的几亩薄田的，都是一段段土路，一到下雨天，土路就变得泥泞不堪，通行极其不便。我还记得有一次雨天下乡时，我穿着一双皮鞋，深一脚浅一脚走在村里的土路上，结果脚下一滑，扑通摔了一跤。对我来说，我可能只走一次，咬咬牙也就过去了，但是对于生活在那里的村民来说，这是他们每天的必经之路。如果连基本的出行问题都无法解决，又何谈提高生产能力呢？因此，解决群众基本生活问题的第一环便是修路。结合上海援建资金和当地统一规划，我们把原先村里的入户土路全部翻建成砂石路，由此打通村民的生活和生产区域，极大改善了村民的生产环境。

解决出行问题之后，急需解决的还有农户们的居住问题。有一次我前往麻栗坡县普迫村项目点的时候，发现许多村民家里都是家徒四壁，有些甚至只能算"家徒三壁"：一间破土房只有三堵墙，剩下的一边用彩条布遮挡，遇到下雨天，"屋外下大雨，屋里下小雨"，根本无法正常生活。有些家庭人畜共居在同一屋檐下，一边是人睡的床，旁边就是养的鸡鸭。眼前的一幕幕，令人心

◀ 2010 年上海援建的
"三确保"村——
铁厂乡普龙村委会
杉树村小组

酸。因此，针对麻栗坡县的这 29 个"三确保"村，我们在两年时间内陆续完成旧房、危房改造，重建 250 余户，并完成配套厩舍改造 600 余间。通过房屋改造，一方面极大改善农户的生活环境；另一方面，也重新赋予他们生活的尊严。

除此之外，我们还同步推进水窖改造、沼气池建设、厨卫改造等各项惠及百姓的民生工程，以此解决当地群众安居温饱问题。在此基础上，我们开始着眼于提升农民的"软实力"。当地属于少数民族聚居区，有诸如壮族、苗族、傣族、彝族等 10 多个少数民族，每个民族都有属于自己的民族文化，但由于条件所限，许多村寨依然过着日出而作、日落而息的远古生活。为了给村民们在劳作之余能有一个心灵交流的场所，我们通过和当地资金合建，为每个村庄建起科技活动室，有了这样一个活动场所后，村民们可以在重大节日一起载歌载舞、交流感情。而活动室更为重要的功能在于，为村民带去各类科技培训、农业讲座。通过农业专家现场授课，村民可以获取更多种植、养殖方面的专业知识，改变以往"闷头苦干"最后却收成甚微的落后状况。活动室的落成，受到了当地群众极大的青睐，每逢举办科技讲座，群众都会自发搬着小板凳前往活动室听课，效果很好。

　　"三确保"建设的稳步推进，切实改善了贫困群众生活生产条件，并在一定程度上实现了农民增收，提高整村的经济发展水平。在"三确保"建设的同时，我们援滇期间的另一个工作重心则是落实砚山县整乡推进项目村建设，共建成19个新农村建设示范村寨。通过示范村建设起到良好的引领作用，带动全民共同树立建设新农村、携手奔小康的理想目标。

　　在这其中，最亮的亮点莫过于砚山县马鞍山村。相比于麻栗坡县，砚山县的地理环境、基础设施、人民生活水平相对较好，但是放在全省、全国范围来看，仍然比较落后。作为砚山县下辖的自然村，马鞍山村是一个基础薄弱、经济发展迟缓的壮族村寨。2008年，全村农民人均纯收入仅有2100元。"晴天一身土，雨天两脚泥；一条洪沟穿村过，两个泥塘人畜饮；几间泥房三代挤，村破家贫盼出头。"这几句顺口溜是当地群众对马鞍山村的生动形容。村里没路、人畜共饮、住房破败等突出问题严重阻碍了当地经济发展，当地群众想要脱贫、想要改变、想要发展的愿望十分迫切。

　　在这些先决条件之下，我们在规划中秉承民主决策原则，认真听取农民兄弟们的意见和心声，稳步推进新农村建设。马鞍山村项目在规划之初，由上海第六批援滇干部李华忠同志会同当地县扶贫办牵头组织立项。我到达文山的时候，马鞍山村的新农村建设已经在如火如荼地开展之中，热火朝天的建设场景也深深感染了我，农民兄弟们个个都在挥汗如雨地苦干。看着此情此景，接过前辈们接力棒的我，也信心满满地希望继续稳步推进项目建设。

　　当时上海的援建资金仅有40万元，在各部门多方协调、通力配合下，也在全村群众的共同努力下，最终我们筹集到370万元资金，用以改善群众最想办、最急办的事。首先我们修通了"富民路"，一条条漂亮干净的水泥路，拉近了城乡间的距离，架起了村民和外面世界的桥梁，也点亮了村民们脱贫致富的殷切希望。路通了，回乡创业的人多了，群众致富的门路也多了，群众参与新农村建设的积极性和热情也更高了。有了漂亮的入村路，村民们想要改善居住条件的愿望也更迫切，通过一部分的援建资金以及村民自己投工投劳，家家户户修建起漂亮的"别墅房"，居住条件可以和城里人相媲美，同时我们再投入一部分资金用于沼气池建设、活动室修建等。

◀ 2009 年整村推进项
目村——马鞍山自然
村翻天覆地新面貌

　　随着硬件条件的改善，马鞍山村的村容村貌发生了翻天覆地的变化。为了从根本上改变村民的"一穷二白"面貌，我们对当地的产业发展结构进行调整，大力培育和发展农村特色产业，形成"山中种果、田间种烟、地里种菜、水中养鱼、规模养猪"的良好格局。所谓规模养猪，就是把原先农民们的个体养殖转变为集中养殖，通过建立标准化的生猪养殖场，让生猪们都住上"集体宿舍"，不仅改善村民家的卫生状况，同时也可以在先进养殖技术、优越养殖环境的支撑下，提高生猪出栏率，实现农民增收。原先"人畜共饮"的两个泥塘被改造一新，在进行清淤、修整之后，一个泥塘专门用于水产养殖，另一个泥塘则摇身一变成为村里的景观湖。同时，我们也充分利用村里新建的活动室，将其和农民的经济发展紧密结合在一起。除了交流感情、开班授课的作用之外，还专门设计一块区域，用于经营农家乐和开办农业超市，让村民们既能休闲娱乐，也能实现增收。

　　与此同时，我们也开始打造"文化牌"。在新农村建设过程中充分挖掘和表现新时期民族村寨的文化特色。在农民别墅的院墙上，通过绘画的形式，把当地少数民族同胞的生产生活场景展现出来，弘扬当地的少数民族文化，成为当地一道亮丽的风景线。随着村容村貌的大变样，当地村民们自发制订村规民约，每周安排志愿者在村里打扫卫生，整个马鞍山村的面貌焕然一新。

在马鞍山村的新农村建设中，我们始终把发展农村生产力、培育发展农村特色产业、增加农民收入放在第一位，而勤劳努力的马鞍山村人民也用自己的双手创造幸福的新生活。在所有人的努力下，马鞍山村成为文山州新农村建设的亮点，更是成为云南省的示范点。

产业发展新思路　扶持教育助学忙

新农村建设让山区群众的基础设施有了翻天覆地的改善，很多农民都搬进新房，但是由于产业发展滞后、缺乏有效的增收机制，农民返贫的现象时有发生。在我看来，要改善这一状况，除了单纯的提供资金"输血"之外，更需要通过转变产业结构来实现当地的自我"造血"功能。

在砚山县、麻栗坡县，有许多特色农副产品，诸如小粒咖啡、小粒花生、小米椒等。但是由于产业发展规模小、产能低，受市场波动影响大，农民收入十分不稳定。麻栗坡县的小粒咖啡，原料好、质量好，但是产量小、加工差，销量始终上不去，种植户的积极性也不高。得知这一情况后，我向上海的领导做了汇报，在闸北区领导的牵线下，联系位于松江的雀巢咖啡厂。在反复沟通协调下，咖啡厂厂长亲自到当地考察，为当地带去先进的咖啡种植和加工经验。同时为了解决咖啡的销路问题，我还联系云南保山一个集中销售咖啡的集散点，由县长带队，带着当地的种植户一起前去对接，一定程度上解决咖啡的原料销售问题。除此之外，我们还在当地推广肉鸽养殖、生猪养殖等项目；邀请上海海洋大学等九所高校赴文山考察，积极为麻栗坡县与高校合作牵线搭桥，利用海洋大学专业优势提高当地网箱养鱼水平，为罗非鱼养殖户们普及专业的养殖技术。有些大学生甚至扎根到文山，为当地的产业发展添砖加瓦。"三七"是文山的名片，文山素有"三七"之乡的美誉。开发三七是文山州重点发展项目，历届援建文山干部都对三七项目进行过深入的研究探索，在扶持三七经济价值开发方面积累了丰富的经验。砚山县的气候和地理环境适合三七育苗生长，是文山州优质三七生产地之一。由于当地种植三七的农户组织化程度不高，主要通过传统方法开展原料生产，经济价值没有充分显现。2010

年，我们通过前期调研，积极争取将砚山县三七科技园项目纳入当年度州级扶持项目，探索培育产业带头人，实行"公司＋基地＋农户"发展模式，建设"三七开发科研楼"，用于优化栽培技术，提升三七品质，研发升级三七产品。同时通过定向协作的方式，扩大三七种植规模，推动产业扶贫。龙头企业的不断发展，也为当地增加了就业岗位，促进了农户增收。如今，"苗乡三七科技园"的产品远销海内外，成为三七产业发展中一道靓丽风景线。

一方面，通过产业结构调整实现"造血"机制，为推动当地稳定脱贫提供良好基石。另一方面，也要通过教育帮扶，改变一代人的"头脑"来确保脱贫工作的长效推进。2009年，上海投入200万资金援建杨万乡中心小学，用以改善当地校舍不足、教育落后的状况。

学校落成之后，由我负责验收。可以自豪地说，这所学校无论从规模还是硬件设施上，都可以媲美当时上海的学校。有了这所学校，无疑对当地的教育发展能够起到很好的助推作用。但是硬件跟上之后，软件却仍然有些脱节。验收那天，正值冬天，天气寒冷，我们走进学生宿舍一看，小朋友们身上穿得十分单薄，脚上趿拉着拖鞋，床铺上面只有一张草席。看着此情此景，眼泪在我眼眶里直打转。如果不改善孩子们的生活条件，那么有再好的硬件设施也是徒

◀ 2009年度上海援建的州级项目杨万乡中心小学新貌

劳。从学校离开之后，我联系到静安区民政局，希望能够集合社会力量为孩子们提供帮扶。经过多方奔走，终于为学校募集到一部分棉垫、棉被。此外，在我的牵线搭桥下，静安区文明办也为孩子们筹集到许多衣物、文具等学习生活用品。

除了政府相关部门为孩子们提供帮助外，我也动员社会力量一起加入到帮困助学的队伍中来，通过结对子的方式来帮助当地品学兼优的寒门学子。我至今还清楚记得，当时区计生委主任谈惠兰在我出发前往文山之前，就跟我千叮咛万嘱咐，希望我能在当地联系几个好苗子，由她来负责助养他们。不仅如此，她还带动身边的同事一起参与进来。计生委的王立南同志带队到文山，前后和20多个学生结对子，从孩子们高一到高三，每年为他们提供助学金。正是有了这些好心人的无私付出，大山里的寒门学子才有机会可以走出大山，用知识改变命运。

两年时间如白驹过隙，飞逝而过，但是这两年的时间却是我人生不可磨灭的一段宝贵经历。文山于我而言，就如同是第二故乡一般亲切，那是一片我挥洒过汗水的土地，也是一片我流下过热泪的土地。如今，即便远隔千山万水，我也始终牵挂着那里的一草一木，一人一物。未来，我也希望经常有机会能回去看看，重温那段激情燃烧的岁月，见证文山日新月异的新样貌！

援滇真情帮扶　见证文山巨变

　　周海波，1967 年 11 月生，现任上海市静安区彭浦新村街道办事处副主任。上海市第九批对口支援云南干部。 2013 年 6 月至 2016 年 6 月，任云南文山壮族苗族自治州发改委党组成员、副主任，分管扶贫开发工作。

口述：周海波

采访：刘伟星　祁耘书

整理：刘伟星　祁　耘　陈　童

时间：2020 年 7 月 30 日

　　静安区在云南对口帮扶的地区是文山壮族苗族自治州位于云南省东南部，东与广西百色市接壤，南与越南接界，全州面积 3.2 万平方公里，有 5 个上海这么大。文山州下辖 7 县一市（县级市），均为国家级贫困县。其中，我们区对口支援的麻栗坡县山地面积达 99.9%，国境线长 277 公里，砚山县的石漠化程度也在 50% 以上，两个地区的自然条件都比较艰苦。

　　尽管如此，对于文山，我有特殊的情结，那是一片既神圣又令人向往的土地。

发现贫困症结　探索合作模式

　　初到文山的首日，我放下行李后的第一件事就是出门坐公交车。当时我们的驻地在城区的最北面，恰好有一条公交线路沿着主干道笔直往南开。我就坐上这辆车，一路南下至终点站，将沿途的所见所闻都一一记录了下来。抵达目的地后，我又开始徒步往北走，花了 2 个半小时的时间走完了 15 公里的路程，也基本将城区的情况了解了个大概。

　　此后没多久，我就在当地买了辆山地车，平时去哪里都靠骑行。在云南对口支援的三年里，我几乎用双脚和自行车车轮丈量了文山州的每一片土地。通过这种近乎"微服私访"的方式，我不仅对文山的风土人情有了更进一步的认识，也看到了很多平时在工作中难以察觉的细节。

比如在调研过程中，我发现麻栗坡县虽然气候无常，可县境内植物种类却很丰富，适宜咖啡、茶叶、草果、八角等多种经济作物的生长。无独有偶，麻栗坡县境内也具有"十里不同天"的独特地理气候条件，天保、八布、杨万等乡镇部分地方处于低热河谷地带，适宜种植咖啡、香蕉等热带经济作物；董干、铁厂、下金厂、猛洞等乡镇大部分地方处于高山冷凉山区，则适宜核桃、油茶、茶叶、漆树、草果等经济林果以及禽畜养殖业的发展。

然而在就相关产业进行项目推进过程中，我却发现当地百姓的积极性并不是很高。原来，不论是农副产品还是经济作物，都需要一定资金的前期投入。其间一旦遭遇天灾或气候异常，便会赔得血本无归。此外，部分作物从种植到挂果，要经历两三年的时间才能看到收成。如此漫长的收获期，让不少百姓都有些没底气，感到不放心。

为此，我们专门推出了农民专业合作社的产业模式，有效解决了农户后顾之忧的同时，对促进当地农村经济发展和农民增收发挥了非常重要的作用。首

◀ 闸北区 2014 年对口帮扶砚山县项目现场

先，合作社采取统一建设基地、统一传授技术、统一供应农用物资、统一收购农产品等服务，使社员从根本上改变了传统经营方式。此举不仅提高了农民的组织化程度和防范风险的能力，同时也在降低了生产成本和交易费用的前提下增加了农民的收入。

此外，合作社还加强了与农业、科技等部门的合作，组织展开科学技术培训和科技示范活动，引进新品种，传授先进技术，提供科技服务，提高了农民的科技水平。同时，合作社还会根据市场信息，去寻找本地资源和市场需求的结合点，架起了农户与市场、农户与龙头企业连接的桥梁，组织农户发展优质高效、适销对路的特色农产品，逐步形成了"一村一品、一乡一业"的专业化生产格局。

随着麻栗坡县和砚山县农副产品的产量和质量逐年上升，合作社又着力推进农业生产经营的标准化、专业化、集约化和品牌化，促进了农业产业结构调整和优化升级，实现了农产品的转化增值，增强了产品的品牌效应，提高了产品的市场竞争力。

比如在 2013 年，上海对口帮扶项目投入产业资金 50 万元，扶持合作社实施种植蓝莓。当年，由于部分农户并不看好这个项目，因此第一批蓝莓的种植面积不算很大。此后两三年里，随着蓝莓的开花结果，农户们欣喜地看到挂果后产生的经济效益，便纷纷加入到合作社的种植计划中来。截至我的对口支援工作结束时，砚山县已有 7 户合作社注册了商标，有 2 个农产品获得绿色食品标志，有 3 个农产品获得无公害农产品标识。

在将合作社模式融入农副产品和经济作物种植领域的同时，对养殖户的扶植与帮助也可谓立竿见影。稼依镇洋洋养殖农民合作社位于稼依镇店房村民小组，由 7 户能人养殖大户自行联合发起，主要分布在点房和龙潭寨两个村小组，以养殖奶羊为主。通过带动发展，入社社员从最初的十几户增加到了 158 户，并逐步发展延伸到新寨、洪水塘、补左等其他村寨。奶羊从最初的 500 多只增加到 4800 余只，户均养殖奶羊达 70 余只。

随着合作社的养殖规模不断扩大，经济效益也开始凸显。按照市场价格，每只奶羊年产奶期为 8 至 10 个月，平均每天产奶量 3 公斤，可制作乳饼 0.2

公斤，每年产乳饼 48 至 60 公斤，每公斤 25 元，可实现产值 1200 至 1500 元，每年产羊羔 1 只，养殖半年后，每只价格可卖 1100 元以上；每年产出羊粪 1.6 吨，每吨价格为 450 元，可实现产值 720 元，每只成年奶母羊每年可实现产值 3020 至 3320 元，扣除养殖成本 1020 元，可实现纯收入 2000 至 2300 元。若按照社员养殖户 70 只计算，每年养殖户收入可增收 15 万元左右。

聚集沪滇智慧　共绘希望画卷

文山地区少数民族众多，部分群众的经济条件、文化程度和思想观念也都相对落后。此外，也有极少部分农户仍存在平均主义的思想，一些传统旧观念和小富即安的思想还没有彻底改变。因而，在与当地群众沟通时，我时常有事倍功半的感觉。这时，便离不开当地干部和有威信的群众帮忙与合作。

在砚山县扶贫开发局，有一个名叫何卫平的基层干部我特别敬佩。他是个非常务实的干部，做任何事都是从实际出发。回想起来，我俩还真是"不打不相识"，刚见面就大吵了一架。那年我刚到文山不久，便发现他提交给我的项目和实地要走访调研的项目根本不一样。书面报告上说要种植猕猴桃项目，可我在现场看到的计划项目却是蓝莓。由于这个项目所用的资金来源是上海市对口帮扶文山州的专项资金，因此我当场就批评了初次见面的何卫平。

谁知他非但没有服软，反而和我顶起嘴来，我俩就这样你一句我一句地起了争执。事后，我俩在冷静下来后都向对方道了歉，何卫平也终于有机会向我解释临时更换项目的原委。原来在立项之初，上海与文山州虽然明确了种植猕猴桃的计划，可何卫平和当地农户在考察了种植区域后发现，这里并不适合种植猕猴桃。项目一旦正式推进，失败将是必然的结果。于是，他们根据气候、土壤条件改种了蓝莓。而事实也证明，他们的决策与改变是完全正确的。正如我此前提到的那样，如今蓝莓不仅在当地发挥了产业引领作用，也在帮助当地群众脱贫致富的过程中起到了关键作用。

此后，随着与何卫平的接触、合作越来越多，我发现他是个非常"接地气"的人。以至于每次下乡调研，我只需带上他一起出门就可以了。他不仅能用各类方言与百姓沟通，对乡村和基层的情况也是了如指掌。时至今日，我还时常会与他联系，询问当地百姓的情况。

2015 年上半年，砚山县的黑鱼洞寨在进行新纲要示范村改造的过程中，要修建一条 3.8 公里长，7 米宽的公路。由于前期规划时忽略了寨内道路仅为 3.5 米宽的细节，导致了施工至寨口时陷入了停滞状态。得知此事后，我与县扶贫开发局的同志们立刻赶赴现场，共同在现场研究资金调整的可能性，对项目方案进行临时修改。最终，我们决定为寨子里多铺一条路。如此一来，群众不仅能从以前的寨口出入，机动车辆也能从另一个入口进出。这个现场决定的临时变通不仅让黑鱼洞寨成了砚山县在云南省扶贫开发新农村建设的一个亮点，也让我感受到了当地基层干部对我们对口支援干部的重要性。可以说，如果没有何卫平等同志与群众极强的沟通能力，我们很多项目未必能取得如此圆满的结果。

除了当地的基层干部外，文山县的一些能起带头作用的群众对我们对口支援工作也给予了很多的帮助和极大的支持。在砚山县，和我同岁的当地农村合作社社长陈绍兴给我留下了深刻的印象。他虽名叫绍兴，却从未出过云南。文化程度不高的陈绍兴非常踏实、勤恳。在政府大力发展特色种养产业后，他便成立了种养殖农民专业合作社，带着 40 多户贫困户风风火火地搞起了优良品种牛的养殖。

几年来，合作社通过不断努力，养殖牛的品种从最初的单一的本地黄牛发展到了现在的夏洛莱、西门塔尔、水牛等多个品类。此外，陈绍兴还流转了 2000 余亩闲置土地，种上青草，采用玉米和草料来进行喂食；然后利用牛粪来发酵，再种植山上的青草、桃子等林果。

陈绍兴曾向我们介绍，合作社都一直坚持科学管理，所以产出的牛品质上乘，受到昆明、文山等多地市场的青睐。也正是在他的带领下，社员们不仅摘掉了"贫困户"的帽子，还一个个成了养牛专家。陈绍兴说，我们响应政府号召，发展种养殖，努力想成为新时代农民。过去只能靠天吃饭、只能发展传统养殖的农户，终于靠着养牛尝到了生活的甜头。

勿以善小不为　爱心温暖文山

在出发前往文山前，我曾向此前的几任对口干部讨教、取经。其中，第三批联络员项凯同志在原单位时就是我的领导，他不仅为我详尽地介绍了当地的情况，还着重提醒我，要关心文山地区的贫困学生。

无独有偶，第六批联络员李华忠同志得知我即将前往云南文山对口支援后，特地委托我向砚山县、麻栗坡县团委转交 2000 元，各资助一名当年考上大学的贫困学生，作为他们外出求学的路费。我至今仍记得他说的那句话："只要他们能够考上大学，去接受进一步的教育，就有机会改变命运"。此后，我始终将领导和前辈的教诲铭记在心，在正常开展对口支援工作的同时，也格外留心贫困学生的情况。

到了文山州后我才发现，资助贫困学生并没有此前想象得那么简单。砚山县和麻栗坡县都是国家级贫困县，虽然在静安区二十余年的帮扶、支援下，当地的贫困状况得到了极大的改善，但仍有少数家庭依旧处于贫困线以下。由于每个家庭贫困的原因各不相同，没有确切的资助标准，也没有明确的目标，有些无从下手。

2014 年 3 月，我收到了一封陌生人发来的电子邮件。对方表示，自己是生活在广东省清远市阳山县的一个普通人，名叫黎绍经。某日，他在看了湖南卫视的一档节目后，萌发了资助砚山县贫困学生的想法。在找到第八批联络员贾振宇同志并得知他已经结束对口支援工作返沪后，便找到了我的联络方式。

在反复沟通后，我和黎先生的意见慢慢达成了一致：与其面面俱到，不如选择性地重点资助那些更有希望通过学习来改变人生、改变命运的贫困学生。很快，我便向工作中的好帮手、生活中的好朋友何卫平传达了自己和黎先生的想法。恰好何卫平夫人李家秀老师就是砚山县民族中学初三年级班主任。在她的帮助下，我们得以对当年初三年级的贫困学生进行了一次全面摸底。

最终，我和黎绍经先生在协商后选择了家庭条件特困的韦菊同学。经了解，韦同学的父亲十几年前外出打工后便杳无音信，生死未卜。几年前，母亲又被查出身患癌症，高额的医药费让这个本就贫困的家庭雪上加霜。为了避免韦菊同学因为经济因素而放弃中考，我和黎先生当即决定资助她高中三年的全部学费和生活费，鼓励她好好学习，通过知识改变自己和家庭的命运。

当年，韦菊同学顺利地考入了砚山县第一中学，我们也在第一学期按计划资助了她3000元。然而我通过实际走访后了解到，这些钱对他们家而言只是杯水车薪。考虑到其母亲长期患病及家庭极度贫困的实际情况，仅靠我和黎先生的力量实在有些独木难支。

2015年春节返沪时，我在与同事朋友交流的过程中把这个情况说了出来，岂料竟得到了大家的一致支持。宣传部的同事顾海斌率先要求加入我和黎先生的慈善团队，此后，其他朋友也纷纷表达了愿意献爱心的决心。很快，我便为韦菊同学募集到了13000元的爱心捐助。最后有15人加入这个爱心团队，大家约定每人每年捐赠1000元作为助学费用，由我负责具体实施。

应大家的要求，我在返回文山州后专程去韦菊同学家，代表所有爱心资助的朋友们进行家访与慰问。此后不久，她也在写给诸位爱心人士的一封信中说："您捐助的不仅是钱，还是希望，让我在这个世界看到黑暗里的群星点缀；您的捐助不仅是希望，还是温暖，让我在这个凹凸的世界感受到温暖和异样的感动；您捐助的不仅是温暖，还是勇气，让我毫无畏惧地踏上人生的

◀ 资助贫困学生

征途……"

当天，我便把这封信通过微信转发给了每一位捐助者。感慨良多的他们发至自己的朋友圈，有的拿来激励自己的孩子。而我的老领导陈根宝也特地让我转达韦菊同学："好好学习，长大成为对家庭、社会、国家有用的人！我们大家都会帮助她，努力！"

2016 年 6 月，我完成了在文山州的对口支援工作任务，即将返回上海。为了确保韦菊同学的助学任务不就此断档，我还专门拜托何卫平、李家秀夫妇，以中间人的身份继续完成我们对孩子的资助。除了高中三年期间的助学费用，还专门为韦菊同学预留了 7500 元作为大学开学费用。2017 年 6 月，喜报传来。韦菊同学以优异的成绩考入昆明理工大学，正式迈出了改变人生道路的第一步。白驹过隙，转眼已是 2020 年。明年 6 月，韦菊同学就将从大学毕业，也衷心祝愿她未来的人生路会越走越好。

如果说爱心人士的齐伸援手改变了韦菊同学的人生轨迹，那上海市静安区对文山州的对口支援则改变了数十万当地人的命运。在对口支援的三年间，我不仅明显感受到了文山群众精神面貌的变化，也看到了硬件设施和城市发展的飞跃。相信在一批批上海对口支援干部的无私奉献下；在一位位当地干部的扎实付出下，在一群群农户的艰苦奋斗下，未来的文山州会以更开放的姿态，从封闭的大山走向精彩的世界。

壮乡苗岭遍开玉兰花

　　袁鹏彬，1977年2月生，现任静安区生态环境局党组书记。2016年6月至2019年7月，为上海市第十批援滇干部，任云南省文山壮族苗族自治州政府副秘书长，文山市委常委、副市长，上海驻文联络小组组长。在滇工作期间，文山联络小组获沪滇扶贫协作立功竞赛先进集体称号。

口述：袁鹏彬
采访：蒋　妍　陈　超
整理：蒋　妍　陈　超　陈　童
时间：2020 年 6 月 11 日

黄浦江畔亲人来，玉兰花开文山香。

白玉兰，外形洁白、高雅，象征着友情的纯洁和真挚，象征着春日的暖阳和人们对美好事物的向往和追寻。这应该就是自 1996 年党中央、国务院决定实施东西部对口支援以来，上海市和静安区、虹口区、松江区、浦东新区与文山壮族苗族自治州 8 县（市）建立全面的对口帮扶协作关系时的初衷和美好愿望。

坚定理想信念，打造坚强团队

2016 年 6 月，受组织选派，我由静安区赴云南省文山州参与东西部扶贫协作。文山州是我国比较特殊的一个地区，文山州党委政府用五个字来形容当地的特征，即"老少边山穷"，我觉得非常形象。"老"指的是革命老区，文山州的红色历史比较长，全域属于左右江革命老区。"山"指的是山区，文山州的国土面积是 3.15 万平方公里，其中山区和半山区的面积达到了 97% 以上。"少"指的是少数民族众多，文山州的主要居住人口是壮族和苗族，包括汉族、壮族、苗族、彝族、回族等 11 个世居民族。"边"指的是边区，文山州跟越南接壤，边界线长达 438 公里。"穷"指的是贫穷，全州七个县一个市全部是国家级的贫困县，是云南省脱贫攻坚的一个主战场。这几个方面的特征深深影响着文山州的历史。我们到文山州对口帮扶有着崇高的使命感和责任感。

从 1996 年东西部扶贫协作开始，上海先后选派了十批援文干部。我是第十批静安区选派的援文干部。之前的九批每一区派一人，文山联络小组实有 4 人。到了 2017 年下半年，根据中央和上海市委、市政府的统一部署，浦东新区和松江区对口帮扶关系调整到其他州市，文山州全州由静安和虹口两个区对口帮扶，与此同时对口支援的干部人数也有所增加，整个文山联络小组增加到 8 位同志。因为当时扶贫协作的任务繁重，各方面的期待和要求也比较高，且涉及的是不同区域和不同类型的干部，如何建设坚强团队来扛起重任是摆在面前的考验。作为上海市"驻文"联络小组组长，我始终把团队建设摆在首要位置，团结带领同志们齐心协力干好工作。主要通过三个方面带好队伍：

一是理想信念引领。文山州是一个精神高地，在这里诞生了"等不是办法，干才有希望"的艰苦奋斗"西畴精神"。这种精神对于我们援建干部具有非常强的现实指导意义。当我们来到老山前线与"西畴精神"的发源地实地学习后，我与联络组其他同志一道围绕"援文为什么、做什么、留下什么"的主题开展讨论，坚定在文山州干事创业、开展脱贫攻坚工作的使命感和责任感。

二是有效机制保障。我们在抵达文山州后及时修订了联络小组的议事决策制度。按照规定每个月至少召开一次沟通会，面对面地讨论决定小组的重大事项，讨论决定上海对口帮扶的具体工作、资金，还有项目安排。通过集体讨论决定好之后，再来分工协作，解决当地推动工作中遇到的难点和重点。与此同时，带领联络小组积极开展调查研究，加强与州委组织部、州发改委、扶贫办和商务局等部门沟通联系，坚持每年定期组织联络组开展扶贫协作调研。坚持实地调查研究，深入全州 7 县 1 市，全面了解州情、县情，掌握沪文扶贫协作项目推进情况。通过经常性调研，深入村村寨寨，走村入户访贫问苦。

三是顽强作风支撑。我们整个联络小组都严格遵守对口支援干部守则和相关管理规定，不搞变通、不打擦边球，严格在制度的范围内工作和生活，树立了上海干部的良好形象。我们深刻地认识到，我们代表的不是个人，更多的是代表国家落实东西部协作职责，是国家大政方针的践行者和推动者；也是代表着上海干部的形象，是两地合作协作的桥梁和纽带，必须时刻严格要求自己，始终慎言慎行、勤政廉政、履职尽责，不辜负组织的嘱托和群众的期待。

三年中，我们上海驻文小组获得一系列的荣誉：我本人获得上海市"五一劳动奖章"，文山联络小组获得沪滇扶贫协作立功竞赛先进集体称号，1人获得"云岭楷模"称号，1人获得立功竞赛先进个人称号，1人获得省扶贫先进个人称号，3人获得州扶贫先进个人称号。这些荣誉是上级指导单位和当地政府百姓对我们工作的认可与嘉奖。

聚焦劳务协作，就业一人脱贫一户

劳务协作是中央明确的对口帮扶的一个重要内容，同时也是为了增强当地的自我造血能力。仅靠国家救济只是解决一时之需，解决根本问题还是在于发展。文山州当地有一个共识叫"就业一人，脱贫一户"。意思是说家里面只要有一个人长期在外面务工，家里各方面都会得到提高改善，不会再是贫困户了。可是当地很多人并不愿意外出务工，首先是他们的就业观念的问题，其次是文化程度不高或是汉语掌握得不熟练，也有的是家庭因素，家里长辈不愿意孩子出去，而且愿意出来的还有技能单一不好找工作的问题。也正是我刚才提到的这些因素，造成了文山州当地很多群众不愿意外出务工。

我认为个人能力的提升仅仅依靠培训还解决不了，更重要的是走出大山到城市里去历练，如此一来，个人的各方面能力素质才能得到提升，家庭的收入才会得到提高。三年来，我始终把解决贫困人口就业作为扶贫协作的重要内容，通过市场化运作的方式，发挥上海在信息、技术和市场等方面优势，切实提高两地劳务协作水平，并且通过健全完善两地劳务协作机制，协调两地职能部门加强合作对接，明确双方加强劳务协作的具体举措，有力推动了劳务协作工作。在劳务协作方面措施很多，我想重点介绍两个项目：

"云嫂"家政培训项目。通过市场调研，我们发现上海家政服务市场需求特别大，而且对于劳动技能的要求和门槛相对来说低一点，文山州人力资源丰富，可以在这方面进行探索。我们找准切入点，和上海市妇联、上海现代服务业联合会、上海家政服务行业协会等单位一同展开合作。

2017年底，文山州争取到沪文劳务协作对口帮扶资金113万元，用于"云嫂"培训项目，涵盖家政服务、母婴护理、养老护理三个工种的教学。我们发挥上海市场优势，采取"送教上门"方式，将上海的师资和云南文山州当地的卫校师资相结合，学习的是上海家政行业的培训教材，以"上海家政行业标准"进行统一培训。培训项目的趋势是专业化、职业化，让年轻的家政从业人员在上海能够"留得下、安得心、服务好"。文山州的家政人才通过培训后，不单单是来到上海就业，也鼓励"就近就业、区域就业"。自2018年5月15日首期"云嫂"培训项目开班以来，共组织3期341名学员进行培训，其中有建档立卡贫困劳动力147人。

此外，我们是通过上海家协（家政服务行业协会）提供了如养老照护，母婴护理，月子会所等就业岗位。在2018年7月31日，我们组织了一批"云嫂"学员到上海就业，总共有21名学员，三个月转正后，工资达到了4500—8000元左右。这批学员中有一个令我印象深刻的男孩子，他叫刘星，是位00后。他所学的是中医专业，曾在云南文山州中医院实习。通过视频面试，他用自己的专业知识吸引了上海"爱照护"养老机构的关注，成了一名护理员。照

◀ 2018年7月欢送"云嫂"培训项目学员赴上海就业

护长对刘星的评价很高，觉得从云南来的这个孩子比上海孩子能吃苦，真正做到了把老人当成自己的爷爷奶奶一样去照顾。因此，刘星还被评选为明星家政服务人员，这是我觉得在劳务协作方面做得比较成功的一个项目。

职教扶贫助学项目。近几年，通过贫困地区脱贫攻坚的实践充分证明，"职教一人、就业一人、脱贫一户"，是见效最快、成效最显著的扶贫方式。我们依托当地政府，选择文山州的职业技术学院，通过引进上海的人力资源公司和当地的职教园区进行合作。上海的资金、师资力量和品牌都输入到当地。经过我们介入之后，学生培养的质量、就业能力得到了极大的提升。在我们的协调推动之下，上海豪格玛劳务派遣有限公司在文山州建立了"沪文劳务合作上海豪格玛文山工作站"，以人力资源公司模式运作，聚焦适龄劳动年龄段非在校生群体的就业问题，尽力通过引导性、技能性等培训方式，提高劳动者就业技能水平，助推文山籍劳动力多渠道、多形式地向长三角地区有序转移就业。推动上海大众联合发展有限公司与文山州达成劳动力转移就业合作关系，在文山州职教园区建立了"定点人才技能培养基地"，有针对性地培养劳动力的专业技能。更令我们感到欣慰的是，经过我们培训的学生到东部地区来就业，适应性强，到岗就可以上手工作。该项目充分发挥了上海的资金、师资，上海市场的优势和当地人力资源结合起来，形成了一个市场化运作的方式推动劳务协作。我认为在劳务协作方面是具有创新的。

推动两地经贸合作，激发当地内生动力

同样，产业的帮扶合作也是东西部扶贫协作非常重要的内容。这是帮助当地提升自我造血能力，解决当地产业发展的一个根本性的措施。三年来，我们坚持"输血"与"造血"相结合，立足文山州的区位、资源和政策等优势，积极协调开展产业扶持、文旅推介、产销结合等多种帮扶工作，努力做好"文品入沪"和"沪企入文"两篇文章，想方设法推动两地经贸往来。在"文品入沪"方面，我们坚持"请进来"与"走出去"并举，宣传推介文山富集的资源禀赋、多彩的民族文化和优质的农副产品等，努力把文山产品推向上海大市场。

文山州砚山县蔬菜入沪。云南省文山州砚山县地处云南高原，具有得天独厚的蔬菜种植优势，它海拔1400—1600米，昼夜温差大，又属于珠江水系分水岭，不会发生重大的洪涝灾害，为优质蔬菜的生长奠定了基础。同时云南省文山州砚山县也是上海静安区的对口扶贫地区。

在决定打造连接文山州田间地头到上海市民餐桌的现代农业产业基地，充分用好上海大市场、大流通的优势前，我们经过了充分的市场调研，发现如果走大宗交易的蔬菜，云南竞争不过山东和安徽等地区。这些地方距离上海近，物流成本低，效率更高。从云南过来路途比较远，更需要选择发展绿色蔬菜和高端蔬菜，比如水果西红柿、水果黄瓜、水果青椒等这样高附加值产品，可以真正发挥彩云之南的生态优势，消化一定的物流成本，提高文山蔬菜的市场竞争力。在鼓起文山群众"钱袋子"的同时，也丰富上海市民的"菜篮子"，做到双赢才能长久。

但进驻上海市场伊始，文山当地企业（云南中康食品有限公司）就面临着销售渠道陌生、品牌知名度不高等方面的困境。为了帮助企业的优质产品打开销路，我深入市场，当起了中康蔬菜的"推销员"，为"中康"先后带来了上蔬集团、静扶实业、市商务委等多个优质资源。2017年，上海蔬菜集团率先

◀ 2018年文山高原
特色产品在上海展
示展销

与中康公司签订外延（扶贫）蔬菜生产基地合作协议。2017 年 10 月下旬，首批来自中康公司扶贫基地的销售团队入驻西郊国际和江桥市场，在为期一月时间内，我们先后组织了 20 多个品种（菜心、番茄、小葱等）来沪试销，并筛选出 12 个有市场竞争力的蔬菜品种，当年就销售了 100 多吨。2018 年 1 月开始，进入正式批量阶段，销售量又翻了好几倍。

更值得一提的是，2018 年 4 月 27 日，中央政治局委员、上海市委书记李强还专程到文山州砚山县的蔬菜基地进行现场考察，对项目给予了高度肯定。如今，通过各平台的有力推广，砚山县乃至整个文山州的蔬果销售面逐步覆盖到上海批发市场、菜市场、超市和扶贫专柜等场所，文山高原特色产品在上海的知名度、美誉度和经济效益得到不断提升。2019 年，"中康"在上海地区蔬菜销量达 1155 吨，销售额为 867 万元。同年 4 月 30 日，云南省政府宣布，文山州砚山县达到脱贫标准，"摘帽"成功。

文山州广南县"高峰牛"入沪。文山州的广南高峰牛是世界四大雪花牛品种之一，外形比较特殊，颈部有个"驼峰"，自然长成，肉质鲜美细嫩，"高峰"中蕴藏雪花牛肉。广南当地的少数民族群众，历史上就一直有养牛的传统，但牛肉产品开发滞后，屠宰和精深加工刚刚起步，面临产业化、市场化、

◀ 2018 年 3 月考察文山州高峰牛养殖扶贫产业项目

品牌化水平不高的瓶颈问题。我们通过沪滇产业合作机制，打通了养殖、运输、屠宰、加工、配送各个环节，吸引上海的企业在当地去建养殖基地，抓好市场流通和品牌建设。每天为上海市民提供当天屠宰、新鲜直供的热鲜牛肉。

2018 年，上海牛旭食品公司与文山州人民政府达成协议，计划投资 12000 万元建设牧场、人工草地、扩繁场、育肥场等项目。通过"牛旭"项目的实施，创建规模化、专业化、绿色化、组织化、市场化水平高的"一县一业"牛肉示范产业基地，以整合闲置土地，采购文山黄牛，订单收购饲草，聘用贫困户务工四个方面为抓手，带领农民（建档立卡贫困户）共同致富的同时，做大做强做优主导产业，构建完善的产业体系、生产体系和经营体系，把小农户引入"一县一业"发展大格局，以打破散、小、弱的格局。如今，文山州的其他一些高原特色单品也在逐步推广，比如乌骨鸡、石斛、绿壳鸡蛋，等等，逐步进入上海市场。这对当地的经济发展，特别是对当地老百姓增产增收是很好的一种方式。

三年文山行，已经写入了我的人生，注入了我的生命，在文山深切体悟无私奉献的精神和"等不是办法，干才有希望"的"西畴精神"必将支撑自己尽职尽责做好今后的工作。

甘做老山一株草　情系边关扶贫路

　　李晟晖，1978年2月生。现任曹家渡街道党工委副书记。2017年9月至2019年7月，任中共云南省文山州麻栗坡县委常委、副县长。其间，获得"云南省2018年脱贫攻坚奖扶贫先进工作者"和2019年"云岭楷模"荣誉称号。

口述：李晟晖
采访：郭晓静　范建英　陈　童
整理：范建英　陈　童
时间：2020 年 6 月 4 日

　　不同于以往的援滇干部，我们这一批其实是尤为特殊的一批。2015 年底，习总书记对全世界宣布了我们国家的脱贫攻坚战略，到 2020 年要实现全面建成小康社会的目标和蓝图。在这一思想的指导下，2016 年全国脱贫攻坚工作从上至下发生了重大变化。上海在 2016 年 6 月派出第十批援滇干部的基础上，又陆续增派了四批援滇干部，增派期限两年，我当时便是作为第一批的增派干部前往文山州麻栗坡县。不同于以往集中在省一级层面进行对口援建，我们这一次的增派是上海自 1996 年对口支援云南以来，第一次有干部直接到县里挂职。

　　当时我之所以会选择报名前往麻栗坡县，一方面是源于小时候的情怀，1984 年我还在小学一年级的时候，就在广播里反复听到老山、八里河东山这些地方，对我而言，那是一个英雄辈出的地方，始终让我心向往之。另一方面，既然选择了报名，就应该去最艰苦的地方，去最需要的地方，去一个能把自己放在和国家、和人民同呼吸、共命运、心连心的地方，这也是我选择报名对口支援的初心。

从零开始　书写新篇章

在我原先的印象里，云南就是大理、丽江这些风景如画的城市，直到真正来到文山，踏上麻栗坡的土地，才发现这和我原先了解的云南并不一样。

文山州共有 8 个县市，在静安区对口帮扶的 4 个县市中，我所在的麻栗坡县可能是地理位置最偏远、道路交通条件最差、也是最封闭的地方，没有飞机，没有高铁，也没有高速。全县 230050 平方公里，28 万人口，面积和人口在全州都不算大，但是贫困发生率高达 29%，全县有近 19000 户、近 8 万的贫困人口，属于国家级贫困县。我是 2017 年 9 月去的，在当年 12 月的国家脱贫攻坚成效考核中，麻栗坡县的考核成绩位列全州倒数第一，全省倒数第三，整个县的扶贫工作形势确实很不容乐观。

因为我是第一个被派驻到县里的干部，所以刚去的时候，当地的领导也不知道该怎么用，也不想给我太大压力，只是先让我熟悉熟悉工作。但是对我来说，我是带着任务来的，就是要以脱贫攻坚为主，这两年时间，就是要奔着做事情去。当时我们的书记跟我说："做好扶贫工作，额头上要挂着汗水，眼睛里要挂着泪水，脚底下要沾着泥水，肚子里要装着墨水。"带着这样的教诲，我就给自己找活干。那几个月，一有空我就主动到乡镇去，和老百姓聊天谈心，了解他们的需求；主动和县里的其他干部、特别是挂职干部沟通，帮他们出出主意、听听他们的想法，同时也把我的一些想法和工作任务去和他们交流，积极主动地去融入这个集体。

在这段磨合期后，我开始把工作聚焦到我们东西部协作上，要在原先的一张"白纸"上，把我们的工作体系建立起来。当时我成立了一个"沪麻工作小组"，我们人不多，也就两三个人，但是组织架构要有，每个成员都身兼数职，我带着他们一起干，充分发挥每个人的主观能动性。比如说，我的驾驶员同时还兼任办公室主任，每次我们出去，他在旁边不是干等着，而是负责拍照，甚至到最后他都可以帮我一起做接待方案。

建立了工作体系，第二步就是要转变作风。在过去，那边的工作人员是不用微信的，只用 QQ 或者短信，因为只要一下乡手机就没信号了，那这一天就别找他了。这样是没办法把工作效率提高的，所以我要做的其实也很简单，就是用我们的工作节奏去潜移默化影响他们，让他们知道，原来工作还可以这么做。我们平时下乡调研，经常需要坐着车翻山越岭，我记得有一次我们去乡里，我在车上一次都没下来，结果微信步数竟然有 10000 步。为什么？全是被颠出来的。最开始的时候乘车走山路不习惯，只能双眼闭紧，牙关咬紧，双手抓紧。后面渐渐习惯了，坐车的时间就成了我难能可贵的办公时间，天天在山路上"飞"，打电话、写材料、发文案都在车上。驾驶员和工作人员都跟我讲，从来没有看到哪个领导是这么干的。经过一段时间后，我身边的工作人员也都习惯这种风格了，我们这个集体展现出来的工作状态和口碑都是远超预期的。

整合资源　助力新生代

说实话，在麻栗坡的前半年其实有些艰难，既要被动适应当地的工作节奏，又要积极主动地去影响他们，而之后的一年半时间，则是磨合期过后的一个非常良性的状态。

我们过去做工作，脱贫攻坚从大的方面来讲叫"两不愁三保障"，所谓"两不愁"就是吃穿不愁，而"三保障"其中的一个保障就是义务教育，这是脱贫攻坚的刚性要求。我们每次下乡调研，去当地小学，看到孩子们一年四季都只穿凉鞋，学校宿舍的床板上面铺着的都是草席，一到冬天，只能几个人裹一床被子，真是非常心痛。

我们都说致富先修路，扶贫先扶智，而扶智要先治愚。治愚很多的时候是靠智力帮扶，我们要通过教育扶贫来拔除贫根，通过解决一些家庭的实际问题来形成示范效应。

在过去，我们的助学往往是由一些爱心人士、企业、社会组织进行的，具有分散性和非持续性，而我的想法是助学应该要以点带面。我们首先是进行了数据收集，把每个乡镇建档立卡贫困户、边缘群体、残障人士等这类家庭梳理出来，我再根据这份统计数据，到上海来找爱心企业、组织进行助学活动。2017 年的时候，上海的烟草集团面向麻栗坡县的家庭困难的高中生家庭，资助了 200 万的助学捐款，这也是麻栗坡县历史上接收到的最大一笔助学捐款。

但仅有这些还不够，我们同时还发动民间组织一起参与到助学活动中去。当时我们有一个"上海萤火虫扶贫助学团队"，这个组织就是通过帮扶一个学生来解决一个家庭的问题，而且他们的助学是持续性的。他们每年利用暑假的时候，整个团队一起到麻栗坡，我和他们一起下乡，每家每户的走访调查，梳理出"贫中之贫，艰中之艰"的学生家庭，把所有信息整理汇总之后，传给资助人，只要受资助人群确实符合他们的评估要求，就会建立起一对一的帮扶关系，每个月对学生给予300元至400元的助学金。这些资金，不仅仅是解决了学生个人的问题，同时也起到了帮扶家庭的效果。

第二就是要解决硬件的需求，县里缺什么补什么。当时，县里教育局领导来跟我沟通，告诉我学校里缺电脑，但是如果按照市面上的配置采购的话，要8000元一台，我就告诉他先等等。随后，我找到了静安区的一家公益组织，他们专门是把电脑教室和循环经济相结合的。上海这边有很多机关单位、企业工厂，尤其是互联网企业，电脑更新换代的速度非常快。这家公益组织就专门把这些二手电脑回收之后，进行重新组配，组配好之后几乎就是全新的电脑，性能丝毫不逊色。之后，他们就把这批电脑免费送到麻栗坡来，而且每年还会安排技术人员来进行免费的检修，指导当地的老师进行管理。一开始的时候，

◀ 为当地引入社会扶贫及公益项目，李晟晖在电脑教室前与孩子们的合影

当地教育局还有些想法：这旧电脑到底有没有问题啊？但经过几次以后，他们也慢慢发现，这个方法行之有效，不仅硬件的问题解决了，而且连后续的维护、管理问题也解决了，真正是帮到了点子上。

除此之外，我认为很重要的一点，就是要做一些具有示范效应的工作。通过一系列的努力，当地教育的硬件条件逐步改善，但是软件和师资还是严重不足。比如麻栗坡县大坪镇中心学校，中心校下辖9所"完小"，很多"完小"地处偏远贫困山区，严重缺乏英语、信息、音乐、美术等师资。为了解决这一问题，我积极和静安区城市建设和发展促进会对接，最终对方捐资28万元，打造了一套"1+N"网络互动教学模式，在麻栗坡大坪镇中心学校投入使用。所谓"1+N"模式，"1"就是一个授课教室，"N"就是N间接收教室，这些教室就分布在一个一个的乡镇。我们只要让一名老师在授课教室里面上课，位于乡镇的孩子们只要坐在"接收教室"，就可以进行同步远程学习，极大地缓解了偏远地区师资不足的问题。

用心用情　重启新生活

从1999年开始，上海对文山州的对口支援工作中，有一个"行走的渴望"项目，就是帮当地老百姓安装假肢，这么多年来，仅仅文山州就安装了3000多条假肢。对我而言，仅仅这一项还不够，所以这几年，我们一直在做一些深化，希望能够让当地这些伤残人员从"站起来"，到"好起来"，最终真正"强起来"。

"站起来"除了假肢安装以外，我们还做了一个取弹片的公益项目。当地有些老百姓不小心碰到地雷爆炸，飞溅的弹片就进入了体内，这么多年一直取不出来。我们当时就联系了上海市第八人民医院的医生，联合全国的专家，两次到麻栗坡为老百姓实施义务外科手术，取出残留在体内的弹片。当时猛硐瑶族乡铜塔村委会上铜塔村小组有个村民，已经饱受身体伤痛三十多年，他自己都觉得，这么多年了，连自己都已经忘记这件事了，结果我们上海的医疗专家通过手术，帮他取出了残留在身体里的6块弹片。

但即便是装了假肢、取了弹片，对于这些伤残人员和他们的家庭来说，他

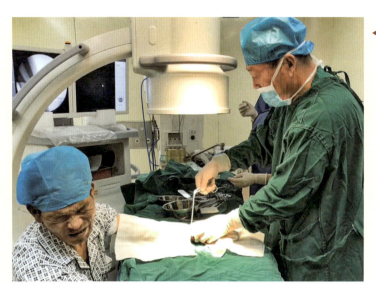

◀ 上海市第八人民医
院的医生为伤残人
员取出体内弹片

们的生活始终有着后顾之忧。我们就通过购买商业保险的形式为他们的生活提供保障，让他们的生活"好起来"。当时我和静安区对接，为当地还健在的1300 多名因伤致残人员购买了商业保险，据我所知，目前已经有一部分家庭在进行理赔了。"好起来"的另外一个环节就是家庭环境要好起来。根据这些家庭的实际情况，我们对他们家里的院落、厨房、卫生间等区域进行了逐步的无障碍改造。让我很欣慰的是，我们用了两年的时间，在 2019 年年底就把这些最困难同时也是最重要的人员的家庭环境改造完成了。

　　所谓"强起来"又是什么意思呢？其实在当地，很多家庭面临着这样的情况：一户家庭中的残障人士，往往是家里的"中流砥柱"。所以这就是为什么治贫很难的一个原因：没有持续的劳动力来源。针对这个难题，我们想了一连串的办法。一方面，我们为一部分的残疾人设立了公益性的岗位，让他们在村里做一些力所能及的工作，哪怕是做点河道保洁、垃圾清扫等，对于他们来说，也有了一份收入，一份保障。但这还不够，我们还找了一些上海的爱心企业，每年提供 50 个以上人均年收入超过 1.2 万元的公益性岗位，帮助这部分难以外出打工的残疾人实现就地就业脱贫。比如说，有些人是做工薪岗位，由企业支付工资；有些人是在合作社帮工，就由合作社给他一定的弹性工资；还有一些人是自己在家生产劳动产品，再将劳动产品返还给企业，以此来获得报酬。通过以上的种种方式，我们把最困难的残障人士的就业问题解决了，他们有了工资，在家里的地位也都不一样了。

因地制宜　拓展新产业

产业发展是群众实现脱贫致富的根本和长远之计，但麻栗坡的特点就是"地无三尺平"，从而导致产业实现规模化发展非常困难，加上市场渠道和组织化程度低，严重制约着当地产业做大做强。我在麻栗坡对口支援的时间只有两年，要在两年的时间里，做完三年甚至五年要做的事情，这是不现实的，所以对我而言，必须要找一些发力点，因此我更愿意从现代农业的角度，去尝试一些能够给当地启发和示范的产业。

麻栗坡虽然地少，但却拥有得天独厚的气候条件和生态环境资源，这是当地最大的优势，如果能够好好利用，一定大有可为。2018 年世界杯的时候，小龙虾大举进军俄罗斯，这则新闻给了我一个灵感。小龙虾在国内的消费市场极大，是有着上千亿产值的产业，全国约有 900 万小龙虾养殖户，但是在云南，小龙虾养殖产业基本还是空白。在做了一些前期调研工作后，我联系了上海最大的水产市场，请他们过来实地考察，他们也觉得这个地方比较适合养殖小龙虾，因为这里的环境保护得好，我们就主打用山泉水养殖小龙虾这个概念。

正所谓万事开头难。当时为了找到一片适合养殖小龙虾的地方作了许多努力。因为当地很多老百姓的地都是零星分散的，而且有的地都还不是平地，那时候天天在外面跑，一听到谁说有块地，我就赶紧跑过去，但总是碰到各种各样的问题，有时候是价钱不合适，没人愿意做；有时候是气候、水源条件不理想等。在找了大半年、走了将近 2000 公里路之后，我才终于在大坪镇的烂坝村找到了理想的 100 亩稻虾种养示范基地。

经过锲而不舍的努力之后，又终于在当地找到了一个从事网箱养鱼的合作社，一开始他们还有顾虑，我就带他们来上海参观，看怎么把市场做大，还带他们去吃小龙虾，终于把他们说服了。一个产业，带头人很重要，之后我才能继续去选地，去说服更多人加入到这个产业中来。

有了地、有了人，第三个环节就是要千方百计找产业。对当地来讲，要做这个产业，就必须要找一个合适的、外部有市场、有技术的企业来和当地有资金的龙头合作社或者是农业带头人来合作。当时我们去过惠州，也找过上海的企业，最终说服他们专门把麻栗坡作为基地。现在这个基地已经建设得非常漂亮，我们还找来光明渔业做支撑，现在基地里有小龙虾、有老鳖、有泥鳅，已经成了当地一个旅游观光的景点，可以垂钓，还可以观赏当地的水鸭。

同时，我们还引入了"稻虾共作"的养殖模式，水稻不打农药，全天然无公害。为了让消费者能够一目了然地看到稻虾的生长情况，我们还建立起了养殖智能化管理与实施监控的小龙虾追溯系统。现在我只要打开手机，就可以随时随地查看基地的情况，水温、酸碱度，甚至天气情况，都可以在手机上实时查看。

通过小龙虾产业的成功经验，让我深切体会到，做产业，不一定要做大做全，更重要的是要发挥当地优势，如果我们能把云南的立体环境利用好，未来的健康绿色食品产业发展一定是大有文章可做。

回望两年援滇生涯，我觉得自己就是老山脚下的一棵小草，我们100多个

◀ 引入"稻虾共作"的养殖模式，基地建设初具规模

援滇干部都是一棵棵小草,"没有花香,没有树高",但"我的伙伴遍及天涯海角"。虽然我是一个人在那里,但是我并不是一个人在战斗,在我的背后,是整个上海,整个祖国。而当地的战斗状态、奋斗精神,也让我们沉浸其中,激励着我们去拼搏、去奉献,这才是人生意义所在。即使我现在回到了上海,我也始终知道,在那个遥远的地方,一直有我的亲人、有我的朋友、有我的诗和远方。

绘美疆画卷　展援疆风采

马嘉槟，1971 年 12 月生。上海市第六批对口支援新疆干部。现任静安区委宣传部副部长、区文明办主任。2008 年 6 月至 2010 年 8 月，任中共新疆维吾尔自治区温宿县委副书记。主要分管教育、卫生、计生、文化等工作。

口述：马嘉槟
采访：刘伟星　祁耘书
整理：刘伟星　祁耘书　陈　童
时间：2020 年 7 月 22 日

　　温宿县地处新疆维吾尔自治区阿克苏地区，在维吾尔语中为"多水"之意，是一个有着 2000 多年历史的边境古县。2008 年 5 月，组织上将我列为对口支援新疆的后备人选。在参加了上海市委组织部人才培训中心举行的一系列培训、面试后，我成了几名候选人中的幸运儿，确定前往新疆温宿县担任县委副书记。

肩负使命　援疆奉献

　　其实在确定自己被选中参与到对口支援新疆的工作后，我的内心其实是很忐忑的。因为自己从出生、学习再到踏上工作岗位，都生活在大城市里，从来没体验过农村生活，也没有与边远地区打交道的经验，让我这样的一张"白纸"带着任务和使命去新疆工作三年，我真的能够适应并不辜负组织的重托吗？在忐忑之余，当年的我也有些许的憧憬和激动，想到还不满 35 岁的自己能被组织委以重任，去新疆地区挥洒自己的汗水，便迫切地希望去干一番大事业。

　　当我将组织上的决定告诉家人并征求他们的意见时，家里人也都比较意外。因为当时我的职务是静安区委统战部民宗办副主任，且已经在区信访办挂职锻炼，为何还能获得组织上的认可前往新疆参与对口支援工作呢？事后想想，可能一方面是因为我比较年轻，做事有冲劲；另一方面是我长期参与民族工作，对新疆少数民族的风俗人情比较熟悉；此外就是我同时还有信访工作的经验，沟通能力和协调能力都相对较强。

而在将心中的志忑与顾虑与家人分享后，妻子直截了当地表示，支持我的决定，服从组织的安排。年迈的母亲得知我将前往新疆参与对口支援工作后，也让我不要辜负组织的信任。家父曾是中华人民共和国第一代的石油勘探者，他在世时常教育我们：好男儿志在四方，五湖四海都要去闯一闯。于是在全家人的支持下，肩负着他们的嘱托与组织的信任，我牢记市委领导"勤于学习、勇于实践、甘于奉献"的殷切期望，开始了为期三年的援疆生活。

初次入疆时，我带着好奇从飞机上俯瞰温宿。只见低矮的土坡在满天的风沙中时隐时现，整个地区呈现出荒凉、破败的景象。飞机落地后，我们这群从上海来的援疆干部感受到了巨大的落差。不仅公路状况很差，县城里最高的房子也只有6层，且全县没有一部电梯。

客观条件虽然艰苦，但在抵达温宿后的当天，我便立刻进入了援疆的工作状态。当时，我做的第一件事就是开展工作调研，对当地正在实施和开始规划的项目进行视察。在援疆的三年间，我主要负责意识形态工作。此外，教育、卫生、计生委、文化也都由我负责分管。

其中，给我留下最深刻印象的便是教育工作。2008年入疆时，当地干部在向我汇报工作时诉苦说："马书记，你来得真不巧，最近我们正在搞'摘乌纱帽工程'。"而在此后的详谈中我了解到，这个所谓的"摘乌纱帽工程"就是"两基"（基础教育和基础教育设施）迎接国家检查。原来，温宿地区曾多次遭遇过地震灾害，有时甚至导致校舍坍塌，广大学生没有了学习的场所。无奈，老师只能在操场上搭起草棚为学生授课。国家教育部门了解这个情况后非常震惊，便有针对性地开展了"两基"迎国检，要求各地尽快解决这方面的教育民生问题。由于温宿县在2009年就要迎来国检，因而必须在一年不到的时间里把"两基"工作全部完成。于是，这项被视作不可能完成的工程也被当地干部

◀ 马嘉槟在平台子高原
草场巡查工作

称为"摘乌纱帽工程"。

可我在具体调研过程中发现，温宿县是一个半农半牧边境县。由于历史原因，全县校舍危房面积达 51%，教学设备配备率不足 20%。然而，不少基础设施的建设连资金都还没到位。在查看现有教育设施状况时，更是让人触目惊心。很多教学楼不仅破旧，能不能符合抗震安居要求都打个问号。此外，师资队伍的情况也不容乐观，缺老师、缺好老师的情况普遍存在。如何造好校舍并培育起一支留得住的教师人才队伍，成了摆在我们眼前的紧迫难题。

为此，我们的援疆干部多次带领相关人员深入农村中小学实地调研、普查，掌握第一手资料，并将调研结果形成可行性报告。同时，积极利用个人关系，鼓励社会各界捐资助学，并多次赴地区、自治区向有关领导和部门汇报工作，努力争取优惠政策、项目和资金。三年来，援疆干部们与当地教育系统积极争取到了各类危改和设备资金近 1.1 亿元。尤其是 2009 年初冬，经各方努力争取到 5000 余万元中小学校舍危改专项资金。这笔资金数额之大、改造面积之多，在温宿县教育史上均属首次。

温宿县医疗卫生领域存在的问题同样不容乐观，由于我们这些援疆干部都住在县人民医院的专家楼里，所以对相关情况有更为直观的了解。在当地，人民医院的小楼已经是温宿县最好的房子了，所有设施都是按照抗震安居的标准来修建的。然而，乡镇卫生院和村卫生室的条件就要差很多了。

在下乡走访调研的过程中得知，卫生系统的人才流动比教育系统更严重。不少从业人员为了能有更好的收入待遇，都想方设法地往县里走，往城市里去。久而久之，当地基层的医疗卫生缺口越来越大，群众切实的就医需求也越来越难被满足。

当时给我留下深刻印象的是，同去温宿的援疆干部中有两位医生，分别来自骨科和妇科。年龄不到 30 岁，在上海仅仅是主治医生的他们在温宿成了技术骨干，但凡出现当地医生无法解决的疑难杂症，都会求助于他俩。这也从侧面反映出了两地医疗卫生水平的落差之大，仅靠传统的技术支援是远远不够的。

心系群众　惠民安居

在我对口援疆的三年间，财政拨付给我们的专项对口支援资金在 3500 万元左右。如何用好有限的资金，创造出最大化的效果，我们援疆干部可谓动足了脑筋。在支援教育、医疗领域的同时，我们也结合温宿当地的实际情况，对农村群众的住房问题进行了抗震安居的改造。

新疆是我国主要的内陆地震活动地区，其活动水平居全国首位，且多为小于 50 千米的浅源地震。因而在第五批援疆干部对口支援期间，俞正声和韩正同志就曾带队考察过温宿地区，对抗震安居工作做出了相关指示。也正是在上一批干部积累了众多经验的情况下，我们继续拿出宝贵的资金，投入到抗震安居房的建设工作中去。

我们当时选取了三个乡镇，对涉及的数百户农民生活住房进行了全方位的改造。而在改造过程中，我们对房屋的质量、结构等因素也有明确要求。比如，卧室和客厅必须分开，卫生间也要合理搭建。最关键的是，居住区域和畜牧养殖区域必须分开，绝对不能人畜混居。刚开始，也有群众不理解我们这么做的用意，觉得这是在给他们添麻烦。其实，我们是希望改变当地居民此前较差的卫生习惯。毕竟在人畜混居的情况下，卫生状况肯定会受影响，外加当地医疗卫生条件无法在短期内取得飞跃性进步，因而我们必须把"防病"工作做在"治病"之前。

在改善硬件设施的同时，我们也考虑到当地群众、农户的收入普遍较低，便同时为他们引入了庭院经济的脱贫模式。利用每栋房子、每个院落旁的土地，帮助他们种植红枣等经济作物，有效提高了他们的经济收入。此外，我们还通过精打细算省下来的专项资金，为农户们建设了便民超市、生活广场等配套便民设施，在塑造社区概念的同时，力求提升他们的精神文化生活，确保抗震安居的改造能够惠及每户人家。

在推进项目期间，也会碰上意料之外的困难。由于温宿县地处偏远，外加道路条件较差，物流网络极不发达，因而建设施工时所需的材料我们基本都选择在当地直接采购。建设抗震安居房，所需最多的便是砖。在对口支援专项资金本就捉襟见肘的情况下，我们援疆干部对每一块砖的预算都做到了精打细算。我们与当地干部一起，主动与厂商沟通、协商，最终取得了厂商的理解和支持，化解了不少"危机"。在抗震安居房工程的推进过程中，切身经历的种种困难，也让我对对口支援新疆的形式与方式有了更多的思考。

建言献策　助力腾飞

援疆的三年时光在忙碌的工作中度过，其间我可以明显地感到当地群众、干部对我们上海对口支援新疆干部的期望值很高。但就我个人而言，在很多事情和项目上还是感到心有余而力不足。比如，当时援疆资金相对较少，很多援疆干部最后都会通过个人渠道外出"化缘"。然而，仅靠个人力量引入的项目和资金毕竟是杯水车薪，这种难为无米之炊的困惑也让我们意识到，援疆工作的力度需要更大些。

在援疆期间，挂职副书记和领队的我也对选派干部的管理问题有了切身体会。首先，技术干部和行政干部对口支援的时间都是三年，可技术干部却无法在这三年里提高自身技术水准。受当地条件的限制，他们大多只能机械化地做些重复的内容，甚至是手把手地指导当地人完成最基础的东西。待他们结束对口支援任务回到原来的岗位，就会发现这近乎"原地踏步"的三年已经让自己

▲ 静安区委、区政府援助温宿县甲型流感防控物资

在技术上落后了一大截。

　　此外，我在温宿县带队期间，麾下的援疆干部分别来自上海的各个区。不同的区，对援疆干部的要求各不相同，对援疆工作的想法也存在出入。最容易引发干部心理波动的是，各个区对援疆干部的福利保障也不一样，这也在无形中为援疆工作带来不确定性。

　　因而在 2010 年援疆工作即将结束时，我受上海市委组织部的委托，撰写了一份以援疆工作为主题的调研报告。在繁忙的工作间隙，我不仅在温宿，在阿克苏地区调研，有时还会去外省市的援疆地区，与当地那些素不相识的援疆战友们交流心得。调研结束后，我闭门写了整整一个星期的报告，将自己在援疆工作中的切身体会，调研过程中的所见所闻和对援疆资金、干部管理等问题上的困惑都写了上去。

　　让我感到欣喜的是，这份调研报告中的很多意见与建议，最终都与2011年中央援疆工作会议上提出的要求和纲领不谋而合。其中就包括了对"援疆重大的资金调整"，把以前"干部援疆为主"转变为"项目援疆为主"。同时，也将技术干部的援疆时间与行政干部的援疆时间分开，并采用地区对地区，一个街道对口一个乡镇的方式援疆。如今我们再回首，就可以发现这样的转变不仅提高了对口支援新疆工作的效率，扩大了对口支援工作的成果，同时也解决了干部管理过程中的个别瑕疵，为援疆工作的成果奠定了扎实的基础，提供了有力的保障。

回到上海后，时常有人问我，援疆三年最大的收获是什么？其实，我眼中的收获并非个人的得失与荣誉，而是援疆工作确实改变了，新疆地区也确实变好了。正因为有我们这样一批批的干部奔赴新疆边陲地区，用自己的智慧和汗水去奉献，才会有国家战略上的调整，有当地人民生活日新月异的变化。

我是上海派出的第六批援疆干部，也是温宿县的最后一批上海干部。随着国家援疆战略的调整，上海的援助对象转为喀什。原先的阿克苏地区将由浙江省的同志负责支援，温宿县则由金华地区的干部负责对口。所以当地群众在得知上海的援疆干部即将离去后，每天都会来我们这里表达感谢与问候。

挥别的日子终于还是来了，我清楚地记得，那天县委还专门在院子里开了场欢送会。上台发言的我激动得流下了热泪，也当场说出了诸如"温宿是我的第二故乡，以后每年都要回来看看大家"这样的豪言壮语。如今想来实在是惭愧，结束援疆工作后我因为工作特别繁忙，只在 2012 年专门去了次温宿县看望昔日一起工作的当地干部和父老乡亲。此后再去新疆出差，也大多都在喀什地区，无法专程前往温宿。

12 年间，不论是阿克苏地区还是温宿县，都有了翻天覆地的变化与发展。希望以后能有机会，让我再回温宿，认真地走一走，看一看。

难忘入疆初心　永念援疆真情

施齐，1976年8月生，现任静安区天目西路街道党工委副书记。第七批上海援疆前方指挥部巴楚分指挥部副指挥长。2010年8月至2013年12月任新疆维吾尔自治区喀什地区巴楚县县委常委、副县长，主管对口援助工作，分管招商引资、商业旅游等工作。援疆期间，荣获2011年度前方指挥部优秀党员、2012年度巴楚县民族团结进步模范个人、2012年度"沪疆杯"上海市优秀组织者、2013年度上海公务员考核三等功、第七批新疆维吾尔自治区优秀援疆干部。

口述：施　齐
采访：刘伟星　祁耘书
整理：刘伟星　祁耘书　黄泽骋
时间：2020 年 7 月 9 日

2010 年 8 月，肩负着组织的重托和家乡人民的期望，怀着对边疆人民的深情和关爱，我从国际大都市上海来到大漠腹地、相对贫困的边疆小城巴楚县。当时，我的职务是担任巴楚县委常委、副县长，主管对口援助工作，分管招商引资、商业旅游工作。

在正式赴疆前，我虽从未去过新疆，但在得知组织选择让我援疆后，倒觉得自己和新疆还挺有缘的。2010 年 6 月，正值上海世博会召开之际，当时仍在石门二路街道工作的我接到了接待新疆喀什地区巴楚县县长穆合塔尔·艾沙的重任。那时，我不仅带领他们一行参观了石门二路街道社区文化活动中心，还在县长因水土不服而出现不适的情况下，陪他去了社区卫生服务中心接受治疗。这次与新疆同胞打交道的特殊经历不仅让我对这片土地有了初步的了解，也对他们的豪爽与好客有了别样的认识。

领队入疆支援　谋求长远布局

初到巴楚，扑面而来的炎热与干燥让我至今都觉得难忘。当地的干燥，是我们这些生活在温带季风性气候环境下，会为黄梅天而发愁的上海人无法想象的。有天中午，我洗了条牛仔裤便随手晾在临时宿舍的阳台上，傍晚下班回去后，发现裤子已经干得笔笔挺了。这种干燥已经超出了我们南方人的认知范围。这种截然不同的气候条件，也让我们这些常年生活在沿海地区的援疆干部们备感不适。就我自己而言，当时也是花了近 4 个月的时间才慢慢适应了这种干燥。

当年，根据全国对口支援新疆工作会议精神，上海市从援助新疆阿克苏地区调整为援助喀什地区的莎车、泽普、叶城和巴楚四县。因而，我这个领队率领的对口支援干部团队算是第一批扎根巴楚的"外乡人"。初到当地，并没有专门供我们居住的宿舍，一年多来我们只能临时居住于巴楚县人民医院内毗邻传染病房区的小楼内。临时宿舍的条件虽然比较"特殊"，但大家都没往心里去，毕竟我们来巴楚就是来支援，来奉献的。

住得不好尚能克服，可吃得一旦不对味，那问题可就大了。为了确保援疆干部的各项工作都能正常开展，我们还专门拜托当地的人保部门，希望他们通过劳务招工的方式，为我们找一个专职厨师。很快，来自甘肃的王姨便成了上海援疆干部最离不开的人。她不仅每天要负责所有人的一日三餐，还要改变以往的烹饪习惯，满足上海人对浓油赤酱的渴望。此后，王姨整整为上海的援疆干部服务了第 7 批、第 8 批和第 9 批的一半时间，八九年间的朝夕相处不仅让大家得以相识相知，她也见证了援疆干部们在当地的付出与做出的成绩。

如果说气候条件和生活条件的艰苦都在意料之中，那当地基础设施的薄弱和简陋则让我对巴楚的贫困有了别样的认识。在上海，我们已经习惯了打开水龙头就有干净的自来水，只要烧开了即可直接饮用。可在巴楚地区，生活用水的口感却是偏咸的。在与当地干部交流后得知，这个咸是水质偏碱性导致的，长期饮用的话，对身体健康不利。也恰恰是这些客观条件，让我们对当地的基础建设与民生问题有了更深层次的发现与更细致的思考。

既然水质有问题，那这个水是从哪来的？自来水厂又建在哪里？是生产流程出了问题，还是水源的水质遭到了污染？在一系列的追问后，我们最终发现了盐碱土地水质问题的症结所在，并决定将上游的水源引入巴楚县，在为自来水厂提供优质水源的同时，确保当地百姓能喝上放心的水。

在对水源进行调研考察的同时，我们还发现巴楚地区降雨量特别少。此外，城市排水系统和农业灌溉设施也非常简单。可以说，整个县城都处于一种百废待兴的状态。而这一切，恰恰就是我们上海援疆干部可以发挥优势的地方。而在发现问题之余，我们也非常善于发掘巴楚的特色与优势。在与当地干部交流的过程中，我好奇地发问道："明明每年都有沙尘暴，且整体干燥缺水，为何巴楚的绿化还这么好？"他们表示，正是因为巴楚的水质和土壤都更偏碱性，所以需要通过种树来改善环境，抑制沙尘。

因而在每年 3 月，全县上下所有人都只忙着做一件事——种树。整整一个月，无论是机关里的大小领导，还是社区里的老弱妇孺，全都会投身到种树工作中去。考虑到巴楚地区的气候环境和特殊的地理地貌，种树也是有讲究的。我们和当地干部商量后决定，大家要一起种胡杨树。因为胡杨的生长特性不仅适合大漠地区，且无须频繁浇灌就能存活。此外，当地人也坚信胡杨有一种"三千年精神"，即一千年不死；一千年不朽；一千年不倒。

在选定胡杨作为树种后，我们很快便在全县对幼苗进行了大面积的种植。如今回想起当时的情景，当时我的心里是有些没底的。因为胡杨的生长速度非常缓慢，到底最终能否存活并长成大树，一切都是未知数。直到 2019 年我重回巴楚，看到连片的胡杨树林景色迷人，黄灿灿的枝叶在沙漠间、水岸旁随风舞动，奇妙美景处处显现。我惊叹于当年集体智慧与共同决策之余，也为胡杨林绽放出震撼人心的金色光芒，在蓝天下形成了一幅梦幻般的画卷而感到喜悦。

可以说，初入新疆的第一年间我们就在不断地在做着调研和规划，为巴楚的长远发展布局。其中，不仅有对城乡建设的规划，也有对旅游业发展的规划和教育培训领域的规划。我清楚地记得，当时我们邀请了同济规划设计院的同志专门从上海奔赴巴楚，协助我们布局。谁知县政府提供的资料图不仅非常简陋，各项数据也存在诸多偏差。在与上海专家交谈的过程中，当地干部对很多事情也是一知半解，不少专业领域的内容更是一片空白。

为了尽快弥补这种经济发展不平衡导致的落差，同济规划设计院的带队老师立刻从上海自费订购了一大批专业设备，捐赠当地的有关部门，确保他们能在最短的时间内用好这些设备，尽快且精准地将测绘规划工作开展起来。也正是源于这些在设备和软件方面的专项支援，我们对巴楚地区的整体规划终于开始了。

此后，随着一批又一批对口支援干部的到来，越来越多的专业人才和社会公益组织也加入援疆的行列中来，让巴楚有了日新月异变化的同时，也让我们看到这些年来对口支援工作取得的成绩和成果。

扶植创业建设　关注民生福祉

在做好整体规划、升级基础设施并改善民生的同时，我们也要竭尽所能地帮助巴楚地区的人民群众脱贫致富，由"输血"变"造血"。由于当时我既分管旅游，也分管招商，因而每次有企业和客商来巴楚考察时，我都会想方设法向他们提供更优惠的产业扶持条件和土地使用条件，试图说服他们留在巴楚发展。

当年，一位温州客商给我留下了深刻的印象。他在对巴楚的地质资源进行了深入详尽的勘探后，认为当地的大理石资源值得深度开采，并有意在巴楚兴建一座石材加工厂。他的意向很快便引起了县里的高度重视，如果这个项目落地，不仅将是落户巴楚的第一家外省企业，也第一次让新疆的矿产资源得以走向全国。此后经过我们多次沟通与协调，这家企业不仅顺利落户，还将开采加工的大理石用到了极致，也让巴楚的优质石材打出了自己的品牌。此后多年，该企业不仅持续在矿业深耕，也借助新疆巴楚当地的农业优势，开始涉足果业的发展。在他们的运作下，当地的橄榄油、红枣等一大批经济作物都被运出了新疆，得到了全国人民的青睐与认可。

也正是在与这些客商打交道的过程中，我的思想观念悄然发生了改变。此前，我觉得只要我们在政策上给足优惠，自然能吸引到企业和产业的入驻。可在现实情况下，企业家对成本的核算近乎严苛，不论是建设成本还是人力成本，他们都要反复斟酌。对此，我们前方指挥部巴楚县分支部也动足了脑筋——如果把建设成本降下来，是不是就能吸引更多优质企业落户巴楚了呢？

带着这样的想法，我们在次年招商时特意了引进了一家生产钢材的企业。

因为新疆的地理风貌并不适合在搭建厂房时打地基，因而钢结构建筑便成了基础建设阶段的主流选择。随着钢材企业的入驻，不仅大大降低了其他企业落户时的建设成本，其产品同时也辐射到了周边县城，对整个喀什地区的经济发展做出了巨大的贡献。

在硬件设施建设的同时，我也特别注重对人才的培养。首先，我们对当地的巴楚二中进行了上海模式的改进。随着专业的物理和化学实验室、教学楼以及各种以上海同等中学为标准的模式建立，巴楚二中的教学水平与质量有了显著提升。与此同时，我们也设置了专门的培训名额，定向输送了许多当地老师去上海进行培训，确保他们能将从上海学到的先进教学理念带回新疆，教育更多的学生。

对教育的帮扶支援不仅仅局限于义务教学。在看到当地年轻人普遍存在学历低、找不到合适工作的现状后，我们又专门联合上海绿地集团对巴楚职业技术学校进行了全方位的改造。此前，该校仅仅设有餐饮专业、纺织专业。在我们对口支援干部和专职老师的不懈努力下，职业学校很快便开出了包括汽修、烹饪、服装设计及土木工程在内的多个专业并广泛招生。可以说，这所职业技术学校不仅为当地培养出了一大批拥有一技之长的人才，也避免了部分年轻人因游手好闲而走上歪路的情况发生。

同时受益的还有巴楚当地的年轻女性。在职业学校招生前，她们大多早早辍学在家务农，刚满 18 岁便结婚生子，完全没有独立谋生的手段与机会。如今，三年的职业培训不仅让她们有了走出家乡寻找就业机会的可能，也对自己未来的人生有了主动选择权。

随着在教学领域的双向互通取得了一定的成果，我们也开始在医疗卫生领域进行相同的尝试。与传道授业的教师不同，施救于人的医生离不开临床经验的积累。然而在传统的对口支援模式中，仅仅依靠个别经验丰富的医生以科室负责人的身份对当地医生进行指导，这显然是杯水车薪。为此，我们专门针对巴楚当地妇幼保健工作相对薄弱的特点，与静安区妇幼保健院进行深度合作。确保每三个月就会有一批经验丰富的医护人员前往巴楚，对当地的工作进行支援与指导。也正是凭借着上海医护工作者手把手的教导和实打实的援助，巴楚当地的婴幼儿死亡率直线下降。

在"授人以鱼"的同时，我们也不忘"授人以渔"。每年，都会有巴楚地区的医生前往上海挂职锻炼并接受短期培训，这些经历不仅为他们迅速积累了临床诊断经验，也对那些与时俱进的全新诊疗方式与医疗技术有了认识与概念。喜人的是，如今这种培训已经成了一批又一批对口支援工作的常规模式。随着越来越多的巴楚地区医生技艺精进，当地人看病再也无须车马劳顿地赶去阿克苏或喀什了。在巴楚县城，大部分健康医疗问题都能轻松解决。

在平稳度过了最初的规划期后，巴楚地区的人民群众开始看到了乡镇的变化。此前，当地人的居住习惯更类似传统的游牧部族，各家如满天星般分散在各处。随着规划后的新城逐步建成，农户、牧民们都被集中在了一起。起初，也有个别群众感到不适应和不习惯，可在享受到统一供电和集中供水等便利后，大家都逐渐接受了这种群聚而居的新模式。值得一提的是，对口支援干部不仅在这项安居富民工程中确保了家家户户都有独立卫生间和洗浴设备，还确保了一些牧民家庭不再人畜混居。这两个小细节虽不起眼，却在不经意间降低了相关疾病的发病率。

如今当我再回巴楚，与老乡们攀谈时他们都会感慨地说，援疆干部造的房子就是好，时隔多年依然像新的一样。其实，这就是规划做得好，施工过程到位的结果。当年，我们不仅请了专业团队解决如何在盐碱地里打牢地基的问题，还处理了包括涂料粉刷、抗寒保暖等一系列问题。不论是爬房顶还是夯实地基，处处都有我们援疆干部的身影。而当地百姓群众最终得以安居乐业，我们的付出也算有了回报。

随着民生项目与配套设施建设逐渐完善，长期在社区基层工作的我又开始考虑，如何将上海的文化项目引入当地，丰富巴楚地区人民的精神文化生活。在日常走访调研中，我发现新疆地区虽然推行双语教学，可在孩子放学回家后，与父母间的沟通仍是较为传统的状态。这种潜移默化的影响，并不能帮助孩子更好地掌握汉语并从中学到更多知识。于是，我试着推出了一个社区教育项目，旨在让孩子与家长一起学习那些学校里没有的知识。

这个项目不仅得到了我们援疆教师的鼎力支持，静安区图书馆也为此向我们捐赠了一大批图书，充实了我们社区教育的基础资源。此后，随着更多社会组织和爱心公益组织的加入，社区教育俨然成了巴楚地区的一大群众文化特色。在社区老师的陪伴下，家长和孩子不仅可以一起读绘本，还能参与亲子互动游戏，有条件的甚至能一起接受简单的计算机培训。在此期间，我们还举办了多场以爱国主义教育为主题的互动活动，润物细无声地丰富了当地群众的生活，凝聚了家庭、邻里乃至民族同胞间的关系。

紧抓队伍建设　传承支援精神

援疆3年间，在贯彻落实"民生为本、产业为重、规划为先、人才支撑"的援疆思路的同时，我也非常重视对援疆团队的建设与管理。其间，巴楚分指挥部涌现出了一批先进集体和先进个人，这和我们严格的管理要求是密不可分的。

作为静安区对口支援干部的领队，我和来自松江区的援疆干部领队曹雷军同志一起对第七批援疆干部提出了三项纪律。一是不许开车；二是不许酗酒；三是不许出入娱乐场所。

除了谨遵三项纪律，当时的援疆干部们还有一条不成文的约定，就是每天

◀ 结队帮扶贫困家庭

吃晚饭时全员到场，大家围坐在一起吃王姨精心烹饪的晚饭。即便是工作以外的闲暇时间，我们也有专门的纪律要求。比如，所有的援疆干部都不能随便外出购物。除了可以在临时宿舍旁的杂货店买些香烟、口香糖等小东西，其他的任何需求都要由专职人员统一外出采购。此举的目的，也是为了确保每位援疆干部在经济上的绝对廉洁，避免群众对我们产生误会。

　　在管理好援疆干部的同时，我也非常注重对日常工作的归纳和总结。不论是工作日报还是周报，都有清晰明确且标准化格式化的书面文字记录。在返沪前的半年里，我更是专门邀请了静安区档案局的相关同志，专门到巴楚县进行档案工作的指导。因为我们虽为上海派出的第七批援疆干部，却也是首批扎根巴楚的干部。在摸着石头过河的同时，也希望将这些在实践中不断积累起来的宝贵工作经验以文字档案的形式留给下一批援疆干部。

　　回到上海后，曾有朋友问我援疆期间有何收获与感悟。我仔细想了想，觉得这三年既没有太成功的经验可以借鉴，也没有突出的成果可以分享。可以说，我们那一批援疆干部的工作就是做好合理的规划并打好坚实的基础，确保下一批援疆干部到来后有崭新的干部公寓可以住，有丰富的档案资料可以查，有明确的发展规划可以循。此外，我也非常庆幸自己这个领队将所有的援疆干部平安地带了回来。

就我个人而言，三年的援疆经历不仅让我收获了珍贵的友谊，也让我积累了宝贵的财富。不论身处何地，我都始终将这段援疆岁月视作自己人生的"加油站"、事业的"里程碑"和意志的"磨炼场"，努力把自己锻造成党需要的、群众满意的领导干部和优秀的援疆干部。

胡杨深处担使命　天山脚下践初心

唐凌峰，1976年2月生。现任静安区曹家渡街道党工委书记。上海市第八批对口援疆干部。2013年8月至2017年1月，任上海援疆前方指挥部巴楚分指挥部指挥长、中共新疆维吾尔自治区喀什地区巴楚县委副书记。

口述：唐凌峰

采访：林　捷　范建英　陈　童

整理：范建英　陈　童

时间：2020 年 6 月 23 日

在我正式报名援疆前，"巴楚"两字在脑海中没有任何概念，正是在这种一无所知的状态下，我向组织递交了援疆申请。当时，我在静安区委宣传部担任文明办主任，适逢全国文明城区复检，即忙于准备迎检工作，即便在递交申请后，也未曾有时间去了解巴楚的风土人情。直到 8 月 20 日，在和继任文明办主任，同时也是第六批援疆干部的马嘉槟同志进行工作交接，谈起援疆事宜，我才算开始对援疆工作有了初步的认知。短短两天时间后，我带着对那片未知土地的憧憬和激情出发了。这时，我才意识到，原来在那大漠胡杨林深处，有一个地方叫"巴楚"。

谆谆教导暖人心　民生改善惠百姓

作为援疆巴楚县分指挥部指挥长、巴楚县委副书记，我和另外一名骨干同志周玉鸿一行两人，先于大部队，提前小半年进疆，和第七批的援疆干部压茬交接。

在我的想象中，新疆地大物博、山美水美，但其实，北疆看风景，南疆只能看风情。我们对口支援的巴楚县有三分之二的面积位于塔克拉玛干沙漠之中，当我们一路从乌鲁木齐取道喀什前往巴楚，就是荒凉不断增强的过程。当时，从喀什到巴楚的高速公路尚未通车，只能走314国道，车行数小时，一侧的柯坪山始终连绵不绝，一路陪伴我们；而另一侧则是荒无人烟的戈壁滩。当路边的山壁上三个红色大字"三岔口"映入眼帘时，同行的人告诉我，巴楚到了。

在巴楚的前半年，我的主要工作是和第七批援疆干部做好交接。在此过程中，我深切感受到第七批同志们强大的凝聚力和无私奉献的精神。对于我们两个"学生意"的后辈，大家知无不言、言无不尽，都想着要尽可能多地把经验传授给我们。当时第七批巴楚分指的副指挥长施齐同志每次都是以"事情是这样的"一句口头禅开场，随后开始跟我们讲述各种故事，把当地的发展情况、援疆项目的开展情况等一五一十告知我们。如此细致入微的交接，为我们日后援疆工作的开展打下了坚实的基础。

让我印象最深的是进入10月份之后，我们第八批援疆团队要开始规划新一年的援疆计划。那时候，我和周玉鸿两人完全没有方向，1.83亿援建资金该怎么用、怎么排，丝毫没有头绪。正当我们一筹莫展的时候，施齐等同志在下班后找到我们，我们一行人就在县委办公大楼的办公室里，一起开会讨论。他们针对每一个项目，给我们做详细分析：前方指挥部有什么要求，当地又有什么要求，一般又有怎样的操作习惯。事无巨细，手把手教我们如何做计划。一直聊到办公大楼关门，我们又转战分指挥部食堂，晚饭后继续讲解到凌晨3点多，大伙帮着我们一起把整个规划的思路基本理顺。这时，大家已是饥肠辘辘。厨房就在隔壁，我们自己动手弄起了夜宵。那个大家端着泡饭就着剩菜的场景，我至今难忘！

那一次的深夜授课，仅仅是一个缩影。在日常工作中，第七批的同志始终毫无保留地帮助、支持着我们，正是有了他们的经验传授，我们此后三年的援疆工作才得以顺利推进。送走了第七批援疆干部，我们的援疆生涯正式开启。在此期间，我们始终坚持通过改善民生来聚民心、促团结，三年期间，70%的援疆资金都用于落实民生改善工程。

首先，我们接过前几批援疆干部的接力棒，继续推进富民安居工程。通过国家补贴的每户 28500 元资金，加上当地政府的配套以及老百姓自己投工投劳，家家户户建起了新房，乡村面貌得到很大改观，老百姓的生活居住条件也得到了前所未有的提升。喀什地区可能处在地壳运动的活跃带上，地震活动频繁，我们戏称：一年当中地震次数比下雨多。原先维吾尔族老乡们住在木板夹心的土坯房里，一震就塌。但住上援疆资金建设的房屋后，我在新疆的那几年里，历次地震，没有一幢富民安居房倒塌。此外，大力发展旅游业也是我们的工作重心之一。巴楚地处叶尔羌河流域，旅游资源非常丰富。当地有 300 多万亩胡杨林，是世界上面积最大的野生连片胡杨林。我们紧抓这一优势资源，在第七批援疆项目申创 4A 级景区的基础上，三年间举全县之力，持续投入资金 20 多亿，在阿纳库勒乡，将曲尔盖景区和红海水库进一步整体打造成一个集休闲、娱乐、度假于一体的红海景区，努力争创 5A 级景区。景区的建立，带动了周边乡镇的基础建设，解决了当地部分老百姓的就业问题，县城的面貌也焕然一新，对当地经济发展起到了明显的拉动作用。

与此同时，我们也推进了许多软性援疆项目。比如，"三降一提高"医疗队，所谓"三降一提高"是指，新生儿的死亡率、产妇死亡率、传染病发病率下降，人均期望寿命提高。这其实是上海市政府的"自选动作"。当时除了派驻常规的为期一年半的医疗团队之外，上海市卫计委还通过对口各区派出了一支为期半年的公共卫生医疗队。由于当地缺水，老百姓几乎都使用旱厕，卫生状况堪忧，也从来没有饭前便后洗手的习惯，所以当地结核病、麻疹、肝炎等传染病情况不容乐观。我们的医生进驻后，首先给老百姓传授良好的生活方式，带动他们养成勤洗手的好习惯，效果立竿见影，经过一段时间的普及，一些病种的发病率显著下降。同时，我们也为当地带去了先进的设备和医疗技术，产妇的死亡率、新生儿的死亡率也都明显下降。

各项民生工程的推进落实，为当地脱贫攻坚发挥了重要作用，而在开展工作的过程中，当地老百姓也切实感受到，上海市委、市政府、上海人民对他们的深情厚谊。

社区学校初建成　文化援疆显成效

随着对口援疆工作的深入、与当地群众接触的加深，我愈发热爱这片土地，也从内心深处由衷地希望能做得更多。在确保"规定动作"一个不少的基础上，我开始探索一些符合巴楚实际、具有巴楚特色的"自选动作"。当时，静安区委书记也要求我们的团队要做到"脱颖而出"。要做到这一点，说难不难，说不难也挺难。巴楚当地并没有特别优质的资源，各个援疆指挥部的项目同质化非常严重。基于这样的情况，我开始思考，何不另辟蹊径，索性做出自己的特色，一招鲜吃遍天。由此，我给自己定下一个目标，三年援疆，每年至少完成一个彰显巴楚特色的自选项目。

援疆第一年的自选动作便是建立社区学校，其实这也是第七批援疆干部们智慧的延续。在他们三年援疆届满之前，争取到了用于建设社区学校的资金，而作为接任者的我们，可以说是站在巨人的肩膀上，把这个项目继续发扬传承下去。

建立社区学校的初衷，是为了解决当地双语教育面临的"5+2=0"的问题。何谓"5+2=0"？是指，少数民族的孩子们5天在学校学习普通话，周末2天在家与家人继续用维吾尔语交流。没有语言环境，刚学会的普通话"隔周就忘"。更夸张的是，当地很多70后、80后的青壮年完全听不懂普通话、看不懂中文。生活在同一片山川大地上的同胞，竟然因为语言不通而无法交流，这种情况，我们无法想象。要改变这一现状，一定要推动行之有效的双语教育，从娃娃抓起，教孩子们学说普通话，学写中国字。要实现这一目标，仅仅依靠学校老师的教育是不够的，特别是当地一些维吾尔族的老师自身的普通话水平就比较低。学校老师的教育水平只是导致当地双语教育停滞不前的一个因素。在我看来，更重要的原因，在于缺乏语言环境，想要掌握一门语言，关键是要多听、多说。这也是我们和第七批援疆干部为何想要建立社区学校的原因，我们希望在大家回家之后，仍然能有一个场所能够接触到中国字，接触到普通话。

基于这样的共识，2013年10月，南疆首家社区学校在巴楚县落地生根。

▲ 巴楚社区教育迎新会暨表彰大会全体人员合影

学校成立后，上海微笑青年公益服务中心等社会组织就给我们捐赠了大量图文并茂的汉语绘本，受到了当地小朋友们的喜爱。在社区学校里，工作人员还有志愿者为小朋友们绘声绘色地用普通话讲解绘本中的故事，小朋友们在潜移默化中，就接触到普通话和汉字。同时，我们还会组织形式多样的游戏和活动吸引更多小朋友前来，为他们提供一个寓教于乐的场所。在没有社区学校之前，大部分的孩子放了学就是回家帮忙做家务，或者就是在外面疯玩；有了社区学校后，小朋友们可以在做游戏、看绘本的同时，学习、巩固汉语知识，小朋友们高兴，家长们也放心。

在社区学校建设过程中，有一位老师不得不提，他就是我们第八批第一轮的援疆教师莫一明。莫老师原本是静安区青少年活动的指导老师，到达新疆之后，我们就把社区学校的日常运营工作托付给他。他当时按照上海的少年宫、青少年活动中心的规模标准去推进，自费买了 3D 打印机还有很多教学工具带到当地，帮助那里的小朋友们开眼界、长见识。不同于我们援疆干部是三年一轮换，援疆教师的工作周期是一年半。轮换时间到了，莫老师却舍不得那些可爱的孩子们，所以主动要求延长援疆期限，一干又是一年半。也正是从他开始，青少年活动中心之后安排老师对口援疆都是按三年一个周期了。

随着工作的逐步开展，越来越多的当地的志愿者也参与到我们社区学校的建设中，除了在巴楚县城陆续设立了几所社区学校外，我们开始向下面的乡镇辐射。同时，我们也在不断拓展社区学校的服务内容，在持续开展绘本阅读的基础上引入心理辅导、沙盘、手工艺制作等，甚至我们还在色力布亚镇建了一个数字电影院，为当地的男女老少们提供了一个看电影的场所。

在社区学校建立伊始，县里的一些领导干部其实并不支持，在他们看来，与其在社区花这么多钱带小朋友做游戏，倒不如多建几间富民安居房，多造几幢高楼大厦。但是看着我们每年不断推进，逐渐获得成效，他们也开始慢慢认识到这一项目的意义所在。通过社区学校富有趣味性、实践性、基层性的教育方式，有效培养了各族青少年良好的生活习惯、坚定的意志品质和全面的人文素养，提高青少年对民族团结与国家统一的认同。

“野行巴楚”风光靓　运动援疆出奇招

第一年把社区学校的框架基本搭建完成后，我也开始思考第二年的自选动作应该做什么。2014 年底，我和《文汇报》的记者王星畅谈自己的美好愿景：巴楚有那么大的胡杨林，又有那么多的荒漠，如果能在夜里，在戈壁滩上，背靠大地，仰望星空，那种感觉该有多好！突然之间，我们灵感迸发，不如举办一场长跑比赛！通过举办长跑比赛，让全国各地的跑友们在接触大自然的过程中，尽览巴楚的边疆美景，真切感受当地的风土人情。同时，我们也能够通过运动援疆的方式，打开思路，为当地的经济发展注入新的活力。

有了这样的想法之后，我们就开始到处去查看线路，原本援疆一年就该轮换的王星，又申请延长一年，回到喀什，帮助我张罗。直到 2015 年下半年，上海微爱公益服务中心为我们引来了行知探索的专业力量参与，我们终于初步确定了项目方案，由此“野行巴楚——大漠胡杨双人越野挑战赛”应运而生。挑战赛共 80 多公里赛程，必须双人结伴，同时达线才算完赛；比赛共进行 2 天，第一晚，选手沿着叶尔羌河古河道完成一个马拉松的赛程后，在胡杨林里安营扎寨；第二天一早选手以胡杨林为起点，跑向塔克拉玛干沙漠，穿过风倒木区，完成第二个马拉松赛程，终点设在因火山爆发而留下众多玛瑙的不毛之地黑山。由此，跑友们可以在比赛全程体验到胡杨林从荣到枯、由生至死的苍凉雄浑，感悟体育的真谛与人生的壮美。

想法和理想很丰满，但是真要实施起来却并不容易，要在戈壁滩的无人区里举办长跑比赛，选手们的人身安全问题怎么解决？为此，我们动员了当地的各种力量，全面部署，做好服务保障工作，确保每一位选手的人身安全。我还清楚记得，比赛当天，所有的越野车、地形车全部被抽调用于安保工作，我们工作人员只能坐在拖拉机的拖斗里前往位于赛程当中的营地，一路颠簸数小时，等我们到达营地的时候，个个都已经是灰头土脸。而此时，第一个完成当天马拉松赛程的选手已经在营地里休息了。那天，还发生了不少小插曲。第一天的赛程结束后，选手们纷纷抵达营地休整，大家围着篝火，吃着烤肉、抓饭，一派热闹景象。结果等轮到我们工作人员用餐的时候，还没吃上两口，沙尘暴来了，我眼睁睁看着漫天的黄土从天而降，覆盖在我面前餐盘里的抓饭上，顿时让人没了胃口，烤肉也吃不成了。半夜，我的帐篷又被狂风掀起，差点给吹走，折腾一夜，天亮了才想起，自己有个"在戈壁滩上，背靠大地，仰望星空"的夙愿还没去实现……

幸运的是，虽然出现了一些小意外，但两天的赛程还是非常顺利圆满地落

◀ 野行巴楚——2016年大漠胡杨双人越野挑战赛

幕了，而这其中，离不开当地县委、县政府的鼎力相助。为了确保活动的顺利举行，当地县政府发动了大量的老百姓帮助我们共同担负起后勤保障工作。当地的护林员全员出动，他们是最熟悉地形的向导，也是最有经验的救生员，当天，由他们驾驶着摩托车在胡杨林中穿行，随时查看选手们的位置，发现问题，及时上报，确保每一位选手都能安全完赛。

通过这一次的挑战赛，让我们愈发感受到了当地维吾尔族同胞的淳朴与热情，愈发加深了各族人民之间的深厚情谊。同时，这一次的赛事也成了外界了解巴楚的窗口，为巴楚当地的工作打开了思路，让当地的领导干部看到，原来还可以通过体育运动的方式来推介宣传巴楚。

产业发展新思路　电商平台卖瓜俏

文化援疆、运动援疆开展得如火如荼之时，我的援疆生涯悄然迈入第三个年头。最后一年，我能给巴楚留下些什么呢？在下乡调研考察的过程中，我了解到，地处荒漠地带的巴楚县其实有很多特色农副产品。当地的沙质土壤尤其适合种植甜瓜，其中有一种名叫"库克拜热"的甜瓜，翻译成汉语就是绿瓤瓜的意思，这种瓜口感香甜，天然带有淡淡的香草味。但是囿于种植技术、种植规模等条件，这种瓜只在当地小有名气。既然如此，最后一年我们就以"库克拜热"瓜为切入点，探索一条当地产业发展的新路子，由此带领当地群众走上脱贫致富路。

"酒香也怕巷子深"。要提高"库克拜热"瓜的销量，首先要做好推广。为此，我找到了一个名叫"维吉达尼"的组织，"维吉达尼"直译过来就是"坏的果实不要"，这是一个在当地专门从事农产品销售推广的专业团队。经过探讨之后，我们一致认为，推广的第一步是要改名字。"库克拜热"这个名字，对于新疆以外的老百姓来说，完全没有概念，起一个能够叫得响的名字很关键。当时我们都觉得"阿克苏冰糖心"这个名字取得非常好，既有地域特色，同时也把产品的优点直观表达了出来。那么我们的"库克拜热"是不是也可以往这个方向发展呢？为此，我和维吉达尼的伙伴们开始绞尽脑汁起名字，经过将近一年的头脑风暴，"巴楚留香瓜"诞生了。这个名字既把巴楚的地名融入进去，也淋漓尽致地表现了食用时唇齿留香的特质。

有了好名字，接下来我们便开始紧锣密鼓地宣传推广。在传统的推广方式中，最简单的就是援疆指挥部号召上海各个单位认购。但是在我看来，这样的方式不具可持续性。援疆期间，固然可以通过这种方式拉升留香瓜的销量，但是我们走了之后呢？我觉得，相较于简单的拉动销量，更重要的还是要帮当地建立起留香瓜品牌和市场化的销售渠道，这才是一条可持续发展的产业发展之路。当时，我们通过"维吉达尼"和淘宝取得了联系，专走电商销售平台。2016年，我们带着县文工团、带着形象大使、带着瓜农，专门到杭州市淘宝总部开展路演，当时上海电视台也非常支持，安排主持人配合一起进行线上直播。通过这些别开生面的活动，淘宝的"店小二"被我们打动了，在他们的助推下，我们一口气卖掉了500吨留香瓜，这个数字放在以前，是瓜农们想都不敢想的。

所谓"打铁还需自身硬"，有了一定的名气之后，我们更要保证瓜的品质。原先，当地老百姓都是粗放式的种瓜，田里满地杂草，从来不打农药，大大小小的瓜就隐藏在杂草堆里，没有农药残留的留香瓜品质没得说。但这种粗放式种植导致留香瓜达不到标准化，大的大，小的小，卖不出好价钱。所以下一步

◀ 2016年订单农业与电商扶贫高峰论坛现场

我们就开始推行标准化管理：首先是标准化种植，通过科学的种植方式，保证每个瓜的大小基本一致；其次是标准化交易，按照不同的大小，以不同价钱进行收购。接着，我们又顺势为巴楚留香瓜申请了 PEOP（生态原产地保护产品），保护留香瓜种植业的发展。通过这样的方式，当地瓜农的种植水平提升了，留香瓜的销量上涨了，自然而然，瓜农们的口袋也鼓起来了。而我在跟着当地老百姓种瓜卖瓜的过程中，也深切体会到，农业发展过程中，你付出多少努力，就会获得多少回报，土地不会欺骗你。

与此同时，我们还设计了留香瓜公仔，举办吃瓜大会，留香瓜的品牌影响力逐年增长。如今，只要在淘宝搜索"巴楚留香瓜"，轻松就能买到香甜可口的留香瓜。以往伽师县的甜瓜名气响，我们巴楚老百姓卖瓜都爱偷偷用伽师瓜的包装箱。如今，周边县的甜瓜都用起了巴楚留香瓜的包装箱。

依托留香瓜，当地老百姓走上了脱贫致富的道路，当地的经济发展也踏上了新的台阶，更重要的是，通过留香瓜这一可推广、可复制、可借鉴的成功案例，为当地的产业发展提供了更多的可能性。

从出发前对巴楚的一无所知，到离开前对当地的恋恋不舍。援疆三年，让我和当地的干部群众结下了深厚的友谊，让我对生命的意义有了别样的感悟。这也许是我这一辈子最重要的一段高光时刻。天高任鸟飞，海阔凭鱼跃。在那里，我实现了自己的理想、完成了中央交予我的神圣使命。虽然离开了，但我知道，在那片遥远的胡杨林深处，一直都有我的朋友、亲人！

文化援疆润无声　两地交融暖人心

华祥义，1970年生。现任静安区文化和旅游局副局长。上海第八批援疆干部，2014年5月至2016年6月，挂职新疆维吾尔自治区喀什地区巴楚县文化体育广播影视局副局长，援疆期间，主要负责各类文化援疆项目开展落地。

口述：华祥义
采访：王　莺　陈　童
整理：王　莺　陈　童
时间：2020 年 8 月 21 日

2014 年，上海第八批援疆干部报名申请工作开始了，在当时的时代背景和组织要求下，此次援疆干部的岗位中特别增设了巴楚县文化体育广电局副局长一职，专门致力于文化援疆工作的推进和落实。作为一名有着三十多年党龄的军转干部，无论是在部队还是在地方，我主要从事文化宣传工作，文化体育广电局副局长这一职位对我而言，可谓是量身定制。因此，我毫不犹豫提交了报名申请，主动请缨为祖国的援疆工作添砖加瓦。

坚持现代文化引领作用，通过广泛开展丰富多彩、积极向上的群众文化体育活动，让各族人民群众共享先进文化，不断加强两地人民的交流交融交往，在这一文化援疆总体工作思路的指导下，我信心满满地踏上了援疆之路。

从零开始书写新篇章　百花齐放文体新面貌

尽管有着多年文化宣传工作的经验，但来到巴楚后，当地的文化体育发展状况还是让我犯了难。在当地，最为常见的传统体育运动分两类，一类是动物竞技，诸如斗鸡、斗狗、斗羊；还有一类是单人竞技，诸如摔跤。而类似篮球、足球等需要团结协作精神的团体运动在当地则比较少见。那么，如何才能让当地老百姓的文化生活更丰富一些、更多元一些呢？这是初到巴楚的我，面临的第一个课题，也是之后三年中，我始终关注的问题。

正所谓万事开头难，作为第一个担任巴楚县文化体育广电局副局长的上海援疆干部，我在当地的文化援疆工作并无先例可循。因此，援疆的第一年，我的主要工作便是多听多看，深入当地了解当地老百姓的文化需求和愿望，探索出一条符合当地发展规律的文化援疆之路。在走访调研的过程中，我发现由于地理、气候环境等原因，当地农牧民每年都有一段漫长的农闲时间。如果能把这段时间有效利用起来，用于开展各类文体活动，不仅能够极大丰富当地农牧民的精神文化生活，而且还能够有效促进各民族间的交流交融。

经过一年的摸索期之后，我们在援疆工作的第二年，结合当地实际情况，合理安排援疆资金，开始有的放矢地举办各类当地群众喜闻乐见的文艺体育赛事。

2015 年 5 月 20—24 日，巴楚县农牧民运动会隆重召开。这是 12 年来全县规模最大的一次农牧民运动会，也是首次由援疆资金独立承办的县级大型体育比赛。共有来自 12 个乡镇及 5 个林场的 3850 名青年体育爱好者参与预赛选拔，其中 602 名青年农牧民身披各乡镇队服会师决赛赛场。在运动会中，除了传统的摔跤、押加比赛外，我们还开设了篮球、排球、足球比赛，通过这些需要极强团队协作的比赛，潜移默化中增进了当地群众间的交流与了解，实现各民族间的团结融合。此外，我们也充分尊重当地的民族特色和群众需求，开设了诸如吃西瓜、背核桃等具有鲜明当地特色的趣味比赛。在此过程中，最让人欣慰与欣喜的是，许多女同胞也积极响应号召，换下长袍长裙，穿上运动服，一起走出家门，参与到热闹非凡的体育比赛中。对于她们而言，这一次的运动会也成了一段终生难忘的宝贵回忆。五天的赛程中，我们共决出 7 类 42 个奖项，城乡群众参与组织或观看、助威达到 25.4 万人次。可以说，短短五天时间的运动会，成了当地农牧民们的一次盛会。当地无论男女老少，在赛场上挥洒着汗水与欢笑，在竞技中增进了友谊与感情。

有了第一年成功举办的经验之后，第二年的农牧民运动会更是顺理成章，当地群众也都翘首以盼。2016 年 5—6 月间，我们以文化援疆为平台，组织全县各个乡镇相继举办了以乡镇为单位的农牧民运动会。在 10 月 11—15 日，我们举办了巴楚县"丰收杯"农牧民运动会，在第一年各类赛事的基础上，我们又增设了叼羊、赛马、斗鸡、斗羊等十余项传统项目的比赛，并且为现场观众进行了串核桃、背化肥等 5 类趣味比赛。近千名农牧民参与了各类比赛，以文化援疆为主体举办全县各级农牧民运动会，逐渐成为当地群众日常文化生活的一项重要内容。

农牧民运动会带来的良好社会效应鼓舞着我们不断探索、深化文化援疆工作。那么，除了体育运动，还有什么活动既能受到当地老百姓欢迎，同时又能增强民族凝聚力？"歌舞"这个答案跃然于我的脑海之中。新疆同胞天性热情善良、擅长载歌载舞，如果能够搭建一个平台，可以让他们展示自己的才艺，那又何乐而不为呢？正是在这样的初衷之下，"我是巴楚人"才艺大赛在 2016 年应运而生。活动甫一开始，就受到了全县群众的青睐，短短几天时间内，我们收到了来自各乡镇、中小学、机关部门以及社会各界共 116 个报名申请，节目形式多样，涵盖了歌曲、舞蹈、小品、情景剧等等。经过层层筛选，最终有40 个节目进入决赛。在这其中，有两组参赛选手令我记忆犹新。

在预赛阶段，来自巴楚县第二中学的学生以及来自色力亚布的三名维吾尔族青年分别献上了精彩纷呈的街舞表演，最终两组选手脱颖而出，会师决赛。为了能够增进各民族间的团结与感情，在决赛阶段，大赛组委会将这两组选手进行编组，要求他们以一支队伍的形式来角逐最终的大奖。在练习的过程中，汉族同学和维吾尔青年不仅切磋舞技，同时也培养出了深厚的友谊。经过初期的磨合与后期的苦练，街舞队最终获得大赛二等奖。通过舞蹈这一载体，原先横亘在民族间的无形壁垒在无声无息间消解了，而这也是我们举办才艺大赛的初心。而另一名让我印象深刻的选手则是一等奖得主，来自英吾斯塘乡的教师阿提姑丽，她以一曲《我爱你中国》折服了现场所有人，最终拔得头筹喜获桂冠。接过奖杯的时候，她的脸上难掩兴奋激动之情，她告诉我，作为一名乡村教师，此前从未有机会可以在这么大的舞台上一展歌喉，而这次的参赛、获奖，也更加坚定了她对艺术的追求与热爱。

"我是巴楚人"才艺大赛的成功举办，不仅为当地群众提供了一个展示自己的平台，同时也对弘扬主旋律和正能量，进一步展现巴楚各族人民热爱祖国、热爱巴楚、建设家园的激情和营造团结稳定、奋发向上的巴楚社会人文环境，发挥了重要的作用。

农牧民运动会、才艺大赛等丰富多彩、积极向上的活动，极大丰富了当地群众的日常生活，起到了良好的文化引领作用。同时在举办活动的过程中，我们也为当地培养了一支带不走的队伍。原先，当地文化宣传工作者的工作模式相对较为单一，缺乏创新性和自主性。通过文化援疆工作，我们带着他们一起办活动，用我们的行动和热情去感染他们，久而久之，他们也开始逐渐认识到，文化宣传工作的重要性和必要性。在我们三年援疆工作结束后，他们顺利接过我们的接力棒，继续在当地开展文化宣传工作，扩大巩固先进文化的引领作用。

打造基层文化阵地　搭建成长成才平台

运动会、才艺大赛等活动有效增进了各民族同胞之间的情感交流和融合，但是这些赛事毕竟具有阶段性和短时性。那么，赛事结束之后，当地群众的文体生活又该如何丰富起来呢？如何通过文化援疆工作实现当地人民群众文体生活的长效化和常态化呢？

巴楚地处南疆，地广人稀，放眼望去处处都是大漠戈壁。县城中大型文化体育设施和场所十分欠缺，整个县城没有电影院，也没有剧院，仅有一个小型博物馆，里面的展品寥寥无几，县城图书馆里的图书也已经严重与时代脱节。针对这一现状，我们通过文化援疆资金的扶持，加强基层文化阵地的打造。2015 年 6 月，由我牵线搭桥，与静安区图书馆取得联系，多方筹措后，圆满完成了由静安区图书馆向巴楚县图书馆捐赠图书 3000 册的计划。另一方面，我们也通过援疆资金加强了县文工团演出的配套设施。作为宣传社会主义核心价值观的重要载体，县文工团每年下乡进村演出 200 余场次，但是整个文工团仅有一辆年久失修的"老爷车"，经常在下乡演出的路途中"掉链子"，严重影响正常演出任务。为此，我协调上海的社会力量，在 2014 年 10 月落实捐赠资金 55 万元，重新购置了一辆全新的大巴车，解决了困扰文工团已久的下乡通

◀ 2015 年文化援疆内容之一，由静安区向巴楚县捐赠的 3000 册图书上架

行难题。同时，为了让文工团能够为乡民们带去更加优质的节目，在 2015 年，通过多方奔走，我终于协调到 10 万元的捐赠款，为文工团添置了成套的舞台音响设备。全新的大巴、专业的音响设备，极大提高文工团送文艺下乡的效率和品质，充分发挥起文化宣传主阵地的功能和作用。

除了硬件设施的逐步完善，我们也致力于提升文化宣传的"软实力"。三年期间，借助两地文化交流、人才培训等平台，我们多次安排巴楚当地的文化宣传干部前往上海各类文化部门学习交流、挂职锻炼。同时，利用上海文化专家在巴楚期间的有利时机，针对巴楚文化建设现状提出建议意见。通过有来有往的文化交流，切实提升了当地文化宣传干部的整体水平和业务能力，也通过他们，将先进的文化理念带到更远的地方、传播到更多的群众中去。

在当地建立起健全完善的文化体育发展事业，并非一朝一夕之事，也并非靠我三年的文化援疆工作便能实现，更多的要在当地培养起一支支的队伍。搭建起各类成长成才的队伍，挖掘群众自身的潜力，由点及面全面辐射，通过提升一部分群众的文化修养、文化素质，来带动全县群众共同建设当地的文化体育发展事业。

在巴楚县城原先活跃着一支农民画骨干队伍，他们以出板报、画画等形式，用直观、新颖的图文宣传中央精神，但由于缺少经费无法组织专业培训，近年来，这支骨干队伍出现滑坡、流失的现象。经过充分调研后，我们从全县各乡镇选拔出 34 名业务素质好、群众影响好的农民画骨干人员，组织开展培训创作班，邀请自治区文化馆的老师授课辅导，创作出将近 120 幅描绘巴楚历史人文、民族风情和奋发向上精神面貌的优秀作品，并将这些作品编辑出版，在上海举办优秀作品展，安排他们走进金山农民画村，与上海的画家交流学习。

同时，我们也在当地助力青少年体育苗子的培养。巴楚历来是体育强县，尤其是在足球、摔跤等传统项目上，具有较大优势。为了确保这些好苗子不会因为经济原因而错失机会，我们在 2015 年安排 35 万元援疆资金，用于举办喀什地区青少年运动会，为巴楚县青少年体育苗子搭建成才之梯，并取得足球、沙滩排球和自由式摔跤等 4 个项目的冠军，男女排球、古典式摔跤等 2 个项目荣获第二名，男子田径团体等 4 个项目进军前三，总成绩名列地区第三名。通过举办和参加各类赛事，为对外宣传巴楚体育、培养选拔巴楚优秀体育后备人才提供了重要平台。

文化交流成纽带　民族团结一家亲

丰富当地人民群众的文化生活，是文化援疆的工作重心之一。而我的另一个重要工作内容便是做好巴楚和外部世界的桥梁，把外面的先进文化引入巴楚，让当地群众能够足不出户便能了解外面的世界，同时把当地人民的传统文化带出边陲，让更多人了解新疆、了解巴楚。

为加强两地文化合作的制度建设，2014 年 6 月，由我协调巴楚县和静安区签订《文化合作战略协议》，明确规定两地间文化合作的指导思想、工作目标、合作机制等内容，并对未来三年两地的文化阵地建设、人才培训等方面计划安排作出规划，成为 2014—2016 年静安区文化援疆的指导性文本。

在战略协议的指导下，三年间，我们不间断地安排两地文艺代表团互访。每当我们要在巴楚当地组织文艺代表团前往上海演出时，大家纷纷踊跃报名。因为对于巴楚的同胞而言，这不仅是一次展示才艺的机会，也是一次了解外面世界的机会。2015年，我们组织巴楚文工团到静安区曹家渡街道的社区文化中心为居民们会演。当时恰逢上海的梅雨季节，演员们随身携带的民族乐器多为羊皮包覆，因为受潮，在演出现场都无法弹奏出美妙的音乐。遭遇这一状况，演员们急得团团转，一时间不知该如何是好。社区居民们了解这一情况后，纷纷跑回家，拿来了电吹风，现场给乐器吹风烘干。最终，在两地同胞的齐心协力下，一场精彩的视听盛宴得以顺利上演。还有一次，我们组织巴楚民间刀郎艺人和巴楚文工团到临汾路街道演出，恰巧社区里有几位阿姨对刀郎舞特别感兴趣，只是苦于平日里没有机会接触，这次巴楚代表团的来访让她们欣喜不已，整场演出中，演员们在台上载歌载舞，阿姨们就在台下"偷师学艺"。演出结束后，阿姨们围着演员不让他们走，开始了一次现场教学，而演员们也被阿姨们的热情所感染，毫不保留地传授阿姨们"独家秘籍"。通过这样的文艺交流形式，不仅让巴楚的传统文化走出边陲，为更多人所了解、熟知，更重要的是，在文化交流过程中，也让两地人民切实感受到了全国人民一家亲的深情厚谊。

通过文化援疆，我们帮助巴楚当地的传统文化"走出去"。同时，我们借力静安文化的资源优势和机构力量，将上海的海派文化引入到当地。2014年

◀ 2014年巴楚文化代表团在静安社区交流演出

10月，来自静安的文艺节目以清新、现代之风首次亮相巴楚胡杨文化旅游节晚会舞台，为当地群众带去了耳目一新的全新视听盛宴，实现两地文化交流的新突破。在此次成功演出的基础上，我们开始陆续组织静安区文化代表团前往巴楚以及下辖乡镇进行文艺会演。由于巴楚地处偏远，气候环境等各方面和上海有着天壤之别，我们的演员到达当地后或多或少会产生一些身体上的不适症状，但是所有的演员都以最敬业的态度克服着所有的不适，哪怕是十多岁的小演员也从没叫过苦说过累，为巴楚当地群众献上了一场又一场精彩的文艺演出。在此过程中，令我备受感动的是，当地老百姓对我们上海代表团那种发自内心的感谢与欢迎，每次代表团下乡会演，当地群众都会身着节日盛装前来观看演出。有一次，我们演出结束正准备坐大巴离开，远远看到一位维吾尔族的老人家背着一个麻袋朝我们走过来，等到走近后才发现里面装的都是自己种的南瓜。老人家因为不会说汉语，便拜托旁边的翻译向我们转达：这是送给上海代表团演员们的一点心意，尽管微不足道，但他还是想借此表达对我们的感谢。礼轻情意重，这位老人送给上海代表团，送给上海人民的不仅仅是沉甸甸的南瓜，也是沉甸甸的巴楚同胞的情谊，这也正是民族大融合的最好写照。

◀ 2016年静安文化代表团在巴楚乡镇巡演

　　三年的援疆工作转瞬而过，但是我们国家的援疆工作并未止步，我的三年文化援疆之路只是国家援疆工作长河中的一朵小小浪花，但也正是这一朵朵的小小浪花最终汇聚成壮阔的河海，我们的援疆工作也是靠着一代又一代援疆干部的传承与接力，共同谱写出新疆越来越美好的前景与未来！

少辞新疆中年回　支援扶贫万民惠

严布衣，1981年9月生。现任静安区南京西路街道副书记。上海市第八、第九批支援新疆干部。2014年2月至2017年2月，任上海援疆前方指挥部巴楚分指挥部成员、商经局副局长。2017年2月至2020年2月，任上海援疆巴楚分指挥部副指挥长、巴楚县委常委、副县长。

口述：严布衣

采访：郭晓静　化燕楠　祁耘书　黄泽骋

整理：化燕楠　祁耘书　黄泽骋

时间：2020 年 6 月 5 日

　　对我而言，新疆是个特殊的地方。由于父亲曾是新疆上海知青，我出生在上海静安，成长于阿尔泰山南麓的北屯。此后由于父母工作的调动，我又去了乌鲁木齐。可即便是回到上海学习、工作后，我对新疆的思念与感情始终没有变过。

　　其实早在刚参加工作后不久，我就萌生过去新疆履职的念头。连我太太都知道，我时常会迸发出这样的念头。她也总是笑着说，我的"胡思乱想"是出于对童年故乡的眷恋与热爱。2013 年，我得知区里开始了新一批对口支援新疆的报名。但当时太太已经有了身孕，让我对这个千载难逢的机会产生了顾虑和犹豫。11 月 16 日是报名的最后一天，为了不让自己后悔，我还是向组织递交了相关材料。也许是我自幼在新疆长大的经历帮了忙的缘故，最终我如愿成了一名对口支援新疆的干部，圆了为故乡做贡献的梦。

不惧困难　驰援故乡

　　2014 年 2 月 22 日是个让我印象深刻的日子。这天清晨 5 点多，怀孕的太太早早起床给我准备早餐，为了避免她去上海市委党校送行，我不仅做了大量的思想工作，静安区委组织部还专门派了同志来陪护，防止她出现情绪波动。上午，父亲和兄长目送着我坐上大巴后，我再次通过电话与太太道别。由此开始了我的六年援疆之路。

飞机在喀什落地后，塔克拉玛干沙漠的干燥气息扑面而来，目光所及之处，尽显荒凉。虽然在此之前已有同志为我们打过"预防针"，但看到当地的种种景象，心里还是有些"空落落"的，当然，这种情绪并没有持续太久，因为我们来新疆的目的就是支援建设，如果当地不困难、不落后，我们还来干吗呢？调整好心态后，我便立刻以饱满的热情投入到工作中。

巴楚县距离喀什280公里，走314国道需要4小时的车程。在远远望见一座尚未完工的铁塔后，便算进入了巴楚县城的地界。当时，喀什河将县城分为新老两个城区，当地干部向我们介绍说，新城是上海第七批援疆干部和当地各族群众一起建设起来的。之所以要这么久，既有经济落后、产业不发达的缘故，同时也有形势严峻的因素。

抵达巴楚后的第二天，我们就前往县里各自的岗位报道，我在商经局任副局长，负责产业援疆的各项工作。虽然当时的安全形势比较严峻，支援干部不允许随便外出，但我还是向领导请示，要求去各乡镇走访调研。也正是在这样

▲ 全体巴楚分指挥部援疆干部在巴楚认领的一片胡杨林

的背景下，我在抵达巴楚后不久便走遍了当地的 12 个乡镇，了解到当地拥有丰富的农产品资源。由于自幼在新疆长大，我起初以为自己已经足够了解新疆，但在通过下乡走访后，竟也对南北疆的差异感到震惊。

记得在巴楚了解居民蔬菜副食品供应时，我发现当地蔬菜价格很高，黄瓜在冬季的零售价高达每公斤 20 元。究其原因，还是源于维吾尔族农民对种菜技术尚未掌握，导致大量蔬菜只能从阿克苏地区调运。由于这些菜品都由两三个批发商经手，最终形成了菜价居高不下的局面。

在恰尔巴格乡 16 村的路边，我还遇到过一位名叫艾买尔江·阿布拉的放羊人。通过交谈了解到，他家去年有 50 只羊，卖掉 6 只，生下 6 只羊羔，剩下的因为缺乏技术指导，生病死掉了 10 只，现在还剩 40 只羊。如果照这样下去，养殖数只会越来越少。他家另外还有 10 亩红枣地，一年也只有 8000 元的收入。未来的路怎么走，艾买尔江自己也不知道。

而在琼库尔恰克乡与伊合散合作社的理事长卡迪江交流中，我发现农民种植的瓜果滞销，很多都烂在地里。巴楚地处偏远，运输成本高，损耗大，老板来包地时也会把价格压得很低。还有些老百姓把瓜存在瓜窖里，想着等天凉后再拿出来卖个好价钱。可往往由于储藏技术不过关，50% 以上的瓜最终都会烂在窖里。

此外，当地的种植水平、养殖技术不仅都处在初级阶段，同时还存在产销对接不畅等问题。最关键的是由于当地形势的不稳定，一些内地客商根本不愿意来洽谈对接。在看到、听到和感受到种种现实困难后，我也坚定了要将巴楚特色产品推出去，帮助当地百姓脱贫致富的决心。

联动探索　闯出新路

2014 年夏天，我在下乡调研某农村合作社时，恰逢一位农户拎着自己种的瓜来寻找销路。起初这位老乡邀请我一起吃瓜，我还有些不好意思，后来合作社的同志也让我试试看，并称这个瓜是当地特产。我便带着好奇尝了一块，谁知正是这次偶然的经历，让我们找到了将巴楚农产品推向市场的契机。

起初，从小在新疆长大的我自认为吃过许多美味的瓜，谁料老乡的这个瓜不仅口味独特，且清新可口，让我大吃一惊。吃完我立刻厚着脸皮提出，希望能带两个瓜回去给指挥部的同志们品尝一下。当天，这个瓜在得到了大家的一致认可后，我便向领导请示，希望能试着将其推向上海市场。而在此后的调研工作中，我才知道这种瓜在当地被称作"库克拜热"甜瓜，意为"绿色营养瓜"。而在我们的不懈努力下，农村合作社最终也同意与我们联手，将当季的一批"库克拜热"发往上海。

合作意向达成后，摆在我们面前的便是销售问题。由于这款瓜从未被运出新疆售卖过，因而市场上对它的了解几乎为零。面对这样的状况，我们几个对口支援干部便开始在自己的朋友圈内推销，靠着各自的流量为"库克拜热"宣传。只是，零星几箱的销量并不能解燃眉之急，大量出货的渠道还是得依靠超市、卖场的力量。这时，一位高中同学为我引荐了一家水果批发企业的刘老板。而在尝过空运至上海的样品后，他决定进 10 吨的货。虽然比预期估计的要少，但我还是一口承接了下来。

眼看"库克拜热"有了销路，我们便开始与合作社谈收瓜的事。起初，我觉得此事并没有太多的技术含量，完全可以放手让他们去做。后来总有些担心，便决定去现场多看看。谁知这一看，果然发现了问题。原来，合作社为了确保利润最大化，专挑便宜的瓜收。我当场就意识到了问题的严重性，如果这批用于开拓市场的瓜因为质量问题没能打响"头炮"，肯定不利于日后的推广。

在解决完瓜的品质问题后，用于包装的箱子又出现了问题。原来，合作社订购的纸箱因质地问题，无法承受"库克拜热"的重量。无奈，我们只能再从阿克苏订购标准的纸箱，然后再请当地老百姓一起来帮忙装箱。让人好笑的是，不论是帮忙的老爷爷还是小伙子都非常质朴。我们说好一箱装 4 个，他们硬塞也要塞进 4 个，完全不会把小瓜和大瓜放在一起，调剂一下。这也从侧面反映了当地民众品行的质朴与想法的原始，他们完全没有意识到，手中正在装箱的瓜即将改变自己的生活。

当 30 吨"库克拜热"全部打包完成并装车后，我专门委派了合作社的一位维吾尔族小伙跟车。然后向单位领导请了事假，特意飞回上海处理卖瓜的事。9 月 4 日，货车终于驶达上海，那天也恰好是我的生日。我宴请了几位老同学、好兄弟，并请他们与我一起做快递员，把预购的"库克拜热"都送到"客户"手上。我清楚地记得，那天晚上我们送了整整一个通宵，好不容易才把几吨瓜送到位。就在我为剩下的瓜该怎么处理而感到苦恼时，突然接到了刘老板的电话。

在电话那头，他让我把剩下的瓜全都送进他的冷库，有多少要多少。就在我纳闷时，刘老板解释称，当初之所以只要了 10 吨，完全是看在朋友的面子上帮帮忙。因为那时的他并不觉得这个瓜有多好，而背后的原因，可能是因为用于样品试吃的瓜在运输过程中被撞坏了，口感发生了变化。可在收到车运至上海的"库克拜热"后，他立刻被它的品质所征服，立刻嗅出了其中的商机。就这样，他将我们剩余的十几吨瓜都收购了，并将他们分别发往家乐福、城市超市、高岛屋等大型卖场销售。

在听闻"库克拜热"全部卖完的消息后，跟车来上海的维吾尔族小伙喜笑颜开，立刻开始算钱。而此时的我却马上想到了即将到来的中秋节商机，立刻让他打电话回去，务必要想尽一切办法再收一批瓜，赶紧运来上海。谁知，巴楚当地的瓜农在得知"库克拜热"在上海畅销后，立刻将原本五毛钱一斤的瓜涨价至 2 元一斤。陡增的成本，不仅让合作社没了继续收购的动力，也令这次的卖瓜行动失去了乘胜追击的良机。

首次试水传统线下销售渠道从结果来看称不上完美，但"库克拜热"在上海的热销也让巴楚当地百姓看到了把产品卖出去的希望，更让每位参与此事的巴楚人有了干劲与动力。我们援疆干部也开始思考并探索，是否还有更好的商业模式，能助力更多的"库克拜热"走出去？

次年，眼看"库克拜热"又将迎来丰收季，巴楚分指挥部便联合巴楚县政府、农村淘宝和当地龙头电商企业，大家发挥各自的资源、技术优势，通过政府支持、平台引导、精准定位、市场运作的方式，用现代供应链方法推广当地产业。其间，我们利用先进的订单农业模式，通过"互联网＋扶贫"的方式提升产品种植标准和产品品质，实现贫困县农业规模化、标准化、产品化、品质化，促进其互联网销售。

同时，为了让"库克拜热"的知名度更高，我们将巴楚地名与"库克拜

▶ 巴楚留香瓜专场推
荐会

热"唇齿留香的特性相结合，打造出了名为"巴楚留香瓜"的全新品牌。随着
宣传力度的扩大，全国各地的网民都开始知道"巴楚留香瓜"。

　　与企业的合作不仅让我们收获了可复制的商业模式，也让"巴楚留香瓜"
正式开启了产品化的道路。此前，当地农户虽然不使用化肥农药，但因为缺
乏专业的农业技术指导，一根藤上就结了6、7个甜瓜。为此，合作社特意请
来专家指导当地农户，为他们提供农业技术支持。在早期销售时，一亩地没
有多少商品瓜。因为农民觉得地里的瓜都一样，没有商品和卖相的概念。为
此，我们对口支援干部、县农业部门一起指导村民按照商品瓜标准要求改变
种植方式，实施品控管理。农业技术专家在田间为农民授课，手把手、全流
程指导种植、田间管理和采摘。随着农户种植技能的提升和农产品品质的提
高，"巴楚留香瓜"的市场价又迎来了新一轮的增长。随着老百姓切切实实地
得到了实惠，他们在实现脱贫目标的同时，也对自己的能力与价值有了别样的
认识。

　　而随着"巴楚留香瓜"项目的成熟，如今巴楚分指挥部已经不需要再过多
参与和介入，完全放手让农户们自己去运作。有趣的是，就在我返沪前不久，
还有领导用玩笑的口气向我抱怨说："你把'巴楚留香瓜'做活了，如今我们

想吃都吃不到了。"这也从侧面证明，"巴楚留香瓜"目前已是供不应求的热门商品了。

取道电商　脱贫致富

经历了"巴楚留香瓜"从滞销到畅销的过程，我也开始思考，新疆之所以有这么多好东西卖不出去，大多和电子商务的落后有关。于是，我们便开始在当地打造电子商务服务中心。刚开始，电商培训可以用火爆来形容，不论是二十几岁的小伙子还是五十几岁的大妈，都来报名学习，大家不仅对电商感到好奇，也充满了渴望。

可是经过一段时间的培训，我们发现效果不如预期。归根结底，还是老百姓不知道自己要卖什么，也不知道可以卖给谁。因为他们的朋友圈、人际关系都在当地，找不到有需求的客户。于是，我们便鼓励他们从外地进货再在当地销售。渐渐地，巴楚县的电商产业开始有了苗头，而我们也在这个过程中发现了物流短板造成的影响。为此，我们还专门在打通物流网络上花了大量的精力。如今，巴楚地区县、乡、村的三级物流网络不仅搭建完毕，还为百姓创造了不少就业机会，让当地百姓感受到了真真切切的实惠与变化。

在参与组织电商工作期间，一个名叫斯坎达尔的 90 后小伙给我留下了深刻的印象。在巴楚，斯坎达尔算得上是个不折不扣的"富二代"，高中毕业后他曾出国留学，专门攻读国际贸易专业。学成归来后，他便帮着父亲经营甘草生意。在交流过程中我发现，斯坎达尔不仅有丰富的学识，做事也非常认真、踏实，加上双语能力较强，我便萌生了邀请他"入伙"的念头。

其实，当时的电商中心亟须斯坎达尔这样的人才。他加入团队后不久，我便委以重任，让他负责培训课程。在电商中心的 3 年多时间里，斯坎达尔有了各方面的成长，虽然他后来离职并接管了家族生意，但据我所知，他至今依然在参与为当地百姓开设的电商培训工作。同样让我印象不错的还有个名叫艾孜买提的小伙子，是斯坎达尔介绍来的。他刚来电商中心时，我的对口支援工作年限即将到期，为了确保这项事业得以延续下去，我们专门从乌鲁木齐找了位在电商领域经验丰富的黄老师来分管工作。黄老师与艾孜买提不仅在工作上配合得很好，在生活上也是一对形影不离且可以互相照顾的好兄弟。他俩的亲密无间也是民族团结一家亲的典范，让我也看到了电商中心能愈发壮大的前景。

近年来，巴楚农经部门对外推广"消费就是扶贫"的理念，把消费扶贫作为推动脱贫攻坚、促农业稳定增收的有力举措。依托电商中心这个平台，借助上海援疆的优势，当地贫困群众农产品销售难的问题得到了很好的解决，也逐渐实现了由"输血"扶贫到"造血"扶贫的转变。

产业布局　造福新疆

在完成了农产品外销和搭建电商平台的工作后，我的援疆工作也告一段落。然而在得知还能继续为新疆做一份贡献时，我义无反顾地再次回到巴楚，回到了这片我热爱的土地。在二次援疆的同时，我的身份也从商经局副局长变为协管经济工作的副县长，同时还兼任工业园区的主任。面对全新的工作领域，我首先想到的是如何围绕棉花健全产业链提高产业吸附力，创造更多的就业岗位来助力脱贫攻坚。我们结合了国内外各劳动密集型产业发展的过程、现状，结合巴楚自身优势和特点，我们把目光放在了纺织服装加工产业上，通过筑巢引凤，招商引资，鼓励老百姓进行土地流转，释放出劳动力，通过进厂就

◀ 与增城市牛仔服装协会负责同志座谈交流

业促进增收。

为了解决这些现实难题，我们便以发展乡镇卫星工厂为抓手，以巴楚县工业园区为依托，以纺织、服装、织袜、电子产品加工等劳动密集型产业为重点，充分发挥政策优势，鼓励企业按"总部＋卫星工厂＋农户"的模式逐步向各乡镇小微产业园和深度贫困村辐射。在对产业进行布局的同时，我们也有意让当地的工厂之间形成产业链，比如新设一些生产拉链、纽扣和饰品的工厂，让它们与纺织企业产生合作关系，从而帮助他们取得共赢。唯一美中不足的就是受限于环境保护的规划，印染产业在阿克苏纺织城，否则巴楚县的服装产业势必能成为喀什乃至新疆地区的一张名片。

目前，巴楚县已形成了上万人就业的巴楚纺织城，扶贫产业园及 28 个卫星工厂的轻工业产业格局，为群众创造出了大量的就业岗位。

两次对口支援新疆的 6 年时间犹如白驹过隙，当我在返沪前回望巴楚，已和当年的模样有了翻天覆地的变化。初来时远远能望见的那座铁塔已投入使用，它与喀什河景观带相映生辉，是巴楚县的一道亮丽风景。工业园区则向北继续延伸，各类配套设施也更加完善。农村面貌一新，"两不愁三保障"逐户落实，这些变化不仅从侧面反映了当地居民生活水平的提高，更是我们对口支援干部在巴楚的成绩单。援疆之行不仅圆了为故乡做贡献的梦，更让我有幸亲历了祖国西部的发展与变迁。如果将来还有机会，我依然愿意为巴楚，为新疆贡献自己的绵薄之力。

三年大漠援疆行　一世巴楚同胞情

　　李永波，1974年6月生。现任静安区共和新路街道党工委书记。2012年至2013年，对口支援湖北省宜昌市，任宜昌市夷陵区委副书记。2016年12月至2020年1月，对口支援新疆，任上海援疆前方指挥部巴楚分指挥部指挥长、中共新疆维吾尔自治区喀什地区巴楚县委副书记。其间，带领巴楚分指连续两年获得自治区民族一家亲和民族团结联谊活动先进集体称号。

口述：李永波
采访：林　捷　范建英　黄骋泽
整理：范建英　黄骋泽
时间：2020 年 6 月 10 日

回想当初接到援疆报名通知的情形，其实有些突然。通知送达那天，我刚好在开行政办公会，当时我的第一反应就是既然组织号召，那么符合条件的同志都应该踊跃响应，我就在会上表态：我符合条件，我来带个头，第一个报名。

其实在这次援疆之前，我在 2012 年到 2013 年的时候，有过两年对口支援湖北的工作经验，这两年的经历让我深有感触：脚上沾有多少泥土，对农民就有多深的感情。对我而言，对口支援工作是人生最宝贵的一段经历，而新疆又是一个那么遥远而神秘的地方，怀揣着卫国戍边的情怀，我也愿意分享自己的三年时光，参与到国家的脱贫攻坚战中，贡献自己的绵薄之力，为当地做一些力所能及之事。

"白＋黑""5+2"　撸起袖子加油干

因为有过一次援建的经验，而且这也并非我第一次去新疆，所以临行前，我的内心平静而笃定，拎起行李拿起背包就出发了。

我还清楚记得，出发那天正值 2016 年圣诞节。经过几天在乌鲁木齐的培训，新年前我们乘坐飞机到达喀什机场的时候，天色渐暗，外面到处都是灰蒙蒙一片，没有绿色，尤其天气寒冷，机场大道上也没有人，空旷孤寂。这时候，不知道从什么地方飘来一片落叶，在路边转了几圈后停了下来，这片落叶像极了我当时的心情。直到那一瞬间，我才突然觉得有些莫名惆怅，但是转念一想，既来之则安之，为国戍边，需要这种苍茫寂寥，我辈岂是蓬蒿人。

喀什并不是此行的终点，我们还要驱车三个多小时，去到最靠近塔克拉玛干沙漠的巴楚县。随着车辆不断往沙漠边缘开，沿路的风景也让我的心像沙漠一般愈发荒凉。从喀什出发时，满眼望去，都是高高低低的树木；慢慢地，这些树木被低矮的灌木、枯枝所代替；再往前，连枯枝都没了踪影，只有无穷的戈壁和苍茫的天山；继续前行，戈壁也消失了，展现在眼前的只有一片白如雪的盐碱滩，不远处，便是沙漠，便是巴楚县了。但是和荒凉的沙漠形成鲜明对比的，是当地各族人民的热情，如火的热情让我们激动万分，也更加坚定了我们要为当地做实事的决心和信心。

我当时是担任巴楚县分指挥部指挥长、巴楚县委副书记。既然做了指挥长，就要负起带队伍的责任，这三年，我就是援建干部们的大家长，吃喝拉撒睡，我都要一手抓。为了更好地开展工作，我们一到巴楚县，第一件事就是要抓队伍建设。刚到的那段时间，我经常和大家进行思想沟通，开展一些活动、谈话，建立起大家对指挥部的归属感，同时带着大家参观县里各方面的工作，让大家对县里也有了归属感，可以为之后的工作开展奠定基础。让我备感欣慰的是，我们整个队伍的干部素质都很高，能力也很强，大家心往一处想，劲往一处使，团结奋进，很快就适应了当地的工作。

当时无论是中央、还是新疆当地，对于援疆干部的要求都比较严，和当地干部一视同仁，当地干部怎样援疆干部就要怎样。所以这三年，我是采取"严、松、严"的管理方针。

第一年管理特别严格，到了陌生的环境、开展陌生的工作，对我们的团队要求特别高，我认为"严管就是厚爱"。我们都说上海的工作节奏快，但毕竟还有节假日，我们在援疆期间，基本天天都要上班，而且经常都是加班到凌晨。毫不夸张地说，我们那时候的工作节奏就是"5+2""白＋黑"，经常周六、周日凌晨一两点还要去开会。这种工作状态，让你感受到在上海永远感受不到的工作氛围，永远感受不到的工作压力和永远看不到的工作场景。即便我现在回到上海了，还落下了一个毛病，每天不到凌晨两三点就睡不着觉。

援疆工作的第二年，我做了适当调整，多组织一些集体活动，丰富活动内容，让大家在紧张的工作之余身心得到放松，紧张情绪得到缓解。到了最后一年的收官阶段，又要进一步严格，做好最后半年的总结工作，为我们的三年援疆工作收好尾。同时进一步加强干部队伍的思想建设，为马上能够投入静安和上海经济社会发展贡献力量做充分的保障。可以说，这三年我们的援疆干部们确实为当地做了不少工作。

瓜香也怕巷子深 走出"深闺"成网红

如今说到巴楚，就不得不提"巴楚留香瓜"，这是第八批援疆干部们发掘出来的宝贝，我们在他们的基础上又做了进一步的推广。这种瓜原先在当地叫"库克拜热"瓜，是巴楚当地的一种甜瓜，特点是皮是绿的，囊也是绿的，含糖度很高，口感香脆，有天然的香草味，冷藏后食用就好像香草冰淇淋。但是因为种植技术落后、标准化程度低等原因，一直没能打开市场，我们第八批的同志们就开始想办法大力推广。首先要有一个叫得响的名字，基于此，"巴楚留香瓜"诞生了。我经常开玩笑说：这个瓜原名叫"库克拜热瓜"，大名叫"巴楚留香瓜"，诨名叫"楚留香瓜"，网红名叫"留香瓜"。

在推广巴楚留香瓜期间，我们第九批的援疆干部到达了巴楚，我们接过了第八批同志们的接力棒，从销售和种植两个角度继续深化和拓展巴楚留香瓜的推广工作。

"酒香也怕巷子深"，好的产品必须要想方设法向外推广。当时留香瓜已经小有名气，但还没达到让老百姓通过种瓜、卖瓜致富的程度，所以我当时就借鉴了现在的"直播经济"，当时还没有这个说法，我们就叫"线上销售"。因为巴楚地处偏僻，线下销售只能局限在当地，而线上销售就可以通过电商输送到全国各地的顾客身边，大大带动留香瓜的销量。

想要通过电商渠道进行销售，前提是要做好线上线下的宣传。我还记得，

◀ 巴楚留香瓜瓜农丰
收后的喜悦

2017 年第一季的瓜要上市的时候，我就带着团队一起到了上海，进社区、进园区宣传我们的留香瓜。当时，我们找到了普陀区的一家创业产业园，因为年轻人是网络购物的主流群体，而且他们对于新鲜事物的接受度也更高，这是留香瓜走出巴楚、走向全国的关键一步。在常规介绍结束后，我给台下的听众讲了一个生动的小故事，告诉他们在买了瓜之后，如何做一个优雅的"吃瓜群众"：上班之前，先把留香瓜放到冰箱的冷藏室，经过一天的辛勤工作，终于到了下班的时间，记住，下班路上千万不要买哈根达斯。到了家，掏出钥匙打开房门，换好拖鞋，这时候就可以拉开冰箱，取出心爱的留香瓜，用刀切成小片，用心品尝，你会发现，每一口都是哈根达斯！通过这种非常诙谐但又具有感染力的介绍，这些年轻人立马就对我们的留香瓜产生了浓厚的兴趣。

光是吸引年轻人还不行，我们还要和社区、菜市场联动，让留香瓜更加出名。通常来说家里边掌管买菜大权的，都是阿姨妈妈们，所以我们就进社区搭好了台，推广新疆农产品。针对阿姨妈妈们，我又讲了另一个真实的故事：有一天，我到巴楚县阿瓦提镇瓜田里去看瓜，我就很生气。为什么？我看到好多马上要成熟的瓜都烂了，上面都是大大小小的黑洞，我当时就责怪身边的瓜农，我说你们种瓜的水平不行啊！他当时一听就特别委屈，他说不好意思，我们这边自然环境特别好，基本上不打农药，一到留香瓜成熟的季节，旁边的野鸡野鸟就闻香而来，把瓜啄开一个个小口子吃，第二天瓜就变黑了。通过这个小故事，我就把我们留香瓜纯天然无污染的优势介绍给了阿姨妈妈们。

　　而在种植方面，我们提出一个概念——要标准化种植。我们在当地用援建资金搭建好大棚，邀请农业专家指导，推广"一蔓一瓜"——一根藤蔓上就长一只瓜；不要长十只五只，结果只有一只大的，其他都是小的，你看着瓜很多，其实没有一只瓜是符合商品瓜的标准。一开始，农民们不理解，他们觉得瓜长得越多越好，那就需要让农业专家给他们具体指导。经过实践后，农民们也发现，一条蔓上留一只瓜，它的市场价值比十只瓜要高出好几倍，慢慢地，当地的农民朋友们也都接受了我们这种标准化的种植方式，这其实也是瓜农种植方式、理念的转变过程。第二，我们做了一个产品的溯源，就是给每一只瓜一个标签，通过一个小条形码做一只有标签的瓜，可以清楚知道这只瓜是哪块田地种的。这对消费安全是一种保障，同时对消费者也是一种信心：新疆这么偏远的地方，都能做得这么规范、这么好！

　　经过这三年的线上线下宣传，现在留香瓜在上海已经颇有名气，一到要上市的时候，不少市民都会问水果店，时间到了，留香瓜有没有啊。同时，通过

▲ 新疆维吾尔自治区喀什地区巴楚县巴楚留香瓜直供直销基地

和淘宝等电商的合作，我们也做了一些网红爆品的宣传，效果也非常好，现在各大电商平台都会到巴楚当地去拿货，真正让巴楚留香瓜走向了全国。

"双线九进" 树典型　直播带货销售俏

其实留香瓜只是我们帮助当地推荐巴楚农产品一个缩影，为了脱贫工作需要，我们还需要帮助贫困户销售其他农产品。为此，我们陆续开展了很多工作，通过线上各个平台来推广当地农产品，也会带领团队到各个城市去搭台会演做线下推广。在这其中，我就发现了一个问题：我们推广民营产品的工作很分散，始终没有一个引领性的框架，那如果有了这样一个框架，我们好多工作都可以纳入这个框架里，由此形成合力，那么这种合力应该怎么体现？我们的框架又该如何建立呢？为此我苦思冥想了好几天，但始终没有想到一个好点子。有一天凌晨 2 点多开完会，我躺在床上睡不着，突然之间就灵感迸发。我们线上线下可不可以合在一起？我们到各种场合进行宣传销售是不是也可以合在一起呢？一有想法，我就赶紧连夜写了一个报告，由此，就诞生了"双线九进"这样一个消费扶贫品牌活动。

"双线九进"的"双线"指的是线上线下联动，"九进"则是指"进商圈、进社区、进菜场、进机关、进学校、进企业、进地铁、进宾馆、进银行"，到各种场合进行农产品的推广宣传。当然，"九"是一个多种场合概念，不仅仅就是上面提到的九个场地。有了这样一种思路和框架之后，我把自己的想法向前方指挥部做了汇报，同时开始马不停蹄地和巴楚分指挥部的同志们一起落实这个活动。我们当时分成了好几支队伍，分头行动，进街道的进街道、进学校的进学校，干得如火如荼，声势非常浩大，当时各大媒体也争相报道。这个活动逐渐形成了我们帮扶工作的一个品牌，也得到了前方指挥部的肯定，上海市领导的肯定，如今"双线九进"也已经成为上海援疆的一个品牌。2019 年，在第七次全国对口支援会上，汪洋同志在提到上海援建工作的时候，就提到了"双线九进"。

除了通过"双线九进"帮助当地农产品在上海全面出击之外，我们当时还提出了一个概念，叫"网络带货"，就是现在非常火的"直播带货"。在 2018

年的时候，直播还都停留在唱歌跳舞，我们就想能不能通过直播来带动当地农产品的销售呢？有了这个想法，我们一名援疆干部程畅就找到了当地一个切糕厂的老板，提议他可以试试看在手机上直播卖货。他一听，这个想法不错，就找了几个女员工，在手机上直播卖切糕。卖了一段时间，发现销量并不是特别好，这时候，我们又建议他，不如直播卖切糕的原材料——红枣、核桃，结果一下子就爆火。我记得当时创下了一个记录，几分钟之内就销售了十几万元。有了这个成功的先例，我们觉得线上销售这种做法大有可为，就开始号召当地其他的农产品商家也加入到"直播卖货"队伍中去。比如说，有一个卖罗布麻茶的钟先生，我们就推荐他也去做直播，他一听热情也很高，马上采购了几十万的设备，请了几个员工，开始在手机上直播卖黑布麻茶，结果卖了一段时间，他来找我诉苦："怎么感觉直播带货没什么效果？"我们给他一分析，问题出在产品上，我就跟他说，"你这个罗布麻茶毕竟是小众产品，消费者知晓度低，所以见效慢，你要不要试试换成大众熟知的特色农产品，消费者可以在手机上一目了然"，结果效果非常好。可以说，"直播带货"这个概念当时在新疆乃至全国都是开了先河的。

其实不论是"双线九进"也好，"直播带货"也好，要带动当地经济发展，关键一点还是要转变农民的思想理念。前面我提到的切糕厂的老板，做直播带货很成功，但是我们也发现了一个问题，他经营的这个传统切糕都是很大一块，消费者购买之后一般一顿吃不完，往往都是吃一半丢一半，造成了很大的浪费，这在某种程度上也影响了切糕的销量。所以我们就跟这个老板建议，能不能把切糕做得小一些，做成能够一次吃掉的大小，老板一听觉得可以，就改良了一下这个切糕的大小，做成了长条的形状，但我们觉得这还不够，就拿着几颗大白兔奶糖给他看，问他能不能做成这样？老板一看，这不是切糕，这变成切糖啦！看到老板有些顾虑，我们的援疆干部一起给他做工作，让他试一试。结果一试，销量特别好。对于我们而言，这次的经历其实也是博弈的过程，是一个理念转变的过程，是一种农民的城市化过程，同时也是人的现代化过程，这是意义深远的一件事情。

不屈不挠小胡杨　扶贫扶智亦扶志

正如我前面说的，要实现人的城市化、现代化的理念转变很重要，也很关键，那么如何做到这一点呢？我们当时就提出在扶贫的同时，要扶智扶志，要让当地老百姓自己形成脱贫的愿望。针对这方面的工作，我们其实是传承和发扬了第八批援疆同志们的智慧，沿着他们的脚步继续探索，我们当时就提出了"小胡杨"扶贫扶志扶智行动。

当时第八批的同志们可以说是开创了一个先河——在当地创办社区学校。通过在社区创办学校、开设微笑图书馆这一系列的举措，给当地小朋友们提供了一个学校之外的学习、活动场所，小朋友们可以和家长们小手牵大手，在放学后、周末时一起到微笑图书馆看书、看绘本，同时社区学校还引进了青少年活动中心的一些老师，带动孩子们一起开展丰富多彩的活动，某种程度上弥补了当地家庭教育相对匮乏的现状，也取得了很好的效果。

在此基础上，我们觉得，仅仅做青少年的社区教育还不够，应该要做到全覆盖。尤其是在乡村的农民兄弟们，还有根深蒂固的农耕思想，需要把现代化生活方式和理念带给他们。举个简单的例子，有些农村同志到工厂上班，干完一天活之后，他不走，我就觉得奇怪，为什么下班了他们还不走呢？后来才知道，他们还以为工厂是按天发工资，每天要给他们结算工钱。这其实就需要我们通过相应的社区教育来帮助他们转变观念，实现现代化、社会化的蜕变。

正是在这样的考量下，"小胡杨"扶贫扶志扶智行动应运而生。为什么要叫"小胡杨"呢？首先，胡杨精神代表着蓬勃的生命力，我们都说胡杨千年不死，死而不倒，倒而不朽，这是一种不屈不挠、越艰难越坚强的精神，而我们就要做一棵棵的"小胡杨"，从小到大，茁壮生长，代代相传。"小胡杨"行动的本质内核其实就是"三扶五美好"，所谓"三扶"就是把扶志扶智和我们的扶贫工作结合在一起，"五美好"则是美好童年、美好少年、美好就业、美好心灵，最后实现美好生活。

比如说美好童年，我们当时有一家社会机构捐建的乐高工作室，里面有许多乐高玩具，平时小朋友们都可以去玩。有一天我去教室看，突然发现里面有个金发碧眼的妈妈带着孩子在里面搭积木，我当时还很纳闷，怎么会有外国人跑到我们的乐高教室，后来一打听才知道，那个妈妈是乌克兰媳妇，自己家里没这些玩具，就天天带着孩子到我们的乐高教室玩。不仅如此，我们县城里的很多学校，也都会跟我们预约，分期分批带小学生到我们的社区学校来，看书、玩机器人、搭积木，活动开展得非常红火。那除此之外，我们也组织大篷车下乡活动，到周末的时候，把我们微笑图书馆、社区学校里的绘本、玩具装在大篷车里，运到比较偏远的乡镇，让那些地方的孩子们也能够参与进来，享受快乐的童年。

针对成年人，我们也推出了一系列就业技能培训、心理咨询等活动。2017年春节的时候，我们联系了上海一家叫"洋铭数码"的科技公司，他们给我们当地捐献了三十多万的影视教育设备。我们就利用这些设备，专门教当地的百姓们学习制作短视频，教他们怎么做直播等。之后，我们还把上海的很多团队也请到了巴楚设立工作室，比如说"白领驿家"就在我们那边有一个专门的工作室，每年都会带着团队到我们当地搞活动，和我们当地的同胞们开展互动交流活动，我开玩笑和活动负责人说，我们巴楚就是"白领驿家"的一块飞地！同时，我们还邀请上海、新疆的专业心理咨询团队到当地开展心理咨询活动，

◀ 快乐"小胡杨"

打造"美好心灵"!

巴楚县城的"小胡杨"行动开展得如火如荼的同时，我们也开始积极向乡镇发展。我们依托村里面的小学、村委会这些组织把一棵棵"小胡杨"栽在了沙漠边，正所谓"星星之火，可以燎原"，"小胡杨"们长大了，就变成了胡杨林，成了绿洲！

三年时间转瞬即逝，如今再回望，那三年真是翻天覆地的三年，是热火朝天的三年。可以说，巴楚县真的是一个月一个样，三个月大变样。而对我而言，这些变化让我欣喜、感动、自豪，让我坚信，这片土地值得我去守护、去热爱！

宜昌静安心连心　对口支援惠万民

　　桂绍强，1953 年 3 月生。上海市第三批对口支援三峡干部。1996 年 9 月至 1997 年 9 月任湖北省宜昌市宜昌县县长助理。1997 年 9 月至 2001 年 5 月，任静安区政府协作办公室副主任。2002 年 5 月至 2012 年 1 月，任静安区政府合作交流办公室主任、党组书记，长期从事合作交流与对口支援工作，两次被评为全国对口支援先进个人。

口述：桂绍强
采访：郭晓静　化燕楠　祁耘书　黄泽骋
整理：化燕楠　祁耘书　黄泽骋
时间：2020 年 6 月 3 日

　　1992 年，党中央、国务院号召全国对口支援三峡库区。上海市也于 1993 年发出了关于做好对口支援三峡工作的通知，明确上海的宝山区和嘉定区负责对口支援重庆市万州区（原万县五桥区）。静安区和闵行区则负责对口支援湖北省宜昌市夷陵区（原宜昌市宜昌县）。

　　1993 年，我有幸随时任上海市领导及几位区领导一同前往当地考察。长江三峡工程宏伟浩大、举世瞩目，它不仅牵动着全国人民的心，也改变了当地群众的生活。在看到百姓们为了三峡工程能早日蓄水、发电和通航而做出的牺牲后，我被深深地触动了。

　　当时，在静安区协作办（现合作交流办）工作的我便决定积极响应国家发出的号召，主动报名参加了对口支援工作。经组织审查、批准后，我于 1996 年 9 月正式来到湖北宜昌，任宜昌县县长助理一职。虽然我的工作任务是帮助当地的经济建设和社会管理，但我同时也为自己设立了更高的要求，一定要为对口支援贡献自己的力量。

援建希望小学　培育脱贫希望

热情满满地来到宜昌县，我很快便被当地的困局难住了。因为建造大坝工程的需要，大量失地农民生活发生了困难。虽然国家给予了一定的补贴和安置，但由于当地企业的技术短板和产业落后等缘故，企业经营举步维艰，职工大量下岗，移民生活无着。我能为他们做点什么？又该怎么做？带着这两个问题，我决定花时间看看当地群众的日常生活到底是怎样的？于是，我在县三峡办同志的陪同下开始下乡调研，了解情况。

宜昌地区崇山遍布，道路状况很差。有次过窄桥时，我们的车还差点儿被一辆运矿石的卡车撞下深渊。历经这次险情，确实也曾有过退却的念头，但想到我到宜昌是来对口支援的，只有深入乡村基层走访，才能了解真实的情况，为精准支援帮扶提供依据。

在走访下堡坪乡期间，蛟龙寺小学的状况让我心情沉重。只见一座土坯房因年久失修已成危房，很难将其与校舍联想到一起。走进其中，就着从一扇小窗外射入的微弱阳光，透风漏水的屋顶映入眼帘。望着围坐在破旧的课桌椅边上课的孩子们，我不由地想到了远在上海、同样在读小学的女儿。都说孩子是祖国的花朵，可两地学生天差地别的学习环境让人看了着实心痛。

当时，我就暗暗下决心，一定要让这里的孩子像上海的学生一样，坐在明亮的教室里听课，在平整的操场上锻炼！带着这样的想法，我向时任静安区协作办主任谢鸿桥做了汇报，并表达了集资 20 万元援建希望小学的意愿。谢主任听完我的讲述，当即表态支持，并立刻向分管副区长做了汇报。分管副区长对我们的集资计划也非常支持，很快就召开了各街道和辖区内企业集团参加的动员会。然而在落实援助款项的过程中，我才首次体会到，原来上海的企业和街道也存在各自的实际困难。筹钱做好事，并没有想象中那么容易。

1997 年夏天，谢主任带着我一起去南京西路街道"化缘"，希望对方能在援建资金上给予一定的帮助。途中恰逢大暴雨来袭，把骑着自行车的我俩淋成了"落汤鸡"。当街道的葛主任看到我俩不惧风雨，依然上门，也被我们筹建希望小学的决心所打动，尽管当时街道也在筹集建造办公用房的资金，但他还是从对口支援的大局出发，捐助了我们2万元。

就这样，在谢主任和我的不懈努力下，我们最终从静安区各街道和企业集团那里东拼西凑地募集到了20万元的善款，也算为对口支援地区百姓的实事迈出了成功的第一步。当我把这笔援建款带回宜昌县后，当地干部立刻陪同着一起落实、推进希望小学的设计、规划和施工方案。很快，下堡坪乡蛟龙寺静安希望小学便正式破土动工了。资金到位了，但我不可能经常去远在乡村的学校工地，所以每隔一段时间，我都会通过电话向当地负责工程的同志了解学校的施工进度。有一次在下乡走访途中路过下堡坪乡，我专门到蛟龙寺学校工地，查访施工进度，并叮嘱施工单位，一定要确保工程质量，杜绝安全隐患，这是孩子们的家园，容不得半点马虎。

与此同时，我也没有停止继续"化缘"的步伐。在有了先前成功的经验后，我想着找一些效益稍好一点的企业试试，便前往静安区各街道的城市信用社（现上海银行的前身）筹集资金。果然，听说是对口支援三峡移民工程的，金融系统都慷慨解囊，我很快便带着第二笔20万善款回到宜昌，并根据信用社的意愿，决定在鸦鹊岭镇援建一所希望小学。

近一年后，蛟龙寺静安希望小学如期竣工，焕然一新的教学楼宛如乡里的靓丽风景线，校园里的配套设施也焕然一新。在去学校参加落成典礼时，我看到老师和学生们载歌载舞，脸上都挂着发自内心的微笑。不少乡民也表示，新学校的建成让他们更愿意送孩子去读书了，希望他们能通过学习走出大山，为家乡发展，为建设国家做贡献。又过了半年，鸦鹊岭的希望小学也竣工了，当地百姓为了感谢静安区金融系统的无私奉献，将学校改名为鸦鹊岭静安合银希望小学。看着大家欢天喜地的样子，我真正体会到，援建希望小学不仅是为当地人造起一栋教学楼，更是让孩子们有了拥抱知识的机会和条件，让宜昌县的下一代有了改变命运的希望。

在忙碌而又充实的对口支援工作中，一年的时间如白驹过隙。虽然我还想为夷陵人民多做些实事，但分别的时刻还是悄然而至，临别前，虽有依恋，有不舍，但一想到我是回协作办工作，仍旧从事对口支援工作，心里就踏实了下来，离任不离心，我熟悉夷陵的发展和建设情况，这就可以保证对口支援工作的连续性和可持续性。

大爱无疆春风暖　雪中送炭情谊深

2006 年的一天，一封来自湖北的特殊求助信将我的思绪拉回了昔日挂职工作过的宜昌县。原来，写信人是下堡坪乡蛟龙寺静安希望小学的一位名叫何君玲的老师。她介绍，自己的爱人李高峰是同校的老师，最近被确诊患了急性淋巴细胞性白血病，急需接受骨髓移植治疗。然而，高达 30 多万元的手术费让这个教师家庭不堪重负。何君玲虽然节衣缩食并四处借钱，可依然有很大的资金缺口。何君玲快要崩溃了，走投无路的她只能抱着试试看的心情，向援建希望小学的上海市静安区领导写了这封求助信。

据了解，李高峰曾荣获"夷陵区人民最满意教师"殊荣，夫妇俩也在希望小学扎根任教 5 年了。想到自己当初奔波建校的初衷是为了让孩子们获得更好的教育，而静安人民的爱正是由他们这些老师化作涓涓细流，浇灌在一个又一个孩子的心里。如今老师有难了，我们怎能无动于衷？于是，合作交流办立刻进行了紧急动员，发起了为李高峰老师捐款的活动。同时，我们还编发了《静

◀ 鸦鹊岭静安合银希望小学落成典礼

安合作交流》简报，号召区里的企业奉献爱心，将静安人民对夷陵人民的爱和支援落实到当地群众的心里。

倡议发出后，不到两周的时间，合作交流办共筹集到捐款 24300 元。此时恰逢时任静安区委副书记、区纪委书记赵元清要带队去夷陵区考察对口支援工作，我们便立刻委托赵书记将这笔救命钱带去夷陵，转交给何君玲老师。

我在事后得知，当赵书记将善款交到下堡坪乡党委书记的手中时，对方既意外又感动。很快，此事便在当地引发了轰动。

几天后，我接到了何君玲老师打来的电话，她激动地说："我们原以为上海的领导未必收得到这封信，收到了也不一定有空看。万万没想到上海的亲人真的送来了救命钱，实在太感谢了。"何老师告诉我，上海的善款抵鄂后引发了强烈关注。在众多好心人的帮助下，李高峰顺利地接受了骨髓移植手术，病情也趋于稳定。她说，正是静安区伸出的宝贵援手，给了全家人坚持下去的勇气，也给了丈夫活下去的希望。

送人玫瑰，手有余香。如果有谁说上海静安与湖北夷陵之间的对口支援仅仅是单方面的帮扶，那就是以偏概全。2010 年 11 月，静安区一幢大楼发生特大火灾，损失惨重。夷陵人民得知消息后，纷纷慷慨解囊，不到一周时间，当地政府就收到捐款 65 万余元，并由时任宜昌市夷陵区区长的刘洪福专程送到上海静安。滚滚长江见证了两地人民的血脉相连、心灵相通和情感相融，这份沉甸甸的情意终将如百年陈酿般日久弥香，恒久绵长。

援助项目重民生　危难时刻显担当

随着对口支援工作的逐步推进，工作也更加规范有序，每年上海市合作交流办自下而上编制对口支援项目计划，并由市、区二级财政安排资金，有力地推动了对口支援工作的开展。有一次我们在安排年度对口支援计划的时候，了解到夷陵区妇幼保健院的条件比较差，严重影响了全区妇女儿童的医疗和健康，群众反映也比较强烈。为此我们到实地进行了考察，该医院看起来年久失修、破旧不堪：霉烂脱落的墙土，阴暗潮湿的环境，简陋斑驳的病房和陈旧落后的仪器设备。因条件限制，医院还有近 10 个必设科室无法开设，正常医疗保健业务无法开展，医护人员情绪低落，病人和家属多有怨言。根据这个情况，我们认为：改变目前的困状，让夷陵区 30 多万妇女儿童的医疗条件能得到较好的改善，是我们的职责。为此，2006 年我们将夷陵区妇幼保健院列入了对口支援计划，当年安排援助资金 50 万元，对医院进行改造。夷陵区领导也很重视这个改造项目，选调了一位年富力强又有思路的人来担任院长，新院长果然不负众望，以上海的支援为契机，主动到湖北省、宜昌市有关部门争取支持，并收到了一些效果，使妇幼保健院的改造工作有了一个良好的开局。当年底我们前去检查项目改造情况，看到医院的面貌有了改变，病房明亮了，基本的配套设施也有了，医疗保健的条件有了一定的改善，医护人员的精神状态好了，病人和家属的反映也少了，医院初步走出了困境。但院长进一步提出了希望我们能继续给予支援改造的要求，医院主管部门也有此意。据此，我们听取了多方面的意见，也走访了部分群众了解他们的需求，在进行了认真的分析评估以后，我们决定对这个项目进行重点帮扶，继续进行支援，使其能比较彻底地改变现状，让更多的妇女儿童能够获得对口支援的成果。该想法也得到了静安区和上海市领导的支持。为此，第二期我们又投入 100 万元援助资金，对医院进行进一步的改造和升级。经过几年时间的持续援助，医院的情况有了很大的改善，并且在遇到灾害的关键时刻发挥了重要的作用。

2008 年冬天，一场铺天盖地的雨雪冰冻灾害肆虐夷陵大地，全区的交通几近瘫痪，各乡镇卫生院停水停电，已无法接收产妇分娩，此时若产妇在家中待产，不能及时得到救治，后果不堪设想。危急关头，该院利用上海对口支援的成果，启动了雨雪冰冻灾害天气下产妇保健应急预案，分期分批将临近分娩的 102 名孕产妇提前接转到该院，并免费住院待产。由于措施得当，100 余位妈妈先后都顺利地产下了自己的宝宝，看着一个又一个新生命的到来，妇幼保健院从上到下都感慨万千，如果没有上海的支援，没有实施业务楼的改造，没有增容病房和病床，就不可能容纳如此大规模人员的住院待产，也不可能确保那么多的产妇和婴儿平安健康。此事在中央电视台、湖北电视台、三峡电视台、中国妇女报、湖北日报、三峡日报等 10 余家媒体进行了报道，在当地传为佳话。

▲ 夷陵区妇女儿童医院

多年来，上海对该妇幼保健院共计投入资金 950 万元，该院也以此撬动了投资 2000 多万元，相继实施了业务楼改扩建及配套建设项目，医用仪器设备更新改造等。改造旧业务楼 2650 平方米，新建业务用房 1000 平方米，购买并改造业务用房 600 平方米，建设医院中央供氧、电子监控、电算化管理局域网，建设标准化病床 120 张，购置了部分先进的医疗设备和仪器共 30 余台。目前该妇幼保健院业务用房 8455 平方米，病床 200 张，固定资产 9849 万元，年业务收入 6000 多万元，年门诊人次 180000 余人次，年住院人次 9000 余人次。先后获得湖北省妇幼健康优质服务示范单位、省依法治理示范单位、宜昌市先进基层党组织、市价格诚信单位、市三八红旗集体等多项荣誉称号，使该院获得了经济效益和社会效益的双丰收，综合实力、核心竞争力、社会影响力实现了质的跨越。

基本生存靠输血　长远发展需造血

授人以鱼不如授之以渔，在坚持无偿援助的同时，如何让"输血"与"造血"齐进，是我们负责对口支援工作人员重点思考的问题，积极寻找变"输血"为"造血"的痛点和难点，使对口支援不但能帮助当地经济走出困境，更能解决可持续发展的问题。多年来，我们先后组织有关部门和企业考察团组到夷陵实地考察、调查研究，我们认为要从输血转为造血，首先要改变人的观念，做到与时俱进。

1999年，鸦鹊岭静安合银希望小学副校长田开珍受邀来静安区的北京西路小学挂职培训。她在校内外听课、学习、参观、考察、参加教科研活动，收获颇多。上海学校办学的思路和特色，使田校长感受到了先进的办学理念、雄厚的教育投入和执着的教学追求，也对她日后的改革有莫大启迪。结束了在上海的挂职后，回到家乡的田开珍开始担任鸦鹊岭静安合银希望小学校长一职。她利用在上海挂职期间积累的丰富实践经验，让这所由静安区援助建设的学校在传承历史的基础上，走出了创新之路。很快，鸦鹊岭静安合银希望小学便被评为宜昌市市级示范学校，田校长也被评为优秀校长。在此基础上，从2005年开始，我们对夷陵区的干部先后开展了多元化全方位的培训。每年安排2—3期培训班，每期30—40人次，由专家上课和实地考察相结合。几年来累计已经培训了1000多人。通过这些培训，夷陵区的党员干部开阔了眼界，转变了思路，逐步接轨上海。他们不仅在观念上有了转变，作风上更加务实，行动上更加落实，与上海的交流也更加流畅了。在培训干部的同时，我们还投资兴建了夷陵区劳动培训中心，负责培训移民的工作技能，得到了广大移民的欢迎。通过中心的培训，让一批又一批三峡移民和农村富余劳动力揣着梦想到上海就业、创业。

为促进夷陵的新一轮发展，观念要转变，但必要的条件也不能少，我们打出了援助"组合拳"，补齐产业上的"短板"。其中，建设移民就业示范基地就是一记既有效又实惠的"重拳"。几年来，市、区两级共投资7000万元，建造了9万平方米标准厂房，使几千移民成功就业。其中，静安区投资2000万元建造了乐天溪生态移民工业园、太平溪镇产业园标准化厂房，筑巢引凤的效果非常明显，已入驻企业13家，提供1200多个就业岗位，切实解决了夷陵当地人民群众的就业问题，大大增加了他们的收入。

同时我们还将目光瞄准了夷陵当地丰富的旅游资源。自2007年起，由静安区合作办牵头，两地旅游主管部门联合在沪召开旅游推介会，逐步扩大三峡景区在上海民间的影响力和美誉度。为持续推进当地旅游产品在上海的开发前景，静安区还多次组织上海旅行社负责人赴夷陵区亲自体验和对接。其间，"一肩挑两坝，一江携两溪"的三峡人家景区以品质旅游、优质服务赢得市场口碑，先后被评为湖北省首批文明风景旅游区、国家 5A 级旅游景区。

除了丰富的旅游资源，夷陵当地的原生态绿色农产品也被逐步引入上海。2009 年，我们专门在静安区域内寻找了一处房产，设立夷陵区三峡农特产品上海办事处，作为在上海的窗口，用于收集市场信息、联系销售业务等。同时还与上海市合作办一起落实西郊国际农产品展示摊位，常年设有柑橘、茶叶、蔬菜、粮油等展销窗口，让夷陵优质农产品丰富上海市场，并通过上海走向国内外。

不言春作苦，常恐负所怀。如果说在夷陵区建的第一所希望学校是对未来的期盼，那么如今对口支援项目的全面铺开则标志着夷陵区当地硬件和软件的整体升级。比如，援建的夷陵区社会福利院为该区城镇"三无"对象及移民老人提供照顾和服务。援建的宜昌市上海中学更是一座集校园绿化美化、教学现代化、环保节能化于一体的省级标准化初中。援建的区妇幼保健院、三斗坪卫生院等医疗机构软硬件设施齐备，大大提高了妇女儿童的医疗保障水平。可以

◀ 援建的三斗坪镇卫生院

说，上海通过援助资金、派遣干部、合作开发、培养人才等多种方式，不断加大对口帮扶力度，极大改善了夷陵区移民的生产、生活条件。

时光荏苒，距离我初到宜昌参与对口支援工作已过去二十余年，但是这段宝贵的经历却历久弥新，看到夷陵区的发展我也由衷感到欣慰和高兴。我虽已退休数年，但每每回想起那段激情燃烧的岁月，依然会为之动容。我会始终珍藏这段特殊的记忆，继续关心、关注夷陵的民生发展。也祝愿夷陵和上海两地人民幸福安康。

尽心发展夷陵　彰显静安温情

　　邢剑，1970年6月生。现任静安城市发展（集团）有限公司党委书记、董事长。上海市第九批援三峡干部。2006年1月至2008年1月，任湖北省宜昌市夷陵区招商局副局长、三峡办副主任。

口述：邢　剑

采访：化燕楠　祁耘书

整理：化燕楠　祁耘书

时间：2020 年 7 月 24 日

古人云："水至此而夷，山至此而陵。"夷陵地处渝鄂交界区域，上控巴蜀，下引荆襄，素有"三峡门户"之称。1992 年，党中央、国务院号召全国对口支援三峡库区，支援夷陵也成了国家和上海赋予静安的使命和责任。

夷陵不仅是坝区，也是库区，更是三峡工程的核心区。当地有大量群众离开了世代生活的家园，为整个三峡工程做出了巨大的牺牲。上海是先发展起来的地区，又是三峡工程的直接受益地区。而静安作为上海的中心城区，理当尽自己最大努力支援三峡工程建设，不遗余力地帮助、推动夷陵地区的发展。

对口支援夷陵区需要有全面的认识、创新的思维和务实的举措。既要建立长期的支援与受援的关系，还要打通双向脉络，确保共享资源，形成优势互补，实现合作共赢，共同肩负起对口支援三峡的光荣任务和国家使命。

肩负使命　支援夷陵

2006 年 1 月 7 日，我随夷陵区来沪代表团的同志们一道，搭上了飞往宜昌的航班。看着当时已经有了直飞宜昌的航线，且落地后机场和公路的条件都不错，我还有些纳闷：对口支援的地方发展得挺好呀。车子在路灯明亮、道路宽敞的公路上开了半个多小时后，便转上了山路。坐在颠簸的座位上，望着漆黑的窗外，我才意识到：之前高兴得太早了。也正是因为这个"第一直觉"，让我对日后的对口支援工作有了别样的认识和感悟。

时任夷陵区招商局副局长、三峡办副主任的我来到当地后，做的第一件事就是前往坝区三镇（太平溪、乐天溪和三斗坪）调研。因为当时党中央、国务院对三峡移民工作提出的要求是"搬得出、稳得住、逐步能致富"。作为负责对口支援的挂职干部，我必须深入基层，了解当地的真实情况，以此来寻找对口支援的切入点和结合点。坝区三镇是我挂职锻炼两年期间，跑得最多的地方。

初到夷陵时，三峡库区的蓄水高度已达 135 米。而随着蓄水工作的不断进行，仍有部分居民需要搬迁、撤离。如果说确保他们"搬得出"考验的是沟通能力，那"稳得住"则直接锤炼着综合能力。因为不仅要确保移民的生活稳定，同时也要确保社会的稳定。在这种大背景下，如果不给予他们更多的关心，不解决他们切实遇到的实际问题，是没办法稳得住的。

也正是在这样的环境中，我逐渐意识到，只有"对口 + 对心"改善和保障民生，才是做好对口支援工作的关键。稳住当地群众的生活与民心，对口支

▶ 陪同上海市合作交流办领导考察对口支援项目

援工作就有了基础和保证。而在走访调研过程中，我发现当地群众主要还是依靠传统农业在营生，即便有条件种植一些经济作物，也因为地处山区的缘故难以形成体系与规模。大多数农户依然采用家庭作坊的生产模式——在确保生活温饱的前提下，用多余的粮食作物换点额外的收入。

在看到、听到、了解到种种现状与难题后，我便开始思考，到底要做些什么才能确保乡亲们"逐步能致富"？很快，我便向当地政府提议，应该为群众带去能适应当地发展的产业，或是提供更多能让他们赚钱的机会，让传统农业也能有活路和出路。同时，我也建议建立"企业＋农户"的产销模式，就是由企业出面运作外销业务，农户只需安心提高作物产量，即可获得可观的收入。如今，夷陵地区的柑橘和茶叶等创立了品牌，拓展了市场。这不仅是对口支援干部与当地政府努力的成果，更是广大群众、农户劳动付出的结果。

在积极想办法的同时，我还同时肩负着"管好钱"的职责。每年，上海对口支援夷陵的资金在3000万元左右。由于这笔专项资金要覆盖十多个项目，因此落到每个项目上的资金是有限的。怎么才能用好、用对、用活，我始终把握几个原则。首先，不撒"胡椒面"，不搞雨露均沾。因为每个乡镇都会找对口支援干部诉苦，都希望得到些对口支援专项资金。3000万虽然不是一笔小数目，但到处给一点，很快就见了底。至于效果与成效，更是难觅踪影。所以我的目标很明确：要集中力量，把宝贵的专项资金花在刀刃上。

其次，每一笔专项资金的支出都必须跟着项目走，而且这个项目都要我们去现场考察、调研过，并且必须通过静安区政府的决策。因为这些项目不能我一个人拍板，也不是挂职干部们说了算。只有这样，我们才能找到更适合当地情况、得到当地政府重视支持的优质项目，让专项资金的投入产生效果，引发效能。

每当遇到影响面大、受益面广的项目，我还会建议当地政府给予一定的配套资金。比如我们在某个项目上投入对口支援专项资金，就争取列入区政府重点项目，区级财政也要投入一定的配套资金。这样一来，当地政府不仅会对这个项目更重视，更多资金的注入也能确保该项目做得更扎实、更高效、更成功。

在予以资金投入的同时，我也始终在思考，如何将我们静安的优势资源引入夷陵，帮助他们解决资金问题以外的现实难题。其实，不论是提供信息、传授技术、组织培训，甚至是帮助当地龙头企业开拓市场，都应该是对口支援工作的重要内容。这些支援项目不仅是输送，同时也是双向学习。我在挂职锻炼期间，也时常动员一些静安的委办局、企业去夷陵看看，考察当地的发展情况。相比上海、静安，夷陵也依然有着我们不具备的优势和资源，可以为静安乃至上海的发展提供帮助。加强双向互动为对口支援注入了更多的内涵，也让静安和夷陵间维系起了一条感情纽带。

培育人才　助力脱贫

在做好宏观产业规划、布局的同时，对口支援干部也要将目光落到每个当地群众身上。我曾拜访过一户特困移民，在去他家前，村主任反复提醒我说："你一定要有思想准备，因为这户人家的穷困超出你的想象。"起初我还觉得有夸张的成分，直到走进他家后才发现，这户人家的境况的确比家徒四壁还不如。放眼看去，家里唯一的家具就是个旧衣橱；除此之外，连把能坐的椅子都没有。村主任介绍说，这户人家的男主人多年前与妻子离异，平时靠着去码头挑货或在工地搬砖打零工养活自己和儿子。而在连续上了几天班，赚了两三百元后，他就回家休息了。因为这个月的糊口钱已经赚到了，他就不愿再干活了。

在当地，类似这种因失地而成为贫困户的群众也为数不少。党中央对我们的要求是"帮扶贫困群众一个都不能少"，帮助这类失地农民和困难群众自然是对口支援干部的任务。而我们要做的，就是为这类群众找到一个适合且具备管理约束条件的岗位，鼓励他们通过自食其力来改变现状，摆脱贫困。

特困户要帮一把，普通农户的实际困难我们也要考虑。在提出"企业 + 农户"的产销模式的同时，我们也通过多方渠道，为农户们找深加工的出路，他们只需安心供给原材料，由厂商与企业来负责收购与包销。这样一来，农户的积极性不仅高了不少，对作物的栽种、培育也变得更用心。受筑坝与蓄水等因素的影响，夷陵当地不少位于低海拔位置的沃土良田都被淹埋了，高海拔山区的土质显然无法与之前相提并论。为此，我们还投资了不少钱为移民们复垦土地并改良土壤，以此来增加作物的产量，从而提高群众的经济收益。

在为农户解决实际困难的同时，还有更多失地移民需要我们关心。他们中的大部分都有求职的意愿，却苦于当地企业数量少，部分企业经营困难等客观因素，没有工作的机会。为此，静安多次组织专家深入夷陵进行实地考察、调查研究，为当地的新一轮发展出谋划策。帮助当地援建一座产业园区，用于"筑巢引凤"，也算是"另辟蹊径"。在当时，这也是夷陵第一个有规模的产业园区。在招商引资时，我们也更侧重于引进劳动密集型的企业，为其提供政策保障的同时，鼓励他们来夷陵办厂。

当时有一家纺织企业给我留下了深刻印象。此前多年，它都在上海从事纺织生产。我们之所以鼓励它搬迁至夷陵，是因为该企业的生产原材料棉花，在湖北地区恰好有大规模的种植基地。就近取货不仅大大降低了企业的生产成本，夷陵地区富裕的人力资源和相对较低的用工成本对厂家而言也有很大的吸引力。该企业入户夷陵后得到了很好的发展，并为当地创造了 300 多个就业岗位。这也是利用了对口支援的优势，相较于以往那种单方面的资金支援，恰如其分地招商引资不仅让企业享受到了政策优惠，也为当地聚集了产业资源，同时也解决了群众的就业难问题。这种可以被视作"三赢"的结果也让我在日后的招商工作中更有干劲和动力。

在增加就业岗位的同时，人才培育、就业技能提高尤为重要。正所谓授人以鱼不如授人以渔，要将"输血式"支援变为"造血式"发展，就需要将"人力"转化为"智力"，把"人口数量优势"转化为"人力资源优势"。因而，每年也设置了用于就业培训的专项资金，帮助当地群众尽快完成能力与技能上的"升级"。只要群众有意愿，我们就会为他们提供各类培训。有的是在当地培训，有的则组织到上海接受学习。每隔一段时间，还会请上海的专家、老师到夷陵授课，只为全方位地提升他们的综合能力。

我记得当年在招商时，有家生产电线电缆的企业对夷陵地区的产业规划项目非常感兴趣，他们唯一的顾虑就是当地人才的技术水平是否达标。原来，这家企业的生产流水线上都是自动化设备，相比传统的操作工人的数量，他们对技术人才的质量需求更为迫切。当时我们就向企业提议，可以开设专业对口的培训班，点对点地为其输送技术人才。企业方也爽快地表态，只要培训学员的技术要求达标，当地有多少人就招多少人。为了确保经过培训的人才质量确实过硬，我们也向企业提议，所有经培训的技术工种都可任其面试，不达标的我们就"回炉重修"。在对培训项目的成功充满信心的同时，我们还表示会为企业提供一定的储备人才，确保他们在当地健康发展的同时，有更多的技术人才可以选用。

经历过此事，我感到对人才的培养可谓是成功吸引企业过程中非常重要的一根"引线"。也正是因为对口支援项目持续不断地将人才培育模式持续、发展下去，为日后越来越多的企业入驻夷陵奠定了坚实的基础。如今的夷陵已经搭上了"长江经济带"发展的快车，这当中也应该有对口支援工作对人才培育的一份贡献。

社会事业　惠及万民

在项目援建安排上，我坚持树立"共享"理念，比较注重对当地社会事业的推动与建设。尤其关注学生、妇女儿童和老人这三类人群。关注学生，就是要支持和发展教育。在前期调研、规划、论证的基础上，落实援建了一所中学的项目，并且明确"高标准设计、高质量建设"。为此，项目委托上海著名的设计院按照上海重点高中的标准进行规划设计。此外，还参与了好几所坝区乡镇中心小学的改造项目。在硬件投入的同时，我们在提供师资培训软件服务时也可谓不遗余力。多年来，夷陵当地的老师不仅会被请来上海随堂旁听，一些上海的名师也会去当地为老师、学生们讲课。近年来随着技术手段的日新月异，一些远程培训与网络授课的新模式也涌现了出来。在两地教职人员的不懈努力下，夷陵地区的教育条件已经有了极大的改善与提升。

关注妇女儿童，就是要提高医疗卫生服务水平。夷陵区妇幼保健院的建设和发展也是让我留下深刻印象的一段经历。初到夷陵，我便调研了夷陵区妇幼保健院。虽然这是一所区级医院，但目光可及的疮痍让人感到非常心酸。阴暗潮湿的环境、霉烂脱落的墙面，外加偶尔可见的"蘑菇"，让人怎么也没法和

▶ 资助三峡工程移民学生

病房联系在一起。在与李院长交流后得知，保健院受条件限制，已有多个科室无法正常运作，而患者与家属的不满也在与日俱增。当时，医院在群众中的口碑直线走低，连维持正常的营收都成了问题，完全是靠着四处举债在苦苦支撑。

在与院长进一步深入沟通后，我有了援助医院进行改造的想法，希望他做一个改造方案。事后回想起来，我觉得自己是幸运的，不仅遇到了这么一个可以造福百姓的项目，也遇到了如此认真负责的院长。而在看到李院长详尽的改造方案并在感受到他的一腔热情后，我们经商议决定，先支持50万元的改造资金，看看效果如何。其实在当时，这笔资金并不在年度项目的预算资金里，而是通过与上海和当地政府反复沟通后"挤"出来的。

几个月后，医院不仅焕然一新，全体医护人员的精神面貌也有了很大的变化。原来，李院长不仅精打细算地将50万元全部用在了刀刃上，还从当地区政府卫生系统那里申请到了一定金额的补贴。事后我们也从院长口中得知，改造资金刚到位后没多久，就有要债人将他堵在办公室里，逼他用这笔钱还账。他顶着压力向各位债主强调：上海援助的这笔救命钱一定要用在医院建设上，只有这样医院才能有活路，欠大家的钱也有机会还。

　　第二年，我在做项目预算时继续将妇幼保健院的改造列了进去，并支持250万元的改造资金。李院长也不负重托，他先用这笔钱购置了先进的医疗设备，又增加了医院的工作面积并增设相关科室。此举不仅奠定了医院在夷陵当地的医疗地位，也让医院逐渐走上了正轨。在做第三年的项目预算时，我的挂职锻炼也快到期。尽管如此，我还是为妇幼保健院争取到了改造资金，并叮嘱接我班的挂职干部要继续重视社会事业，继续将这个惠民项目做下去。

　　再回首，我觉得夷陵区妇幼保健院的案例就是我们整个对口支援项目的缩影。每一任对口支援干部都会对可以惠及民生的社会事业进行接力，全心全意地将当地群众放在心头。而这，也恰恰是对口支援真正的目的——帮助当地循序渐进进入可持续发展的模式，在对口支援的助力下，不断地适应发展规律，找到适合自己的发展道路。

　　关注老人，是全社会的共同责任。一次偶然的机会，我得知当地政府正在规划建造一家福利院，虽然当时我即将到期返沪，还是主动对接了上去。立项后不久，我的挂职锻炼便告结束。不知是巧合还是缘分，接我班的郁霆同志是民政系统出身，这个养老福利院的项目在他手上可谓游刃有余。如今，这个福利院也成了对口支援的标志性项目。十多年来，这所不断升级的福利院造福了一大批老人，让他们的晚年生活变得更精彩。

　　虽然距离我在夷陵区对口支援挂职锻炼的那段岁月过去了12年，但我依然是"夷陵人"，更希望自己还是"静安夷陵干部"。时至今日，夷陵的一人一事，一草一木依然会触动着我的心，我也愿意继续为夷陵的发展出一份力。

永久珍藏的三峡记忆

郁霆，1970年11月生。现任静安区残联党组副书记，区残联理事长，上海市第十批援三峡干部。2008年1月至2010年1月，任中共湖北省宜昌市夷陵区委副书记。由他牵头制订的《夷陵区对口支援工作五年规划》（2008—2012）取得良好效果，同时也是上海对口支援地区挂职干部制定的第一个五年发展规划。

口述：郁　霆

采访：李烨洁　陈　超

整理：李烨洁　陈　超　陈　童

时间：2020 年 6 月 12 日

同住长江边，共饮一江水，上海、夷陵因三峡工程而牵手。从 1992 年开始，上海对口支援湖北宜昌夷陵区。二十八年来，静安紧扣让三峡移民"搬得出、稳得住、逐步能致富"的目标，在设施援建、产业培育、民生改善、旅游推介等各方面倾力帮扶。我也有幸在十二年前，以上海市第十批援三峡干部的身份踏上了这片沃土，投身于这份不平凡的事业中。

不打无准备之仗

其实当我接到去湖北夷陵挂职的任务时感到有些意外。那是 2007 年 8 月，当时我在静安区民政局工作，按照区委的要求，在分管区长徐孙庆和民政局局长罗敏的直接领导下，刚刚完成对本区社会组织枢纽型管理工作和购买社会组织服务实施意见等相关政策的研究和制定工作，并形成了两套文件。当时区委还要召开静安区历史上第一次社会组织建设推进大会，在如此重要的时间节点，得知自己将要去对口支援，感到有些意外，也让我印象很深。后来，当区委组织部通知我对口支援地区是湖北省宜昌市夷陵区，也就是三峡大坝的所在地之后，我主要做了四项准备工作：

一是在网上查阅夷陵区的区情。在东西部扶贫协作的对口支援地区当中，宜昌市夷陵区的知名度并不高。无论是过去还是现在，提到三峡工程大家都知道，但问到夷陵大家都不太了解，所以我当时第一步就是和所有的援建干部一样，通过互联网先了解一下当地的基本概况。

二是向区合作交流办了解对口支援的要求、内容。当时的区合作交流办桂绍强主任、王宏发副主任给予了很大的支持。

三是联系了当时还在夷陵区挂职的干部邢剑，让他给我作了一次"挂职培训"。从邢剑这一批援夷干部开始，静安干部在夷陵区开展工作的成效得到了当地区委、区政府的高度认可。虽然当时邢剑挂职在区三峡办，和我即将赴任的夷陵区委有所不同，但我们所承担的责任和任务都是一致的，那就是做好对口支援工作。我还记得，当时和邢剑同志的那次深谈，不仅使我了解夷陵当地的风土人情，也知悉了当地党委和政府的工作情况。邢剑还将他在具体对口支援项目实施过程中的经验、做法倾囊相授，令我受益匪浅。

四是认真做好知识储备。当时我不仅梳理了自己从 2002 年以来起草的各类公文、领导讲话、工作制度、调研报告等电子文档，还将静安区委、区政府领导的一些精彩讲话稿收集后全文通读学习。

◀ 2007 年 12 月，郁霆（右四）等第十批援三峡干部与市有关部门领导合影

我前后花了一个月的时间进行这四项准备工作，它让我能够对从没有接触过的对口支援工作有了一个直接感性的认识，包括在援建工作中会遇到哪些困难，有哪些好的解决方法，都有了一个深入的了解。事实证明这对我之后的工作起到了很大的帮助，让我心里更有底了。

第一个对口支援五年规划

2008年1月，我和来自闵行区的沈俊华同志一起到宜昌市夷陵区挂职。正巧，国务院下发了《全国对口支援三峡库区移民工作五年（2008—2012年）规划纲要》。初到夷陵，我们根据国务院的这份具有指导意义的规划为指引，展开为期3个月的调研后发现，夷陵当地还没有形成完善的对口支援工作机制，出现了资源"碎片化"、扶持重点不突出、资金主管部门多头管理、项目可持续发展缺乏后劲等种种问题，这也进一步激发了我想要为夷陵当地制订统一援建规划的决心。为此，我分别与时任区委书记的熊伟、时任区长的刘洪福沟通，提出能否也制定一个与夷陵区"十一五""十二五"发展规划相结合的《夷陵区对口支援工作五年规划》（2008—2012），并从以下四个方面阐述了非做不可的原因：

第一，三峡夷陵的对口资源丰富，但聚集效应和效率不高，需要做规划整合。对口支援的上海、青岛、黑龙江、湖北省内单位和商务部等均有派遣挂职干部对口支援三峡夷陵，且各自按照派遣单位的要求开展工作。还有就是对口资金方面，例如近2000万对口资金分别来源于上海1700万、青岛200万、黑龙江30万、省内各区县资助70万，覆盖夷陵区50余个项目，但项目管理之间往往发生冲撞，有可能使好事变坏事。

第二，对口支援工作内容涉及经济、文化、社会事业等各方面，但资金、项目、管理等游离于当地规划之外，未能统筹安排管理。其实我的工作岗位并不是直接指挥项目建设，只有在具体项目建设过程中碰到了困难，这时候就需要我想方设法统筹协调，我对自己的定位是非常清楚的。我当时调研走访了几乎夷陵区所有的职能部门，发现夷陵区每个部门其实都想要争取来自上海的对口支援。比如当时夷陵区的科技局领导干部自己跑到上海和静安区科委直接对接，静安区科委直接拨付给了对方 30 万元，但是这笔资金并没有纳入到上海和夷陵的整个对口资源的计划当中，如果失去规范化的管理，这笔资金就可能会存在问题。这是我们上海干部应有的底线和"红线意识"，绝不能触碰。

第三，对口支援十余年，成效虽明显，但进步的空间也很大，如何在原有基础上，破解一些发展瓶颈，就需要通过规划引领、科学论证的方法，予以完善提升。比如之前，上海曾投入大量资金援建的三峡移民就业基地项目、夷陵区社会福利院建设项目等，因规划脱节而曾导致建设搁浅、资源浪费。

听完我的汇报，两位领导高度重视和支持，在区委常委会、区政府常务会议上分别通过并明确由我牵头负责，区委办、区府办政研室、三峡办、招商局组成精干力量研究起草这个规划。规划制定的过程充满艰辛，需要解决的问题和困难重重，可以归纳为四个方面：

一是如何得到上海市、区两级合作交流办的支持。在时任的上海市合作办周正球副主任、方城处长，静安区合作办桂绍强主任、王宏发副主任等领导来夷陵区考察时，我们详尽汇报了这个规划的设想和基本思路，立刻得到了他们的支持。他们表示，如果规划形成并通过，上海市和静安区可以进一步规划对口支援工作，同时进一步加大对口支援力度。

二是如何得到夷陵区委、区政府的支持。一开始我并没有想过所有的工作都是由我来进行管理，我当时认为应该由当地一个常委副区长来统筹管理这项工作，因为对口支援工作对于夷陵区来说是大事。在第一次与时任夷陵区区长刘洪福同志谈及这个想法时，他大力支持，立刻把这项工作落实到区政府政研室，明确了具体要求，并在区政府常务会议上研究通过。时任夷陵区委书记熊伟同志在区政府通过这项议题后，又随即在区委常委会上把其列为重要议题研究并予以通过，交由我来负责此项工作。这样，我们就正式启动了该规划的研究制定工作。

三是如何统一相关部门同志的思想。做规划，要求用认真仔细的态度调研，要求科学预判当下及未来发展，要求用综合思维方式考虑问题，要求极强的文字综合能力。一开始，确实有些当地同志不理解，觉得没有必要如此麻烦。对此，我耐心细致地做了思想工作，并把上海特别是静安区南京西路开发规划的故事讲给他们听，最终得到了大家的理解支持。

四是如何最终形成一个比较科学的规划并能够落地执行。除了与夷陵当地规划衔接外，还要形成各地对口支援资金整合使用的机制以及形成对口支援资金规范管理和递增机制。2009 年对于夷陵来说是非常重要的一年，时任上海市委书记俞正声、市长韩正率领上海四套班子主要领导来到夷陵区考察并开现场办公会。也就是这一年，夷陵区成了全国对口支援工作的一个示范案例。我们通过规划，解决了体制和管理问题，那几年夷陵的经济增速都在 10% 左右，靠的也是规划。

现在看来，当时自己面对的困难既有思想认识上的，也有管理方式上的；既有资金渠道上的利益调整，也有以往既得项目利益上的调整。但我必须说，我们挂职干部很幸运，夷陵区也很幸运，得到了两地各级各部门的极大支持。

最终，我们通过规划，初步理顺了工作体制和机制，也明确了一批涉及经济社会发展的重点项目，并取得了实效：（一）工作管理规范化。比如对口支援资金中的工作经费的管理规范化。在规划制定以前是没有明文规定的，凡是有需要都可以列入工作经费。后来我就确定一个经费使用标准，把工作经费固化下来，在有限额度内使用，这对整个资金使用的规范起到保障作用，同时也能保障对口支援项目建设的资金。（二）对口援建项目立项的规范。规划明文规定由夷陵区三峡办对接各地区的对口支援工作，不管是夷陵区哪个委、办、局的项目全部由区三峡办予以统筹，在经过审查、审核、立项等各项环节后，最终报区政府常务会议、区委常委会集体研究通过。（三）建立健全项目的长效机制。考虑到有些对口援建项目建设周期长，我们要求所有的项目在立项之后都进入项目库中。例如，我在任时规划立项的乐天溪三峡坝区移民生态工业园项目，它开工建设时我已经回沪工作了，那么后一批的援夷干部就会接着按照规划来推进，直到建成交付使用。此外，像上海市三峡移民就业示范基地、夷陵区社会福利院、夷陵区上海中学、夷陵区妇幼保健院等重大援建项目也是这样得以保障的。这说明我们制定的这份五年规划确保了上海的挂职干部能够在夷陵接续奋斗，实实在在解决三峡移民的生产生活问题。更值得一提的是，规划出台后，上海市合作办领导告诉我，这是上海对口支援地区挂职干部制定

◀ 2009 年 7 月，夷陵区社会福利院竣工并交付使用

的第一个五年发展规划。我们既感到意外，也感到自豪。

分类施策助力移民脱贫致富

"搬得出、稳得住、逐步能致富"是国务院当时对三峡移民工作的总方针。2008 年，当我去挂职的时候，三峡移民的搬迁任务、稳定任务都基本完成。通过调研，我明确了自己当时的主要任务，就是进一步推动经济和社会发展，全面推动对口支援深化发展。通过基层的实地走访，我们总结出了全区移民工作的三大难点：即移民后靠安置的特殊性、服务三峡工程的长期性和土地资源缺乏移民脱贫致富任务的艰巨性。与此同时，因为所处区域不同，当地移民们的需求重点也各有不同。

第一，在三峡移民比较集中的坝区三镇（乐天溪、三斗坪、太平溪），他们的迫切需求是就地后靠安置后的增收问题。我们主要采取的措施是：一是在三镇采取了土地复垦的措施。二是采取了分类、错位发展产业的措施，如：乐天溪与三峡总公司的合作，建设移民就业园区；三斗坪依托峡江文化发展旅游产业；太平溪依托码头区位优势发展农副产品等生态农业。

第二，安置在城区的移民，最迫切的需求是就业。因此，我们通过园区建设招商引资，然后政府出台相关扶持优惠的政策，驱动如娃哈哈集团、爱登堡电梯等知名企业在夷陵当地落地生根，解决移民就业增收问题。

为了更好解决三峡移民生产生活中的困难，两年间我在以下三项工作中持续发力：

一是通过全面了解夷陵区各委办局工作情况，从而把对口支援与各委办局的工作相结合、与基层的实际相结合，推动上海特别是静安区的各委、办、局与夷陵区的委、办、局，静安区的街道与夷陵区的街镇对接。比如，协调了静安区民政局与当地民政局开展共建，协调了曹家渡街道与小溪塔街道开展共建。

二是推动干部学习交流，每年为宜昌市和夷陵区举办两次干部培训班，每年培训 100 人次左右，基本对夷陵区的科以上干部培训达到了全覆盖。这方面，静安区委组织部和区委党校给予了极大支持。通过这个培训，极大提升了夷陵当地干部的政治素养和综合能力。

三是探索农超对接，在上海市合作办的支持下，与光明集团合作，将宜昌市整个地区的农副产品无偿进入上海光明集团旗下的超市，进场费、上架费全免。通过这个举措，带动了一大批项目，培养了当地一批农副产品的经理人，为当地农民增收拓宽了市场。

从小项目到大效益的启示

夷陵区妇幼保健院的建设项目并不大，在 2006 年援建之初上海投入资金约 50 万元，正是从这里开始起步，该院最终成为省内最好的妇幼保健院之一。这里不得不提到李祖铭院长，确实有干劲和韧劲。

首先，他对医院的发展和群众的需求有一个比较正确的认识。他根据夷陵区的区情为妇幼保健院作了清晰定位，包括医院应该提供哪些服务、添置哪些设备、做好哪些培训，引进哪类人才等，他都做到心中有数。可以说这位干部发现问题和解决问题的能力很强。记得我刚到夷陵区时，他向我报告，上海援建的 50 万元用于该院改造，极大提升了床位服务质量，希望能够再争取 50 万元用于添置医疗设备，并建立该院医生到沪培训学习深造的机制。

其次，他是用上海对口资金积极争取湖北省卫生厅的资金投入，两者配套进行运作，上海对口资金争取到后，省卫生厅给予了大力支持。因为我知道他先前在筹措资金上屡屡受挫，所以我问他这次是怎么争取到了湖北省卫生厅的支持，他说自己只说了一句话："连上海都这么支持我，省里还不支持我吗？"他最终用上海对口资金争取到湖北省卫生厅的 1∶1 配套资金，可以说这是夷陵区妇幼保健院扭亏为盈，进入良性发展的第一桶金。这位院长充分利用了对口支援工作的影响力，不仅仅是资金问题。

第三，他在机构运营中做到公益性和市场化相结合，这个能力非常重要。援建资金到位后，他根据夷陵区妇幼保健的实际需求添置设备。比如 B 超设备以前在当地是没有的，要做相应的检查都得去宜昌城区。那时他一方面添置相关设备，一方面送院内的骨干去上海接受技术培训。最终实现了看片、诊疗一步到位，保健院逐渐在夷陵当地有了口碑和知名度。后来夷陵当地的百姓越来越少往省里、市里跑了，而是选择来夷陵妇幼保健院。这样市场化的运作带来了效益，保健院逐渐扭亏为盈。

这个项目实施后的第二年，我到该院调研，院长李祖铭把账本全部拿出来详细说明了资金使用情况。妇幼保健院从一个财政拨款的亏损单位转为当年盈利 80 余万元，预测两年内盈利将突破 150 万元，这些充满自信的话语就是夷陵区干部"想干事、能干事"的缩影。他的一番话，让我一直在思考的问题：公益性组织（单位）如何盈利？——有了一个基本思路和实例。

夷陵区妇幼保健院是一个自收自支的事业单位，是公益性组织，院里盈利部分按照收支两条线的原则是应该上缴的。但夷陵区政府也比较支持妇幼保健院的发展，这位院长也确实没有把盈利款项拿去分红，而是将盈余投入到医院的建设中去。除了改善院内的环境、设备、床位外，还加大院内医护人员的培训力度，推荐他们到上海三甲医院进行培训实习，医疗水平显著提升。李祖铭院长还邀请湖北省内卫生系统领导来院调研考察，省卫生系统对夷陵妇幼保健院的运行模式给予很高的评价，决定继续加大力度给予资金支持，在省内建立示范基地。此外，保健院还定期为当地困难家庭提供免费诊疗服务，从而减少了当地"因病返贫"的现象。从妇幼保健院的案例我们可以看到，社会组织发展都是有规划、有愿景的，盈利之后要反哺社会、体现公益。我为什么对妇幼保健院特别看好，主要是李祖铭院长和他的团队做了一件体现"医者仁心"的善举。这件事发生在我们来夷陵对口支援之前。

2008 年的冬天，暴雪覆盖夷陵山区，妇幼保健院通过对底卡资料的梳理，将住山上的待产产妇在封山之前全部免费接到医院里，集中待产。当时整个妇幼保健院还是处于亏损的状态，但他们依然选择这么做。其中有一位产妇即将临产而且可能会难产，幸亏处置迅速把她接到医院，最终母子平安。这件事被湖北省主流媒体广泛报道，从而让我又一个思考的问题：公益性组织（单位）盈利后干什么？——有了一个很好的诠释。

现在来看，援建夷陵区妇幼保健院的项目资金并不大，前后五年约 300 万元，但其产出的综合效益，特别是从输血到造血、从自身盈利到反哺公益的模式，给我们留下很多思考和借鉴。那就是社会组织如何在不以营利为目的，体现公益的同时，进一步培育自身品牌、加强专业技术人才队伍建设，进入良性发展的轨道。

在与夷陵区的同志和群众交谈中，他们说得最多的一句话就是感谢上海、感谢我们挂职干部，他们的感谢之语并不是敷衍，而是发自内心。但我常想，我们的付出只不过是为这些三峡移民抛家弃田后应该做的、能够做的而已，而我们在这块土地上得到的不仅是夷陵的厚爱宽待，更是一种人生难得的成长和历练，相信这份"三峡情结"会历时愈久愈厚，厚到一份浓浓记忆，即便只是片段，却可永久珍藏。

夷陵因静安可以更美好，静安因夷陵可以更精彩

张峰，1979年10月生。现任静安区静安寺街道办事处主任。2014年至2016年，为静安区第十三批援夷干部，担任中共湖北省宜昌市夷陵区委副书记。亲历了营盘移民小区的综合帮扶工作，推动官庄村柑橘产业的发展，开展了沪夷两地少年夏令营活动。

口述：张　峰
采访：郭晓静　李烨洁　陈　超
整理：李烨洁　陈　超　黄泽骋
时间：2020 年 8 月 5 日

根据组织安排，我于 2013 年 12 月到湖北省宜昌市夷陵区挂职，任区委副书记，分管合作交流、对口支援工作，联系招商引资工作，乐天溪镇以及乐天溪镇下属的省级贫困村莲沱村。三年间，在各级领导和同志们的关心支持下，我时刻不忘组织嘱托，履职尽责，踏实干事，做了一些工作，取得了一些成绩，加深了对农村基层工作的认识，增进了与基层干部群众的感情，提升了做好各项工作的综合能力，真是受益匪浅、体会良多。下面，我就简要说说三年工作中的那些难忘片段。

解决百姓的"急难愁"，精准扶贫在路上

莲沱村是一个省级贫困村，地势坡度大，无主导产业，人均耕地面积仅有 1.4 亩，村级债务严重，人口老龄化凸显。村中农民或是因病，或是残疾，或是家庭变故等，年收入均不超过 6000 元。脱贫是当地老百姓最迫切的期盼。

我记得 2014 年第一次走进这个贫困的山村，进门第一眼的感受真的可以用"家徒四壁"来形容。接下去每一次走访贫困家庭，我又深深地被群众身上那种淳朴的本质和渴望摆脱贫困的迫切愿望所感动。

　　为此，2015—2016 年间，我多次深入该村走访调研，每户贫困户我们都逐一上门走访慰问，详细了解掌握贫困户存在的困难、问题等。我们就村民呼声较大的一些问题及时做了反馈处置：一是为村里修建一条宽约五米的基石路，连接好向外的通道；二是为村民们修建三个水池，解决迫切的饮水问题；三是通过引入光伏发电项目，帮助村集体率先脱贫，一年产生五万元的效益，实现贫困村摘帽；四是为部分村民进行易地搬迁安置工作。当时习总书记提出"发展生产脱贫一批、易地搬迁脱贫一批、生态补偿脱贫一批、发展教育脱贫一批、社会保障兜底一批"的重要理念，我们结合村里的实际情况，将生活条件最差的莲沱村第七组的十余户群众，通过易地搬迁的方式来改善他们的生活状况，使他们远离山体滑坡等自然灾害频发的地区。此外，我们对莲沱村的断头路、农田水利建设、产业发展等问题主动调研、实地查看、认真研究，与镇、村干部一道逐一解决。通过多方争取，促成上海和夷陵双方将精准扶贫作为 2017 年对口支援工作的重中之重，希望能助力夷陵如期实现全面小康。

　　2016 年 8 月，三斗坪镇、乐天溪镇发生特大暴雨泥石流灾害，倒塌房屋612 户，死亡 3 人。我印象中暴雨发生以后，莲陀村被冲垮了好几栋房子，房子都冲到长江里去了。我第一时间向静安区委、区政府汇报灾情，争取救灾资金 100 万元。与此同时，我和当地的一位田副区长结对来到乐天溪镇开展工作，第一个任务就是联系莲陀村和唐家坝村所有受灾群众，电话能联系上的妥善安置，电话联系不上的，我们就一个山头一个山头翻，去找那一两家联系不上的村户。灾后抢险遇到的最大困难就是道路不通，最后我们想出一个办法，使用两辆铲车架在道路的缺口处，让受灾的群众通过这个工具进行转移安置。整个灾后安置清理工作进行了大半个月，我们负责同志一直坚守在一线，不曾离开过。

移民小区综合帮扶背后的"静安经验"

　　对口支援夷陵，首先必须安置好移民，解决好移民群众最关心、最直接、最现实的利益问题。移民安稳了，做好对口支援三峡工作就有了基础和保证。静安始终立足于国计民生，认真听取，并充分尊重当地意见，着力提高当地群

◀ 2014 年 张 峰（右三）赴移民小区调研移民生活

众的生活质量和水平，努力让夷陵群众可以共享改革发展的成果。

记得刚刚来到夷陵工作的时候，时任夷陵区委书记刘洪福同志就向我们援夷同志介绍说："移民后靠安置的特殊性、服务三峡工程的长期性和土地资源缺乏移民脱贫致富任务的艰巨性，是全区移民工作的三大难点。"而营盘小区正是这三大难点的一个缩影。

营盘小区是夷陵区安置移民人数最多、居住最集中、基础最薄弱的移民小区之一。它是由夷陵区三斗坪、太平溪、乐天溪三个镇 13 个村和两个居委会外迁移民迁建而成，现有移民 596 户、2108 人，移民点占地面积 380 亩，共建户 450 栋。在综合帮扶前，小区基础设施破旧落后，污水横流，管线乱拉，居住环境脏乱差又不安全，移民生活来源也不稳定。

2014 年以来，国务院三峡办要求把移民小区综合帮扶作为对口支援工作的重中之重，为此，静安区对口支援 1000 余万元，对营盘小区实施了房屋立面改造、道路黑化亮化及周边绿化、天然气管道和排水排污管道铺设等基础配套设施建设，帮助移民真正实现搬得出、稳得住。同时，本着硬件建设软件服务同步提升，让广大移民拥有最大获得感的原则，我们参考上海市静安区社区建设成型的经验，将其推广到夷陵区营盘小区，实行了"党员群众服务中心、养老救助服务中心、文体活动中心、社区卫生服务中心、就业创业服务中心"为框架的"五大中心，一站服务、自治治理"的一整套小区公共管理模式，真正实现让移民办事不出社区（村），就近解决生活小问题和参加文化体育活动，陶冶情操，就近创业就业增加收入，安居乐业。该项目产生了良好的社会效应，得到广大居民群众的一致好评，移民真正感受到实惠，看到了希望，精神面貌焕然一新，纷纷称赞，"政府为我们办了一件大实事"。

此外，我们还开创性地提出了做好移民小区综合帮扶工作"12345"的工作思路和举措，即"锁定一个目标，致力同步小康，确保移民参与的主体性；统筹两类小区，保障充分就业，确保帮扶措施的灵活性；坚持三个公开，打造廉政工程，确保项目建设的规范性；整合四项资金，凝聚帮扶合力，确保筹措渠道的多元性；建好五大中心，实现一站服务，确保自治管理的高效性"。现在营盘小区实现了家家能就业、户户可安居、人人有社保，移民生活达到了全区城乡居民中等以上水平。2016年全国对口支援工作现场会在营盘小区举行，小区帮扶工作成效以及"12345"的工作思路得到了国务院三峡办领导的高度肯定，为全国对口帮扶移民小区工作做了典型示范，提供了优秀经验。

要做就做立足当下造福千秋的事业

"民生为本、产业为重、规划为先、人才为要"是上海市对口支援工作的基本方针，积极体现"中央要求、当地需求、上海所能"，因地制宜、综合施策是我们落实项目的具体要求，正是在这指导思想下，三年间我们落实了几个大型民生项目，夷陵区妇女儿童医院就是其中之一。

近年来，随着夷陵经济社会的发展，妇幼群体不断增加，服务需求也不断提升，多年前建设的夷陵区妇幼保健院体量和服务能级已经不能承载夷陵百姓现实的需要。为此，2014年初我们就对夷陵卫生系统进行了细致调研，通过多次调研，深入沟通，经过近两年的谋划，最终于2015年底决定对口支援新建夷陵妇女儿童医院，投资3000万元，分三年实施。项目建成后将有效拓展服务半径，为夷陵区乃至川东鄂西广大妇女儿童提供专业化、人性化、特色化的医疗保健服务，从而更好保障和改善民生，满足不同年龄、不同层次妇女儿童日益增长的健康需求。这也是目前为止，上海对口支援夷陵地区最大的单体项目，一方面符合夷陵发展的实际需求，另一方面也体现了我们上海多年来始终紧扣教育卫生事业，一如既往关注民生的理念，也彰显了我们上海的特色。

在二十余年的两地结对帮扶历程中，改善和保障民生，是上海对口支援夷陵的出发点和落脚点。实现移民安稳致富，一直是上海对口支援的首要目标。为实现这样的目标，上海除了投入资金建设标准化厂房、加速孵化新产业，为移民提供更多就业岗位以外，在劳动技能培训方面也倾注了大量心血。例如，上海不仅援建了夷陵区劳动技能培训中心、许家冲移民创业园、营盘社区移民创业就业服务中心等就业技能培训平台，还积极搭建劳务输出平台，对夷陵区实行"两优两免"政策，帮助万余农村富余劳动力在上海务工就业，更是培育了像谢蓉这样为代表的致富带头人。

2012 年，移民妇女谢蓉组织一起跳广场舞的姐妹们组建了宜昌绣女工艺品专业合作社，开始创业。可是，初期产品没有特色，因此销量并不好，第一次试水没有成功。2014 年，谢蓉和其他 5 位移民妇女受邀来到上海，参加静安区社会组织联合会组织的培训。通过培训，她学到了如何把手工产品做得更有卖点，如何营销自己的产品，由此打开了一扇崭新的大门。

后来在上海市静安区社联会的帮助下，谢蓉的创业公司与公益组织"上海市乐创益公平贸易发展中心"合作，确立通过手工艺和旅游服务相结合的发展模式，帮助移民妇女多方面谋求发展。于是，她和姐妹们回去后深耕当地非遗绣艺"牵花绣"，开发出以"中华鲟艾草布艺挂饰"为产品的首款公平贸易旅游产品，还试着将当地的艾叶填充到绣品里，打造"手绣＋艾草"的生态特色文化理念。路子找对了，销路也打开了。渐渐地，谢蓉的产品开始走向全国市场。如今，企业带动 200 多名移民绣娘灵活就业，以计件的方式支付报酬，2018 年创造的收入就超过 200 万元。

着眼未来，增进沪夷两地青少年交流

上海与夷陵同饮一江水，牵手一家亲。自 1992 年上海静安对口支援夷陵以来，两地合作交流已走过了 28 个年头。20 多年来，静安在经济、社会、文化等方面给予了夷陵巨大的帮助，为夷陵的跨越发展提供了强大支持，尤其是对口支援在文化教育方面的大力投入，使得夷陵数以万计的青少年从中受益，成了融汇两地爱心、深化两地友谊的重要渠道和纽带，也奠定了两地未来合作共赢发展的坚实基础。

时任静安区委书记孙建平同志非常重视对口支援工作。我记得 2014 年 8 月 15 日，静安对口支援与合作交流领导小组全体会议召开，我也出席参加。当时孙书记动情地说："有一种责任叫支援，有一种感情叫牵挂。我们要增进相互了解，促进民族团结，实现共同发展，真正做到和对口地区'在一起'。"他指出，对口支援与合作交流是中央的重大战略决策，这项工作绝不是全区少数人的事，是国家使命，是我们义不容辞的责任，是全区工作的重要组成部分，必须全力以赴不折不扣地履行。

为进一步加强两地青少年的交流和互信，促进两地青少年互相关心帮助，共同成长成才，我们策划实施了两地青少年的暑期互访交流活动。2015 年 7 月 20 日，"三峡孩子看上海"夏令营启动。"美德少年"黄钰芳荣幸成为夷陵区 25 名三峡移民子女、全区美德少年以及留守儿童等优秀青少年儿童代表其中的一员，一起免费参加此次活动。黄钰芳同学在接受媒体采访时说，这次

▲ 2015 年"三峡孩子看上海"夏令营

"穿越"千里和伙伴们一起零距离观看上海现代化建设的巨大成就，感受上海国际大都市的现代文明，体验上海科技文化发展的最新成果，不仅开启了一次震撼心灵的学习和希望之旅，还收获了和爸爸意外相聚的惊喜，将把这份刻骨铭心的感恩之情在同学们中扩散、传递，变成无穷动力，激励前行。

2016年7月5日上午，"上海孩子看三峡"夏令营在夷陵区夷陵楼举行开营仪式。来自上海的21名优秀青少年代表和夷陵区美德少年、市级优秀少先队员等青少年代表手拉手，参加了夏令营活动，更进一步加强两地青少年的交流和互信，促进了两地青少年互相关心帮助，共同成长成才。

这样一个以两地青少年为切入点的平台和机制，使得沪夷两地的优秀青少年从中受益，成了融汇两地爱心、深化两地友谊的重要渠道和纽带，进一步巩固了两地传统友谊，深化了全方位交流合作，也奠定了两地未来合作共赢发展的坚实基础。让我们有理由坚信，沪夷对口支援工作之花必将更加绚丽地绽放，静安夷陵的传统友谊必将源远流长。

一体式发展实现官庄村精彩"蝶变"

到过夷陵的人都知道，夷陵由"水至此而夷、山至此而陵"得名，更知道夷陵由柑橘而成名，夷陵素有"中国早熟蜜柑之乡"美誉，是名副其实的"橘都茶乡"。这片土地上有个官庄村，距离主城区15公里。2005年由7个自然村合并而成，现有1999户、6123人，其中安置移民284户、526人。该村自然环境优美，生态环境良好，拥有宜昌市百万人饮用水源——官庄水库。全村柑橘面积1.1万亩，年产柑橘3.3万吨，产业优势明显。但由于受到生态保护政策等的约束，官庄村的发展一直十分滞后，移民生产生活水平长期得不到有效改善。

针对这一情况，我们根据"商、旅、文、农"一体式发展的思路，提出了打造"宜昌市城郊生态第一村"的定位目标，坚持高位谋划、高标打造。自2014年起对口支援资金1500万元，在柑橘主产区兴建了柑橘交易市场，该项目集旅游休闲、贸易洽谈、产品展销、节庆赛事等功能于一体，占地面积57.3亩，建筑面积6500多平方米，包括柑橘博物馆、文化大戏台、农产品展销大厅等建筑，同时拉动社会资本 3000 万元，建设 3 家星级农家乐。2014、2015 年在柑橘交易广场成功举办中国夷陵第四届、第五届柑橘节，当地宜昌蜜橘比同期销售单价上涨 400 元 / 吨，柑橘年出口达 3 万吨，大大增加了当地农民收入，近 3000 移民从主导产业发展中受益。

与此同时，我们始终把生态立村放在首位，坚决取缔易致污染的项目，认准发展绿色产业。突出柑橘产业，发展生态农业，打造"最美乡村"旅游品牌。每逢秋季，来自国内外的客商和游客齐聚官庄，一同赏橘园美景，体验柑橘采摘，参加摄影大赛、农家厨艺大赛、柑橘品质大赛等赛事活动，同时还将自驾游、健康出行、夷陵本土文化展示等元素融入其中，让广大游客和橘农在品味丰收的时节也可以感受橘都茶乡的独特魅力，当地村民也依托生态旅游人均增收数千元。如今，官庄生态旅游建设已大见成效，成为柑橘与乡村旅游融合发展的一面旗帜。官庄村先后荣获"全国文明村""中国乡村旅游模范村""全国生态文化村""湖北省绿色示范村""湖北省宜居村庄"等荣誉称号，并摘得宜昌首届"最美乡村"的桂冠，由此官庄村完成了一次精彩"蝶变"。

回沪工作仍心系夷陵，实现两地双赢发展

三年对口支援工作任务结束后，我回到静安区担任静安寺街道办事处主任一职。虽然离开了曾经奋斗过的异乡，但我时刻关注着当地发展。近年来，在两地区委区政府领导的高度重视和关心下，双方合作交流和对口支援工作向纵深发展，正在积极探索走出一条共建、共享、共赢的对口支援新模式，夷陵区鸦鹊岭镇与静安区静安寺街道缔结为友好乡镇，也让我看到了一个"双赢"的契机。

鸦鹊岭镇地处夷陵区东部，是湖北省粮油大镇，是宜昌市菜篮子工程主要基地，是夷陵区优质绿色农副产品产销大镇。该镇年产家禽 200 多万羽、生猪 30 万头，蔬菜种植面积达 2 万亩，农副产品环保、绿色、无公害。而我们静安寺街道因人口密度大，居民面临买菜难、购物难的问题。回沪工作后，我努力践行两地合作共赢的理念，与鸦鹊岭镇积极做好对接工作，进一步了解双方的需求，实现两地多层次互访交流，积极搭建夷陵农副产品进静安合作平台，

使夷陵优质的猪肉、牛肉、畜禽、蔬菜瓜果等绿色农副产品，早日进入静安寺街道各个社区、各个菜场，这也是为静安区百姓的菜篮子工程贡献一份绵薄之力。

"夷陵因静安可以更美好、静安因夷陵可以更精彩"是静安对口支援夷陵的美好愿景和正在奋力实现的目标。三年的夷陵历练让我觉得成长收获了许多，现在回想起来夷陵的一人一事，一草一木依然会久久牵动我的心！

感谢夷陵，感恩夷陵，愿夷陵的明天会更好！

退伍不褪色的扶贫书记

邢光，1966年6月生。现任静安区芷江西路街道党工委副书记。上海市第十四批援夷干部。2016年至2019年，担任中共湖北省宜昌市夷陵区委副书记。亲历了夷陵文化、旅游、农特产品"三进静安"活动。

口述：邢　光
采访：郭晓静　李烨洁　陈　超
整理：李烨洁　陈　超　陈　童
时间：2020 年 6 月 12 日

　　自 1992 年起，上海结合夷陵所需、上海所能，开始了 28 年真心、真情、真意的倾情帮扶。28 年来，围绕让三峡移民"搬得出、稳得住、逐步能致富"的目标，上海累计援助夷陵区资金 5.96 亿元，涉及项目 470 个，帮助引进经济合作项目 21 个，并委派挂职干部 14 批共计 22 名，我有幸成为其中的一员。正因为上海市的真情帮扶，三峡移民的生产生活得到了明显改善，夷陵经济社会发展得到有力促进。习近平总书记在夷陵区太平溪镇许家冲村视察时，对上海对口支援夷陵工作给予了高度评价。

从军转干部到致富带头人

　　静安区对口支援三峡库区派援建干部是从 1994 年开始，到我这已经是第十四批了。和其他的干部有些不同，我是在部队中摸爬滚打成长起来的。我十八岁就参军入伍，先后担任过上海武警总队排长、中队长、大队长、参谋长，支队长、警务装备处处长，武警指挥学院指挥系主任，一身绿军装伴随我度过了 30 个春秋。长期的军旅生活，磨砺了我过硬的政治品格和"特别能吃苦，特别能战斗"的精神意志。

2015 年，那是我刚从部队转业来到静安工作的时候。时任静安区委书记孙建平在做报告时就提出了"夷陵因上海生活更加美好；上海因夷陵更加精彩"的东西部扶贫协作要求。那是我第一次知道夷陵是静安区对口支援的地区之一。到了 2016 年夏天，区委组织部通知符合年龄和各方面条件的同志可以报名支援，我就积极报名了。之后上海市委组织部、市合作交流办的领导找我谈话，我表示如果组织需要，我将毫无怨言地去参加对口支援工作。我的态度是两个"不后悔"：人生第一个不后悔，无悔从军路；第二个是我常说的"不去夷陵，后悔三年；去了夷陵，一辈子不后悔"。我们去对口支援和精准扶贫的任务主要是把三峡移民们的生产生活搞好。在出发去夷陵之前，我跟区委组织部领导说了三个"一定"：一定牢记党和政府的谆谆教导；一定不辜负静安人民和上海人民对我们的期望；一定完成精准扶贫与对口支援的硬任务！

就这样，我带着"两个不后悔，三个一定"来到了夷陵，努力学做夷陵人民的致富带头人。这三年的工作令我受益最大的就是深刻理解了农业、农村、农民"三农问题"。我从学校到部队，再转业至南京西路街道，说实话以前没有下过地也没有接触过"三农"，做致富带头人我要从头学起。三年的夷陵经历，一方面令我感受到了我们三峡移民顽强的拼搏精神和建设美丽家园的决心；另一方面明白了无论是县、区、市的干部还是乡镇干部，都要脚踏实地去了解我们乡村建设的难点、痛点、堵点，为乡村建设贡献自己的一分力量。我想从三件事来具体谈谈我是如何学习做致富带头人的。

第一件就是组织开展"三进静安"活动。夷陵地处西陵峡畔，山水资源优势得天独厚，极具特色的三峡物产和文化资源享誉全国，但带来的经济和社会效益却差强人意。我当时就在思考如果将夷陵优秀的文化、旅游、农特产品引入上海市场，就能为三峡移民们带来实实在在的经济和社会效益。经过多次深入调研后，我牵头策划组织了"三进"静安的活动。第一次活动是在 2017 年 4 月，我们带了夷陵的绿茶参加了上海国际茶文化旅游节。那次除了推销茶叶，我还带着夷陵老乡去吴江路上售卖柑橘和刺绣作品，结果我们带的柑橘和 200 个刺绣作品都以意想不到的好价钱一销而空。经过三年的努力，夷陵农特产品在上海"卖得俏"，频频亮相上海国际茶文化旅游节、上海市对口帮扶地区特色商品展销会、上海旅游节。老乡告诉我，现在每次去参展，自己的柑橘和茶叶都被客商一抢而空，并已经成功入驻30多家超市、5家大型批发市场。仅夷陵农特企业就借助相关活动累计三年取得14亿元以上大订单，进而惠及了夷陵12万柑农。此外，我还协调夷陵区致富带头农业企业在上海设立特色产品展销中心，帮助夷陵区多家农业龙头企业在上海设立销售点，年销售收入突破2亿元。更令我印象深刻的是2019年10月17日，在上海光大会展中心举办的上海市对口帮扶地区特色商品展销会。当时我作为夷陵区委副书记率稻花香、夷陵红、晓曦红、清溪沟等11家企业参展。中央政治局委员、上海市委书记李强亲临夷陵展馆巡展，关心、关怀夷陵区农特产品销售情况，对夷陵区优质农产品给予肯定。我相信在不久的未来，夷陵农产品将走进上海千家万户，在上海的名气会越来越响亮。

第二件大事就是组织开展"奔跑吧！柑橘"扶贫项目。三年来，我给自己工作的定位之一就是积极搭建平台。在我看来有舞台才有未来，扶贫项目也需要有曝光度，其中"奔跑吧！柑橘"扶贫项目就是很好的事例。夷陵是中国柑橘之乡，每年的产量差不多将近1000万斤，当地为此还专门打造了柑橘文化节。2018年9月19日，"奔跑吧！柑橘"大型对口支援公益活动在电商平台

◀ 2017年5月，夷陵"三进静安"社区巡演活动

上线，活动由上海市政府合作交流办和湖北省宜昌市夷陵区政府牵头组织。在夷陵区柑橘文化节期间，在分乡镇百里荒景区内，让代表前期在拼多多销售平台"奔跑橘"活动期间销售的带有奔跑代码的 5 万个柑橘的仿真柑橘，在景区内预设的坡道上，自上而下顺坡滚动起来，随后按先后顺序选择优先抵达终点的 500 个柑橘，通过解读仿真柑橘对应的奔跑代码，确认相应 500 箱柑橘的幸运采购者，每人将获得一定期限内在夷陵旅游消费的核定折扣优惠，该活动还通过上海第一财经频道向全国播出。因为整合了政府、企业（电商）、社会组织、新闻媒体、农户等多方力量，活动效果很好，树立了"奔跑橘"口碑。当年，"奔跑吧！柑橘"扶贫项目，入选 2018 上海市精准扶贫十大典型案例。之后我们把"奔跑吧！柑橘"活动打造成一年一度的品牌活动，吸引各地游客走进夷陵，打响夷陵柑橘品牌，助推夷陵柑橘产业从单一的生产功能向观光、农事体验、生态保护、文化传承等多功能拓展。同时提升百里荒景区知名度并逐步集聚人气，通过国内互联网知名平台提升社会和企业对夷陵的关注度从而刺激地区招商，推动品牌柑橘电商销售从而促进农业增收，真正做到坚持以产兴农，谋求长足发展。

　　第三件事就是我在 2020 年疫情期间，为滞销的夷陵农产品网络直播带货。

◀ 2018 年 10 月 11 日，"奔跑吧！柑橘"公益活动在宜昌市夷陵区分乡镇百里荒景区拉开序幕

我是 2020 年 1 月 18 日完成三年的对口支援任务从夷陵回到上海的。没过几天国内新冠肺炎疫情暴发，湖北省是重灾区。当时快递不让进，货运基本上也停了，夷陵这边的柑橘、茶叶等农特产品都运不出去，严重影响夷陵农特产品的销售。柑橘都烂了，茶叶时间长了味道也不好了。我虽然人回到了上海，但每次看到老乡的朋友圈都心急如焚。就在这个时候，夷陵区委书记王玺玮和区委副书记、区长邓玉华给我打来电话，希望我能够帮忙线上带货，正好第一财经频道也在筹备这个活动，两位领导觉得我人在上海，操作起来更方便一些。疫情无情人有情，上海人民与夷陵人民同呼吸共命运，我当即就接下了这个任务。这真的是我有生以来第一次"带货"。我下载了好几个直播 APP，先看看别的地方的书记、县长是怎么带货的，在家学习如何做一名"吆喝官"。与此同时，第一财经频道积极为我们提供帮助，除了电视直播外，我在抖音、快手、今日头条等十几个直播平台号召上海人民乃至全国人民下单购买夷陵农特产品，为夷陵贫困山区农民增收而努力！功夫不负有心人，最后我们累计销售夷陵农产品达 450 万元。

真金白银解决民生难题

到夷陵后，根据夷陵区委班会确定的分片区包干的精准扶贫要求，我统筹协调黄花镇的脱贫工作，具体负责杨家河村。这个村山高偏远，村困民穷，是一个典型的贫困村。2016 年经过全区大数据筛查，黄花镇杨家河村精准锁定建档立卡贫困人口 78 户 176 人，其中五保贫困户 11 户 11 人，低保贫困户 25 户 59 人，一般贫困户 42 户 106 人。当时我们定下的要求是一人包一户，其他的乡镇干部，委、办、局的领导都要包的，精准扶贫要精准到个人。

我对准的是该村贫困户聂邦飞。他 46 岁，其母亲很早去世了，父亲已经是 87 岁高龄。他妻子因为风湿性心脏病在 2012 年去世了。2017 年春节后去他家走访，我真切地感受到了什么叫"家徒四壁"。家里一共三间房，建在一个海拔大概七八百米的山腰上。屋里除了一张桌子和两张床，没有其他任何家具。他之前借钱种茶叶，因没有技术，茶叶虽然长势很好但因为虫害而颗粒无收。了解情况后，我自己掏了 2 万元给他买了一个弹棉花机，帮助他办起了棉絮加工作坊，每加工一床被子就可以有 50 元的收入，一个月下来能够挣 1500—2000 元。后来，我们还通过上海的商会爱心资助了 5 万元，为他修缮了旧房，还置办了一些家具。等到我今年即将离开夷陵，再去看他的时候，他和我说："邢哥，我现在脱了贫，还清了外债，下一步就是找个老婆！"我也很为他感到开心。除了帮助贫困户聂邦飞脱贫，我主要想谈谈在脱贫过程中令我印象深刻的两个项目。

夷陵自古以来，名茶辈出，享誉海内外，是中国古老的茶文化中心之一。这是夷陵当地的特色。我在调研杨家河村的时候也发现，当地现有茶叶面积 1200 亩，可采摘面积 800 亩左右，处于起步阶段，而且种茶的多为村里的老人。村支书向我汇报说，村民们迫切希望就近建成一家茶叶加工厂，进行茶叶初加工，提高利润率，但建厂需要 200 万的资金，希望从对口支援的资金里拨付。后来我们开会研究，决定以农村合作社的形式办茶叶加工厂，每个农民要自掏 500 元，这样好调动大家的积极性，避免"大锅饭"现象的发生。此外，我和合作社的同志说，办厂要找准定位，积极对接富裕山区旅游，将茶产业打造为旅游商品，加强品牌效应；另外茶叶加工厂建设要主动与企业对接，找对市场主体，充分调动村民积极性，合作共赢。就这样，扶贫项目崔家山茶叶加工厂应运而生。2019 年每家茶农都分到 3000 多元，就此，省级贫困村——黄花镇杨家河村 76 户 169 人全部实现脱贫，完成了"基本消除绝对贫困现象"的目标。昔日贫困的杨家河也发生了翻天覆地的变化。山腰上年久失修的村委会迁到山下省道边的新楼房；20 多户没有安全住房的贫困户，搬到了山下漂亮的新居……每次来到村里，乡亲们都会热情地跟我打招呼："邢书记，进屋来坐会儿啊！"温暖的话语使我充满幸福感和自豪感。

饮水问题也是当地移民群众遇到的突出困难。我们的三峡移民大多数住在海拔四五百米左右的半山腰上，往下看就是长江，风景不错，但问题是水很难引上来。例如黄花镇香龙山村，背靠 5A 级景区三峡大瀑布，紧靠着长江一级支流黄柏河，却因饮用水设施年久失修、地质土壤特殊的原因而常年缺水。600 多名村民常年只能挑水喝；碰到干旱时节，村里唯一的蓄水池还会因水质得不到替换而散发阵阵恶臭，不少人肠胃都出现了问题。有村民在我走访调研时苦笑着说，只有等老天爷下雨了他们才能洗一回澡。从村里回来后，我立即召集水利部门专家进行了安排部署。在多次实地对水源进行勘察和对施工方案进行论证后，我们发现，如果建设一条五六公里的饮水管道需要一千多万元，经费缺口太大。后来我们就想办法修建了多个 50 立方米混凝土蓄水池和 35 立方米饮水池，并重新维修受损管网。受益对象除了香龙山村、飞马山还有杨家河村等多个居民居住点。最后总计使用了 270 万对口支援经费，解决了夷陵当地老百姓的饮水问题，让边远山区群众感受到了上海人民的深切关怀。

真招实策培育造血能力

对口支援，不仅要扶资，更要"扶智"。近些年，静安在持续不断"输血"的同时，在产业扶持、人才培养方面也给予大量帮助，不断增强夷陵发展"造血"能力，其中一条就是两地结对共建。

早在 2015 年，静安区南京西路街道与夷陵区太平溪镇就缔结了友好单位。2017 年，为持久学习上海先进经验，南京西路街道 13 个居民区与太平溪镇 13 个村委会进行一对一结对，基本实现对口支援全覆盖。这是静夷两地开创性的探索。等我上任夷陵区委副书记的时候，静安 14 个街道（镇）与夷陵 13 个乡镇（街道、试验区）结对共建实现全覆盖，区直单位结对共建基本实现全覆盖。

我经过调研和走访后发现，第一年的时候，静安区的所有街道层面和区直属单位直接结对到夷陵区的乡镇，街道居委会对接村委居委会的模式是不错的。静安区的每个街道还从机动经费当中拿出 50 万元精准扶贫我们夷陵区的 14 个乡镇。但后来我感觉结对到乡村还不够，依然比较容易浮在表面，所以我就动员我工作过的两个街道——南京西路街道和芷江西路街道，组织街道负责同志、各部门的负责人和下辖的所有居委会书记到夷陵体验生活，挂职锻炼三个月。与此同时，我们在夷陵当地也组织一批书记和一批村主任到静安区的各个街道实习，挂职锻炼三个月。就这样形成了"静夷"两地的"双向挂职"制度的雏形。在完成了村与村的对接后，我们还将所有的 13630 个建档立卡贫困户，分到静安区的各个街道，做到全面对接。真正做到让建档立卡贫困户有人管，扶贫有人问。

2019 年 9 月 19 日，上海市静安区芷江西路街道党工委副书记李斌一行来到夷陵区黄花镇，开展芷江西路街道与黄花镇两地乡镇结对共建活动，我陪同考察。在结对共建座谈会上，芷江西路街道为黄花镇捐赠了 20 万元帮扶项目资金。芷江西路街道三兴大楼居民区、洪南山宅居民区、灵光居民区、城上城居民区、复元坊居民区等 5 个居民区与黄花镇杨家河村、张家口村、中岭村、牛坪村、杜家坪村等 5 个村实现一对一结对帮扶。双方就基层党建、社区治理、民生治理等工作进行了交流探讨。

我一直觉得，精准扶贫如果不认识贫困户，不到别人家里去了解情况，怎么能做好扶贫工作，为他们谋划出路呢？ 2017 年建档立卡贫困户是 13630 户，现在还剩 3000 户，效果是非常不错的。后来，得益于两地政府的支持，我们形成 "双向挂职" 制度。夷陵区各委、办、局每年选派 20 人到静安的各个街道来挂职半年，这使他们打开眼界，也诠释了我们的静安特色——"国际静安，圆梦福地"。

除了在结对共建、助力脱贫方面做出特色，我们还想办法让上海的新技术、新方法、新理念在夷陵区生根发芽，为夷陵留下 "一支带不走的队伍"。授人以鱼，不如授人以渔。教育工作理念落后，我们就每年选派夷陵当地的 10 个优秀校长、教师到上海名校进行挂职锻炼。医疗水平有限，我们就选派医生到上海各大医院进行学习。上海静安区委、区政府根据夷陵帮扶的需要和夷陵干部群众自己提出的需求，开设 "订单式" 培训，累计培训人员 3000 多人次，覆盖区、乡（镇）、村三级，涵盖教育、卫生等系统专项培训及党政干部挂职锻炼，让夷陵干部及时 "更新升级"，把先进理念和管理办法带回来建设家乡。这些既能创造价值，又能传承下去的宝贵财富，是夷陵发展的重要 "造血" 能力，只有这样才能让夷陵的各项工作始终走在宜昌市、湖北省前列。

浪自三峡起，潮从东海来。沪夷两地的帮扶情缘，就像延绵不绝的长江水一样，源远流长……

三年夷陵行，已经写入了我的人生，注入了我的生命，我学到了在上海、在部队没有学到的东西，感受到了夷陵老百姓的淳朴善良、热情好客和坚强毅力，这些必将激励我自己尽职尽责做好今后的工作。

疫情之中显真情　对口支援爱无疆

赵峰，1973 年生，现任静安区房管局四级调研员，上海市第十五批援夷干部。2020 年 1 月至今，任中共湖北省宜昌市夷陵区委副书记。

口述：赵　峰
采访：王　莺　陈　童
整理：王　莺　陈　童
时间：2020 年 7 月 2 日

　　说起报名对口支援的初衷，可以用八个字来概括，"招之即来，来之能战"。我出生在军人家庭，自身军旅生涯 27 年，同时也是一名有着 26 年党龄的老党员。当年参军是保家卫国，如今报名对口支援则是彰显初心，彰显党员本色。只要国家有需要，我就应该主动报名，接受组织挑选，为祖国脱贫攻坚的伟大事业贡献自己的绵薄之力，实现自己的人生理想和人生价值。

身在上海心系鄂　两地携手克时艰

　　2020 年 1 月 16 日，我和另外一名同事组成的两人援夷小组作为上海市第 15 批援夷干部到达当地。在完成报到之后，我们就迅速进入了工作状态，与上一批援夷干部完成工作交接和相关考评后，1 月 19 日还陪同夷陵区委书记检查了全区的安全生产工作。但当时谁都没想到，一场考验国家和人民的疫情已经暗流涌动。1 月 21 日，我和同事因公回到上海，结果就在短短两天之后的 1 月 23 日，武汉封城，我和同事暂时滞留在上海。

　　虽然身在上海，但我们援夷小组始终心系夷陵、心系湖北，我们当时立即向上海市委组织部、静安区委组织部和夷陵区委递交了请战书。为什么要写请战书？作为军人出身的我，在国家有难的时候，第一反应就是应该去最危险、最需要我们的地方。当时，我认为最需要我们的地方便是夷陵的抗疫前线。我虽是挂职干部，但肩上使命和担当与当地干部是一样的。基于这样的想法，我和援夷小组的另外一名同事向组织递交了请战书，但当时市里出于统一组织、安排以及对口支援干部的个人安全考量，还是希望我们暂时留在上海。同时夷陵区委领导也认为，我们留在上海能够发挥的作用要远远大于在夷陵当地。一方面，我们可以在上海帮助当地筹集防疫物资；另一方面，我们也可以代表当地对外进行一些协调工作。

正是出于以上种种考量，我们援夷小组自 1 月 21 日返沪，至 3 月 23 日夷陵病例清零，两个月都留在上海。虽然远隔千山万水，但我们时刻谨记援夷干部的身份，也始终牵挂着夷陵当地的百姓们。我们想方设法为当地的抗疫工作做了一些力所能及之事，通过联系上海市合作交流办和静安区合作交流办，多举措多渠道筹集了 1000 多箱抗疫物资，包括医用口罩 2.6 万只，N95 口罩3000 只，上海药皂 3 万多块，洗手液 4000 多瓶，还有防护手套、防护服、抗疫中药、护目镜、消毒喷剂、额温枪、泡腾片，等等。在筹集到物资之后，我们又遇到了一个难题。由于交通管制，进入湖北省的物流已经全部停运，这1000 多箱防疫物资无法通过常规运输渠道进入湖北夷陵。因为我之前是派驻在铁路系统的军事代表，我又联系了国家铁路局综合司司长朱雪源同志，通过协调上海、武汉铁路局集团公司部分站段，利用动车组在宜昌短暂停留两三分钟的间隙，把防疫物资顺利运输到宜昌，从而打通了上海—夷陵的抗疫物资绿色通道。分 6 批次终于把这 1000 多箱物资从上海源源不断地运往夷陵，虽然物资并不算多，但也为夷陵疫情防控工作贡献了上海对口支援干部的绵薄之力，也是上海市政府、上海人民对夷陵百姓的一片心意。

这两个月的时间，身在上海的我，时时刻刻牵挂着夷陵当地疫情，也让我深切感受到了疫情就是命令，抗疫就是责任。

抗击疫情显成效　复工复产挑重担

在整个疫情防控阶段，我认为夷陵区的防疫措施和成效都是在全省乃至全国前列的，夷陵区委书记王玺玮同志早早就按下了产业暂停键；疫情期间，夷陵也是率先启动病例研判工作的。夷陵区面积为 3451 平方公里，人口 62 万，新冠肺炎确诊病例 54 例，收治率 100%、治愈率 100%、死亡率 0%，感染率不到万分之一。3 月 23 日，夷陵区病例实现清零。3 月 24 日，全区就按下了复工复产的启动键。夷陵区也是宜昌市最早复工复产的地区之一。

尽管夷陵区在疫情防控战中取得了不错的成绩，但是疫情带给当地的损失仍是巨大的。夷陵区第一季度的经济发展基本上处于停滞状态。据财政统计，2—4 月夷陵区的总体财政收入仅有 300 多万，出现了一部分企业倒闭、人员失业的现象，其中受损最严重的莫过于旅游行业和农产品销售。

"水至此而夷，山至此而陵"。夷陵有着得天独厚的自然环境和极为丰富的文旅资源，夷陵区 A 级景区有 12 家，其中 5A 景区 2 家，4A 景区 4 家，旅游业是夷陵的支柱产业之一。但疫情期间，当地旅游业直接停摆，处于零收入状态。除了旅游业，夷陵区另一个主打便是农副产品。夷陵区素有"茶乡、橘都、酒城、桃源"之称。茶乡——宜昌盛产茶叶，也是全国的主要产茶区；橘都——夷陵柑橘口感好，不仅畅销全国，还远销俄罗斯；酒城——位于夷陵区龙泉镇的稻花香酒业公司，是湖北省最大的优质白酒生产基地，年产值达到 500 亿元；桃源——夷陵是国际猕猴桃大会认定的猕猴桃原产地。但是因为疫情，这些闻名全国的农副产品遭受重创。茶叶是一种时令产品，明前茶和明后茶无论是口感、品质还是价格都相差甚远，由于疫情期间交通管制，导致茶叶严重滞销。在 2019 年 12 月，夷陵基本实现了脱贫，但是目前，三峡移民因为疫情返贫致贫的风险还是非常大，对于我们而言，平时工作丝毫不敢懈怠。

3 月 24 日，夷陵按下了复工复产启动键，我于当天返回夷陵，参加全区的经济工作会、乡村旅游启动仪式等，由此拉开复工复产的序幕。

疫情过后，旅游产业不仅是断崖式下降，而且几乎是处于停歇业状态。虽然夷陵当地景区都已陆续开放，但由于跨省旅游还未恢复，所以基本都是接待本地游客。据统计，2019 年三峡大坝接待游客达 320 万人次，日均接待近万人，但现在每天的游客基本都只能维持在三位数。当地另一家 5A 景区"三峡人家"，里面一个演出团体有演员大约二十多人，观看演出的游客常常只有寥寥十来人，即便如此，演员们仍是一如既往地卖力演出。

尽快恢复当地的旅游经济，是我们急需解决的问题。作为一名对口支援干部，我也一直在思考，如何利用自身优势，为夷陵旅游业复兴做贡献。6 月底，我回到上海和静安区合作交流办进行沟通，希望能够把夷陵区纳入静安区党政机关疗休养目的地的名单中，区领导听取汇报后也十分支持。目前静安区合作交流办的李帆主任在牵头此事，我们也在积极推进。此外，我们也积极协调夷陵当地政府落地推动旅游发展的相关举措，上海市合作交流办对口支援处处长夏红军同志来夷陵考察调研时，我们提出，针对上海游客能否提供门票减免等一些优惠政策。通过类似举措，一方面拉动当地旅游发展，增加地方收入；另一方面，更能彰显 28 年来上海对口支援夷陵的两地情谊，表达对上海人民的感恩与回馈。目前，我们正在积极协调夷陵区文旅局落地出台具体方案。

拉动旅游经济之外的另一个工作重心，就是要带动当地的农副产品销售。2020 年 6 月 6 日，国务院扶贫办在上海市开展了"百县百品会"活动。由于夷陵区不是国家级贫困县，按相关政策，区内农产品不能进入扶贫"832 平台"。但考虑到疫情影响，夷陵区返贫致贫的风险相当大，为此我到上海向市里积极反映了实际情况，市合作交流办在综合考量评估后，把夷陵当地柑橘、茶叶等农副产品也纳入"百县百品会"。此外，我们也多方联系上海的相关单位和企业，希望能够打造一个销售平台，为夷陵当地的优质农副产品拓宽销售渠道，一方面可以解决当地老百姓的收入问题，另一方面也可以为上海的老百姓提供可口、有营养的农副产品，实现双赢。

作为上海对口支援的干部，复工复产之后，我的另一项主要工作任务便是落实、推进上海对口支援夷陵的项目。上海 2020 年对口支援当地的项目一共有 22 个，援助资金为 5082 万元。从 4 月下旬开始到目前为止，项目开工率已经超过 80%。诸如移民安置小区、学校等重点项目，在 2020 年都能全面完成。几个月的疫情对项目进度影响巨大，我们也面临着赶工期的压力，但现在要做的就是排除万难，以"开工即决战，起步即冲刺"的态势，和时间赛跑，争时间、抢时间、赶时间，把这些项目做好，尽可能不因为项目的延期而影响百姓生活。举个最简单的例子，我们对口援建的静夷中学，原计划在 2020 年

◀ 正在加紧施工建设
的夷陵区静夷中学

7 月基本完工，9 月在当地招生，但因为疫情影响，工期势必要往后拖，如果 9 月无法完工，那么就会影响一学期甚至一学年的招生工作，所以就算加班加点，也要想办法在有限的时间里，推进项目尽快完工。

　　因为疫情造成的现实困难确实存在，但是所有当地的干部们都像打了鸡血一样，拼命往前冲。我虽然是挂职，但我要把这三年当作任职来做，绝对不能掉队。

严阵以待抗洪涝　加班加点抢时间

　　正当复工复产工作有序推进的时候，考验又一次来临。6 月 27 日，夷陵突遭强降雨，全区普降暴雨到大暴雨，甚至局部地区是特大暴雨，最大雨量达到了 257 毫米，最小也有近 69.5 毫米。如此突然的天灾让所有人都措手不及，当时夷陵城区内涝非常严重，道路中断、突发停电。截至 6 月 28 日，我们对全区的受灾情况进行全面核查，发现这次洪涝灾害造成直接经济损失 5932 万元，53150 人受困，房屋损坏 140 多户、合计 200 多间，甚至有十几间房屋倒塌，居民房屋进水达到 800 多户，商店门面进水达到 500 多户，110 多台机动车被淹进水，甚至有些国道也出现了塌方险情，但万幸的是，灾害没有造成人员伤亡。

　　面对洪灾，我们马上启动了汛期的应急救灾机制，同时进行有条不紊的抢修工作。有一家由我负责对接联系的企业因为洪涝灾害损失超过了千万元，了解情况后，我积极协调应急管理、水利、农业等部门帮助受灾企业进行灾后重建工作。可以说，6·27强降雨对人民生活造成的影响已经基本恢复。但我们绝不能掉以轻心，目前长江水域的水量已经是满负荷状态，三峡坝区14个机组现在全负荷在发电泄洪。对于后续可能出现的险情，我们也一直时刻准备着。

　　我们先遇到了大疫，紧接着又面临大灾，对对口支援项目的按期完工造成了更大的困难，我们必须要加班加点把洪涝灾害带来的影响，尽可能补回来。我来到夷陵的这三个多月时间，感受最深的一点就是时间不够用。第一个不够用体现在项目建设上。据当地群众和同事介绍，每年进入汛期之后，我们的一些建设项目或多或少都会受到影响，而今年的情况尤为特殊，导致我们对口援建项目的时间更不够用。第二个不够用体现在当地的工作时间上。这几个月来，我亲眼看着当地干部们铆足了劲，奋战在一线岗位上，大家都把有限的时间分配到不断增加的工作中去，即便是双休日、节假日也不能停下来。清明节三天小长假，除了清明当天休息之外，剩下的两天时间我也一直都在工作，都在外面跑。在我看来，要理清援建项目的各种问题，光是靠坐在办公室听汇报、看资料是远远不够的，看100张项目建设照片都不如到工地上去实地走一走、看一看，及时发现问题、解决问题。作为一名援建新同志，我更加需要亲力亲为地到现场去，不断学习、不断成长。

立足当地划重点　展望未来谋发展

　　掐指算来，我在夷陵挂职三年，不知不觉已经过了六分之一了，而未来的六分之五，我又该做些什么？要说未来的打算，我认为首先要立足当下。首先要紧密围绕当地区委、区政府的中心工作和重点工作来做对口支援工作。其次要把项目和项目资金管理好，更加精准、有效地围绕着为三峡移民服务，让我们的项目和资金在当地建设发展过程中，发挥更大的效益、更大的作用。第三，我也一直在考虑，能否为夷陵、为三峡移民进一步争取更大的平台和更多的优惠政策。

前段时间习总书记到山西大同云州区实地察看了黄花产业，提出黄花菜要成为人民群众的致富菜。十分巧合的是，我在夷陵的联系乡镇名叫黄花镇，夷陵区委书记就找到我，给我出了一道题，他问我，黄花镇里能不能长出黄花菜来呢？为了解题，我专门请教了农业部门的专家，才发现，区委书记也是经过了大量的调研才给我出了这道题。事实上，夷陵的黄花菜的产值是超过柑橘和茶叶的，现在柑橘和茶叶的收益大概在 6000—8000 元 / 亩，而黄花菜根据烘干工艺的不同，收益能达到 14000 元 / 亩左右。掌握了这些基础信息后，我专门带队到湖北省内的天门考察，天门是著名的三花之乡——黄花菜、棉花、塑料花。通过交流和实地调研后我们得出结论，在黄花镇种植黄花菜完全可行！我最近也在和夷陵区委论证，准备开辟一块试验田，通过和农村合作社的合作，探索一条黄花菜致富路。通过这个简单的例子，我想说的是，未来的规划并不是一句简单的口号，而是要落到实处，扎根到当地，带领当地老百姓精准找到致富方向，在此基础上，围绕上海所能，开展当地所需的项目。

另一方面是为夷陵推出一系列特色产品。目前夷陵的农副产品不聚集、不

◀ 正在建设中的雾渡
河镇马卧泥村茶旅
融合产业发展项目

聚焦，形成不了合力，质量产量也上不去。有质量没产量，有产量不讲究质量，都不能被认可。要说特色产品，夷陵真的有，但是我们缺的是具有可持续性的特色产品。所以目前我们就在着力打造平台，推出农副产品，尤其是优质的特色农产品，将它们引进上海。这样才能把当地的致富路给带动起来，同时也可以为上海的老百姓提供更加地道的湖北味道。

　　总而言之，对于未来，再多的豪言壮语不如做好当下。我会继续做好上海和夷陵两地对口支援的桥梁，当好交流交往交融的工作平台，为上海对口支援工作而努力！

文山·静安　情深意长

　　徐晓林，汉族，中共党员，在职研究生，云南省文山壮族苗族自治州麻栗坡县人，1973年11月生。2002年5月至2004年11月任麻栗坡县发改局副局长。2004年12月至2013年3月任文山州扶贫办社会帮扶科科长。2013年3月至2017年7月任文山州扶贫办秘书科科长，2017年8月至今任文山州扶贫办党组成员、副主任。

口述：徐晓林
采访：刘伟星　祁耘书
整理：刘伟星　祁耘书
时间：2020 年 8 月 27 日

为加强上海对口帮扶的工作力量，文山州扶贫办当年从基层选调了一批骨干力量。我有幸于 2004 年 11 月从麻栗坡县发改局调动到州扶贫办工作，同年 12 月任社会帮扶科科长，主要从事上海市及静安区（原闸北区）对口帮扶和各级定点扶贫工作。

16 年弹指一挥间，一路走来，我有幸参与、见证了文山州各个阶段的扶贫开发工作。文山州各级党委、政府和全州各族群众按照各阶段扶贫工作的要求，结合文山当地实际，在上海市及静安区的关心支持下，苦干、实干、加油干，不等不靠不懈怠，全面落实了上级党委政府关于脱贫攻坚的精神，取得了良好的成效。

全州协力　脱贫攻坚

党的十八大以来，文山州认真贯彻落实党中央、国务院精准扶贫、精准脱贫的战略部署，面对农村道路、通信、饮水、住房等基础差、底子薄；产业发展散、小、弱；就业组织化程度低、技能缺乏，群众增收难度大；教育、卫生等公共服务落后；贫困人口多、基数大，在全省排第四位；项目和资金投入精准度不够，资金投入有限等瓶颈和制约，对贫困人口进行了两轮精准识别，认真扣好脱贫攻坚的第一颗扣子，围绕贫困人口的"两不愁三保障"等问题，举全州之力，全党动员、全民动手、全社会参与，精准施策，对症下药。

与国内其他贫困地区有所不同的是，文山壮族苗族自治州是一个集"革命老区、少数民族地区、边疆地区、石漠化地区、贫困地区"为一体的自治州，也是云南省脱贫攻坚的主战场之一，全州8县（市）均为国家扶贫开发工作重点县（市）。

围绕"两不愁三保障"标准，文山州动员一切力量、集中全部优势、投入所有精力、采取过硬措施，全面完成各项硬指标，补产业就业短板，强化收入保障。把发展产业作为脱贫的根本举措，注重长短结合，坚持因地制宜，引领龙头带动，重点发展三七、果蔬、茶叶、畜禽等传统优势产业，加快发展万寿菊、食用菌、生姜等区域小众特色经济作物，80%的建档立卡贫困户通过产业扶贫实现增收。

在增加群众收入的同时，我们也力求将贫困群众的看病难题彻底解决。2016年以来，文山州投入大量资金，实现全州8个县级医院、104个贫困乡级卫生院、819个贫困村卫生室建设全面达标，贫困人口基本医疗保险、大病保险、医疗救助全覆盖，贫困患者政策范围内住院医疗费用报销比例达91.09%。

此外，因贫穷而上不起学的情况将不再出现。数年以来，共投入教育扶贫资金67.35亿元，实现县域义务教育发展基本均衡，九年义务教育巩固率达96.22%。建立了各学段贫困学生资助全覆盖体系，2016年以来累计投入33.37亿元，资助困难学生470.89万人次。

喜人的是，截至2020年7月30日，全州7个县（市）已顺利通过第三方评估和脱贫攻坚普查，实现了脱贫摘帽，退出贫困县行列，剩下的深度贫困县广南县也基本达到脱贫标准。目前，全州65.02万建档立卡贫困人口"两不愁三保障"问题得到了全面解决，819个贫困行政村综合服务功能也有了显著的提升，农村生产生活基础设施得到改善，群众增收的稳定性、持续性得到加强。伴随着农村村容村貌发生的巨大变化，群众的内生动力也得到有效激发。可以说，边疆各族群众"扎根边疆、心向中央"，深深感受到党和政府的温暖。

两地协作　共创佳绩

文山州脱贫攻坚工作所取得的成绩既有当地群众、干部的努力和付出，也有东部发达地区同胞的智慧与贡献。开展东西部对口扶贫协作工作是党中央、国务院"先富帮后富"的制度性安排，是推动区域协调发展、协同发展、共同发展的重大战略，充分体现了社会主义制度的优越性。

1996年上海市及原闸北区就和文山州及砚山县、麻栗坡县建立了对口帮扶协作关系，2015年原闸北区与静安区整合后，原闸北区的帮扶关系随之转移到静安区。根据脱贫攻坚工作的新任务新要求，原由浦东新区帮扶的文山市、广南县2016年一并交由静安区负责，由此静安区在文山承担了50%县（市）的对口帮扶协作任务，对口帮扶文山市、砚山县、麻栗坡县和广南县，其中广南为深度贫困县。

对口帮扶协作关系建立以来，双方在具体工作中把这种制度性安排落实得淋漓尽致，可以说是东西部扶贫协作的鲜活实践案例。近年来，上海对文山州的持续帮扶主要围绕脱贫攻坚的短板安排项目和资金，按照"文山所需、上海所能"的原则，每年都从下至上申报论证项目、安排项目。

▲ 文山上海劳动技能培训中心

　　持续数年间，静安区持续帮扶落实了小康示范村、新纲要示范村、贫困村功能提升、产业发展、农村基础设施、干部人才交流、劳务协作、经济技术合作、文品入户、沪企入文等一大批关乎脱贫攻坚的民生项目。特别是"十三五"脱贫工作集中攻坚以来，上海市及静安区的帮扶力度逐年加大，帮扶资金逐年增加。仅2020年，上海与文山双方政府协议内项目资金就达到了4.5亿元，这些项目资金的投入不仅为文山州的脱贫攻坚工作带来了"及时雨"，还有效助推了脱贫攻坚进程，确保帮扶工作帮到点子上、扶到关键处。

　　在此过程中，两地政府还组织开展了包括百企帮百村、村企结对、乡镇街道结对、医院结对、学校结对、社会力量助力挂牌督战贫困村行动等在内的一系列对口帮扶工作。上海市及静安区全面动员社会力量参与脱贫攻坚，静安区成为对口县（市）脱贫摘帽的直接参与者和见证者。1996年以来，沪滇帮扶项目遍布文山壮乡苗岭、瑶乡彝寨，一个个项目如星星之火，点缀在文山大地上，照亮群众的脱贫之路，发挥着典型引路、示范带动作用，有效改善了群众的生产生活条件，项目片区村寨的房固了、路畅了、水通了、粮足了、民富了、村靓了、群众笑了。

　　上海市及静安区财政除了每年拿出真金白银，真情实意帮扶，除帮钱、帮物、帮思路、帮招商外，还选派了大批优秀干部到脱贫攻坚一线直接参与攻坚战。自1996年至今，已选派了11批干部到文山帮助工作，挂职干部的工作时间也由原来的一年、两年到目前的三年，选派的人数也越来越多。如今，上海方面选派到文山工作的干部已达到20人，工作岗位也由原来安排在州级部门下沉到县（市）一级，州级只安排一位同志牵头协调，第十一批是潘正旺同志，担任州政府副秘书长。目前选派的干部有处级干部和科级干部，层级更加广泛。

　　2004年我到州扶贫办工作时，刚好是第4批上海挂职干部在文山工作。当年，方建量同志在州扶贫办担任副主任，主要负责砚山、麻栗坡县的帮扶协作工作。我作为文山当地的干部，服务好上海挂职干部是应尽的职责，我们和历批挂职干部在工作生活中建立了深厚的感情。正所谓铁打的营盘流水的兵，虽然一批批的挂职干部完成任务后便返回了上海，但他们每一位都难忘文山故乡情。一次文山行、一生文山情，他们在认真落实好计划项目外，还当好文山的宣传员和联络员，将文山和上海连在一起。不论是在挂职期间，还是返沪工作后，他们都充分发挥各自在上海的资源、人脉等优势，为文山引进资金、项目、技术，为文山的发展鼓与呼，做出积极贡献。

与来自上海的挂职干部一起工作多年，记忆犹新的人和事真是数不胜数。他们先进的思路、理念，他们对工作的认真态度，他们深入村寨的身影，他们奔忙的脚步，他们严谨的作风，他们对当地干部群众的理解包容，他们面对贫困感同身受……无不让我们文山州的当地干部、群众印象深刻。虽然每位挂职干部都有各自的性格和习惯，可他们每个人都是上海的一张名片。不论是为文山特产"带货"的"网红县长"，还是积极深入基层的"云岭楷模"，抑或是取得了不俗成绩的先进工作者。可以说，每位上海来的挂职干部都让我们打开了眼界，是我们需要学习的榜样与标杆。

当然，在做好"带头人"的挂职干部外，上海选派到文山地区支教、支医的专业技术干部，大学生志愿者也给我们各县（市）的学校、医院留下了宝贵的技术财富。如今，只要一说起"上海医生"和"上海老师"，当地群众无不竖起大拇指，说出心中最真挚的颂扬。在日常工作中，我发现这些专业技术干部来到文山后不仅主动融入当地，还迅速和当地干部、群众打成了一片。也正是因为怀着这种"来了就是文山人"的心态，他们中不仅涌现出了许多先进典型，更得到了云南省、文山州及县（市）党委、政府的表彰和奖励。

基层奉献　树立榜样

上海派来的第九批挂职干部周海波同志在文山州工作期间，与当地的扶贫干部何卫平结下了深厚的友谊。其实在文山当地，像何卫平同志这样坚持从事扶贫工作的基层干部还有很多很多，他们一干就是几年、十几年。特别是自集中攻坚以来，文山的干部上到州委书记、州长，下到村小组组长，都把脱贫攻坚作为第一责任，抓在手上、记在心上、扛在肩上、落实在行动上，讲扶贫、干扶贫、促脱贫。

比较典型的案例就有西畴县岩头村的村小组长李华明。地处悬崖峭壁上的西畴县西洒镇岩头村，尽管距离县城只有 8 公里，但由于地处深山，交通闭塞，让当地群众吃了不少苦头。一个 15 户人家 75 人的小山村，脱贫工作集中攻坚前还有 4 个大龄男青年没有结婚，嫁进来的姑娘实在待不下去，偷偷跑了 6 个；村民卖头猪，光雇工把猪抬出去，就得花去猪价的一半；村里有人生病只能用担架抬到医院救治；孩子们在距离村子 2 公里以外的学校上学，来回要走两个小时的山路，出行难成了全村群众最揪心和头疼的事。

要致富，先修路，苦熬下去的结果就是一辈子受穷。关心村民利益、深受群众信任的李华明被大家推选为村民小组长后，他暗下决心：哪怕砸锅卖铁，也要带着大家把悬崖上的进村路打通。就在李华明准备组织大家修路时，有人不怀好意地和他打赌：如果你能带着人把这条路修通，我拿手板心煎鸡蛋给你吃。尽管如此，李华明没有动摇组织村民修路的信心，毅然决然要修通进村公路。历经 12 年的坚守和苦干，2014 年 1 月，岩头村终于修通了长 1 公里的进村简易路。此后，县政府出资 16 万元，群众投工投劳用 20 多天进行了进村水泥路面硬化，圆了祖祖辈辈通路梦的同时，也彻底实现了整村的脱贫致富。这就是"等不是办法、干才有希望"的"西畴精神"的鲜活案例。

同样值得钦佩的还有麻栗坡县天保镇小寨村委会的主任蒙仕珍，她总是身

▶ 古那冲——上海援建纲要示范村

先士卒地奋战在脱贫攻坚战的第一线，舍小家顾大家，带领群众敢想敢干，实现全村脱贫目标。可以说在文山州，像何卫平、李华明、蒙仕珍这样基层干部的典型事例数不胜数。他们在平凡的岗位上默默奉献，无怨无悔。还有的干部在脱贫攻坚岗位上献出了宝贵的生命，用生命诠释了为人民服务的意义，他们才是新时代真正的英雄，值得敬仰。

在向这些基层干部致敬的同时，我也时常会与上海的挂职干部沟通、交流、学习。在多年工作交往的过程中，大家彼此间都建立了深厚的友谊。逢年过节时，我们都会相互通过电话、微信祝福问候一下。组织安排了这样一个从事东西部扶贫协作工作的平台，让我有机会服务上海干部，参与这项平凡而伟大的事业，可以说我在上海的朋友是比较多的，他们就是一批批的挂职干部，他们就是我的领导、朋友、兄长，他们是良师益友。

目前，按照"两不愁三保障"的标准和要求，文山州8县（市）基本解决了绝对贫困问题，各方面取得了长足的发展，群众生产生活得到极大改善。然而文山州在纵向比较上有较大发展，但横向比较，与发达地区仍然存在较大差距。因此，加快发展仍然是文山的第一要务，在自身发展的过程中，仍然需要得到外部力量的帮扶支持。

希望东西部扶贫协作持续开展，让文山和静安友谊之花常开，双方的互动更加密切，在解决相对贫困问题后，继续帮助我们巩固拓展提升脱贫攻坚成果，有效衔接乡村振兴，在持续稳定给以项目资金支持的同时，加大两地经济协作力度，把大上海的资金、技术、人才、信息、管理、市场、观念优势与文山的资源优势结合起来，实现优势互补、互利共赢。

经历是人生最大的财富，来文山工作，就是文山人。不管是来过的、现在的、将来的，文山人都会常怀感恩之心，永远欢迎上海的同志们常回"家"看看。

对口援建硕果丰　沪疆两地情谊深

　　木合塔尔·芒苏尔，维吾尔族，1963年8月生，新疆伽师人。1981年10月参加工作，1993年1月加入中国共产党。现任中共新疆维吾尔自治区喀什地区巴楚县委副书记、政府党组书记、县长。全面主持县人民政府工作。

口述：木合塔尔·芒苏尔
采访：郭晓静　范建英
整理：范建英　陈　童
时间：2020 年 9 月 27 日

习近平总书记指出，做好新疆工作事关全国大局，绝不仅仅是新疆一个地区的事情，而是全国全党的事情。在这一思想指导下，近年来，在上海市委、市政府以及静安区委、区政府的大力支持和帮助下，巴楚县在人才、技术、项目、资金等方面都获得了全方位的无私援助，一批又一批铁肩担道义的援疆干部来到巴楚挥洒汗水、辛勤耕耘，也正是有了他们，才有了巴楚这些年的发展与成绩。作为巴楚县委副书记、县长，同时也作为一名普通的新疆老百姓，我切实享受到了对口援疆工作给我们带来的福利，也深切感受到了来自上海人民、上海市政府的深厚情谊。

同甘共苦助脱贫　并肩战斗促发展

近年来，巴楚县在上海市委、市政府的大力支持和关心下，按照"民生为本、规划为先、产业为重、人才为要"的总要求，聚焦社会稳定、脱贫攻坚、产业、就业等关键点，发挥优势、精心谋划、持续发力，积极打响上海援疆品牌。

10 年来，上海对口援助巴楚共投入援建资金 39.7 亿元，共开展实施援建项目 206 个。这其中，绝大部分资金被投入到民生建设事业，以等不起的紧迫感、慢不得的危机感、坐不住的责任感抓执行、抓落实。10 年间，一座座安居富民房拔地而起、一条条平整的道路通到了群众家门口、一股股甘甜的自来水流进了群众的家里，群众的家里摆上了美观的沙发、舒适的卧床，现代化的家具进入了千家万户。如今，全县国民经济和社会发展取得了巨大成就，综合实力显著增强，公共服务水平明显提高，教育、卫生、文化等各项社会事业得到了全面发展，各族群众的生活水平大幅提高，人民群众的幸福感、获得感跃然提升。

所有的成就都离不开一批批的援疆干部，在历史使命、家国大义面前，援疆干部们充分发挥舍小家、顾大家的大局意识，从繁华的国际大都市上海来到大漠边陲的巴楚，他们克服了生活习惯、语言、工作环境等方面的困难，充分发扬吃苦耐劳、无私奉献的精神，全身心投入到巴楚县的各项事业建设中。目前，第十批援疆干部正在与巴楚各族干部群众并肩作战，为维护巴楚社会稳定、打赢脱贫攻坚战、推进经济发展、不断保障改善民生做出积极努力。作为一同奋战的战友，我与援疆干部们始终保持着密切的沟通交流，经常以电话、微信等方式交流经济、人才、技术、民族团结、教育等领域的工作。我也始终坚信，只要我们一起携手并进，一定能够建设更加美丽、更加繁荣的巴楚。

除了与现在第十批的援疆干部们同甘共苦外，我也与前几批的援疆干部们保持着良好的沟通。近几年来，按照上海市委、市政府的安排部署，曾在巴楚县开展对口援疆工作的曹雷军、唐凌峰、李永波、施齐、周玉鸿、严布衣等同志带队深入巴楚县，就经济发展、科教文卫、民族团结等领域的工作进行考察调研，在此过程中，我们进行了深入而友好的交流互通，这些同志也对巴楚未来的发展提出了许多中肯的建议和意见，让我们获益良多。

作为巴楚县委副书记、县长，一批批援疆干部们留下的足迹、做出的成绩，让我终生难忘。第七批援疆干部曹雷军和施齐等同志在援疆期间，组织实施了安居富民房建设、巴楚一中、二中教学楼及配套建设、教师进修学校业务用房、巴楚县老年大学、县职业技能实训基地、县人民医院和县维吾尔族医院医疗、棚户区及老城区改造、县广播电视中心、旅游景区规划及配套设施建设等共计 100 个项目，共投入资金 9.50473 亿元，为巴楚的经济社会发展奠定了基础。

第八批援疆干部唐凌峰、周玉鸿等同志，他们立足巴楚实际，充分发挥当地自身能力和资源优势，首创"运动援疆""公益援疆"概念，在巴楚任职三年中连续举办 2 届"野行巴楚·大漠胡杨双人越野挑战赛"。每届赛前带队深入沙漠腹地勘察线路、选定运动员临时宿营点，每天徒步十几公里，有时甚至就在沙漠深处搭帐篷过夜，集中体现了援疆干部吃苦耐劳、勇往直前、勇于创新的工作作风。他们在充分调研论证的基础上，加强对各族群众的宣传教育引导，改良本地甜瓜品种，强化科技支撑，规范种植管理，成功打造出"巴楚留香瓜"知名品牌，同时依托互联网引入农业订单模式，基本建成县、乡、村三级电商推广服务体系，现在电商已成为巴楚县农产品销售非常重要的平台之一。同时，他们针对南疆地区校园文化建设薄弱、德育教育模式单一的情况，在构建学校、家庭和社会三位一体的教育管理体系方面积极探索，创建了南疆地区首家社区学校——巴楚社区教育示范点。

第九批援疆干部李永波、严布衣等同志在推进脱贫攻坚、做好"两不愁三保障"的关键时期来到巴楚县。他们坚决执行"民生为本、产业为重、文化为

◀ 加大教育卫生领域投资，新建县人民医院

魂、人才为要"的工作方针，持续精准发力不松懈，多措并举搭好组合拳。在援疆三年期间，共安排援疆资金 13.9971 亿元，实施援疆项目 66 个。援疆项目和资金安排以乡村基层、民生改善、脱贫攻坚为主，重点涉及安居富民、产业脱贫、教育卫生、人居环境、交融交往交流等方面。针对脱贫任务中的"住房保障"任务，共安排援疆资金 5.1808 亿元，建设安居富民房 38600 套，深入推进安居富民房和美丽乡村建设，实施安居点水电配套及农村、社区人居环境整治，不断改善群众生产生活条件，2019 年巴楚县实现贫困县摘帽。同时，他们还加大教育援疆力度，安排援疆资金 2.8898 亿元，用于开展各级学校校舍建设、教学仪器设备和图书资料购置，同时还通过创新职业教育模式，实施巴楚县职业技能培训学校能力提升工程，开展"校企园"联合办学，组织学生赴西安、湖南、江苏等地企业开展顶岗实训。在医疗卫生方面，三年间完成县人民医院新院建设和搬迁，广泛开展"三降一提高"项目、组织乡村脑瘫、白内障等患者进行手术。

每一批、每一位援疆干部都为我们巴楚县的建设和发展立下了汗马功劳，在这其中，援疆干部严布衣同志令我印象尤为深刻。作为第八、第九批援疆干部，他在巴楚一干就是六年时间，也正是在他的一手打造下，巴楚县城电商从无到有、从有到优。建设农村电商服务网点 100 个，形成县、乡、村三级电子商务网络，集聚了顺丰、中通、圆通、京东、韵达等 8 家快递企业，打通了"工业品下乡、农产品进城"通道，探索了南疆县城电商物流模式。2017 年，巴楚县成功申报为国家级电子商务进农村示范县，乡镇电商站点布局基本完善，全县快递网络基本形成，实现了县域快递货物统一安检、统一仓储、统一管理，解决本地就业 117 人，电商合作农产品加工企业带动稳定就业超过 400 人，季节性就业近千人。与此同时，他也是打造巴楚留香瓜特色农产品品牌的领头人之一，在他们的努力下，琼库尔恰克乡新建的 2500 亩留香瓜标准化种植基地建立起来了，在援疆干部们的帮助下，当地初步形成完善种植技术标准、供应链体系和线上线下销售网络，实现瓜农亩均收入 3000 元。上海东方卫视《我们在行动》节目组还专程到巴楚拍摄了两集专题片，宣传巴楚留香瓜，扩大了巴楚留香瓜的影响力。同时，借助"双线九进"特色农产品销售平

▲ 探索"双线九进"
消费扶贫，开拓内
地市场

台，以严布衣为代表的援疆干部在上海市内设立了 9 个巴楚特色农产品销售窗口，累计举办"双线九进"特色农产品推广活动 200 余场次，帮助巴楚培育龙头企业 6 个，组织开展消费扶贫次数 170 余场次，采购、销售对口县农产品或手工艺品金额达到约 1.1066 亿元，带动贫困人口脱贫约 4000 人。

当然，严布衣同志只是历届援疆干部中的一个缩影，和他一样优秀的援疆干部和典型事例不胜枚举。援疆干部们扎实肯干的工作作风、严谨细致的工作态度、无私奉献的敬业精神深深地感动着我，感动着巴楚 38 万各族干部群众。尽管每一批的援疆干部在巴楚工作的时间仅有三年，但是在朝夕相处过程中，巴楚的人民群众和他们都建立起了亲人般深厚的感情。

2020 年，上海方面安排东方卫视到喀什巴楚来录制《极限挑战宝藏行》节目，喀什共录制三期节目，巴楚独占两集。这两期节目制作精良，用情用心。不仅推介了巴楚当地的好景色、好资源、好味道，还帮我们营造出在大力推动脱贫攻坚任务的同时也可乐享舒适田园生活的好氛围。据统计，节目播出后，巴楚县、鹿苑、奇特村、白沙山、红海景区等迅速抢登"旅游目的地"搜索榜。其中，仅通过淘宝天猫搜索关键字"巴楚留香瓜"的数量就达到 30 多万人次。节目播出后的一周时间内，天猫、盒马等国内大型电商平台销售的巴

◀ 通过"极限挑战"节目等推介特色产品和旅游资源

楚留香瓜订单量相比前一周就提升了3倍有余。据悉，沪食贸易上海有限公司、嘉兴市场顺发果业批发、叮咚买菜、上海西郊国际批发市场、八方果行批发部等多个平台以及水果市场的留香瓜订单量均有明显的增加。

勇于担当见真情　助力疫情攻坚战

　　每一批援疆干部都是一支政治立场坚定、综合素质高、凝聚力强、大局意识强、甘于奉献的人才队伍，每一名援疆干部都是恪尽职守、勇于担当、开拓进取、团结协作的优秀干部，他们在援疆这个大舞台上克服困难、尽显其能、努力工作，为维护稳定、发展经济、改善民生，无怨无悔地奉献着自己的力量和智慧，充分展现了援疆干部的良好形象，赢得了巴楚各族干部群众好评。

　　现在我们与第十批援疆干部一起工作、生活，而2020年的新冠疫情防控工作，更是让我们深切体会到什么叫"患难之中见真情"。为确保人民群众的生命安全，上海援疆前指和巴楚分指坚决落实喀什地委、巴楚县委关于疫情防控工作的总体要求，分指援疆干部、医生团队纷纷克服时间紧、任务重等困难，主动参与到疫情防控攻坚战中，所有人都不顾个人安危，奋战在疫情防控工作的第一线，为疫情防控工作切实有效开展做出突出贡献。

　　面对"全县现有检测条件和能力无法在规定时间内完成县域 38 万人口全民核酸检测任务"这一突出矛盾时，巴楚分指在前指的领导和协调下，及时对接上海后方，调剂、增配核酸检测设备和力量，为两地信息沟通、资源调配发挥好桥梁纽带作用。这次，上海市共选派 23 名增援队员带着全套设施设备和试剂来巴楚协助开展核酸检测。上海市在上海市委、市政府的大力支持下，在上海市卫健委、援疆前指和分指的协调帮助下，以最快的速度组织 9 名工作人员和 5 家医院的 14 名资深技术人员，成立核酸检验医疗专家组，同时调配大量抗疫检测物资和全套设施设备，支援巴楚开展疫情防控工作。而分指的援疆干部纷纷主动请战，在做好自身防护的基础上，积极参与人员接送、物资保障、实验室建设、检测力量协调、突发事件处置等重要工作。此外，分指不仅参与疫情防控一线工作、赴乡、镇项目工地指导督查疫情防控情况，还为县一线防疫工作人员联系捐赠防疫物资，助力巴楚打赢打好这场疫情防控阻击战。

　　通过近几年来的对口援疆工作，上海先进的管理理念、管理模式、管理技术，援疆干部开阔的工作思路、扎实严谨的工作作风和高效的工作效率，不仅给全县干部注入了新的生机和活力，也让我深受启发。我认为无论从事什么工作，要着重在制定科学的规划、加强组织领导、强化统筹协调、转变工作作风等方面下功夫，在工作中发扬钉钉子精神，依法依规、一件一件盯着去抓落实，推动工作取得成效。巴楚县在以药宁书记为班长的正确领导下，全面贯彻落实自治区党委、地委决策部署，各项工作均在有序、扎实的开展推进中，特别是在一些重点领域，取得了显著成效。比如，脱贫攻坚在 2019 年通过自治区检查验收，2020 年又顺利完成国家的普查复验。再如，在应对新冠疫情防控工作中，县委、县政府全面贯彻落实自治区党委、地委决策部署，在上海市委、市政府的大力支持下，齐心协力，攻坚克难，有序开展疫情防控工作，既充分体现了"上海效率""援疆精神"，又进一步展现了对口援疆的成效。

　　上海开展对口援疆十数年来，巴楚县发生了翻天覆地的变化，巴楚人民的生活水平有了质的提升，这一切都离不开每一个默默奉献的援疆干部，离不开上海市委、市政府的大力帮扶。值此机会，我也希望，广大援疆干部全面贯彻落实党中央、国务院和上海市委、市政府的决策部署，认真践行"民生为本、规划为先、产业为重、人才为要"的方针，按照习近平总书记第三次中央新疆工作座谈会会议精神，完整准确贯彻新时代党的治疆方略，牢牢抓住新疆工作总目标，依法治疆、团结稳疆、文化润疆、富民兴疆、长期建疆的总要求，着眼巴楚产业发展、人才培养、技术支撑、项目引进、科教文卫等领域，充分发挥智慧、知识、技术和援疆优势，为巴楚社会稳定、经济发展、民生改善做出新的更大贡献。

　　同时，巴楚县作为受援地，我们将高度重视援疆工作，坚持把援疆工作作为巴楚全局工作的重要组成部分，对援疆干部做到工作上支持、政治上关心、生活上关爱，及时帮助解决好各方面的实际困难和问题，为广大援疆干部营造舒心、安心的生活工作环境，让其切身感受到家人般的关怀与温暖，解决好后顾之忧，让广大援疆干部在巴楚这块热土上开拓创新，再立新功。

　　沪疆两地情，援疆一线牵。静安巴楚相隔千山万水，两地人民友谊地久天长！

援夷干部，感谢有你

　　刘勇，1985年12月生。现任宜昌市夷陵区太平溪镇党委副书记、镇长。历任夷陵区鸦鹊岭镇党委委员、副镇长，共青团夷陵区委书记、党组书记，夷陵区邓村乡党委副书记、乡长等职。曾有4次在上海挂职、学习经历，亲历"三峡孩子看上海"夏令营活动、关爱三峡地区先心病儿童项目、太平溪镇移民就业中心（续建）项目、茶苑移民小区综合改造（三期）项目等。

口述：刘　勇
采访：李烨洁　陈　超
整理：李烨洁　陈　超　黄泽骋
时间：2020 年 8 月 21 日

从我毕业离校至今，就一直在宜昌市夷陵区的乡镇参与工作。而我与上海的缘分，还要从十年前说起。得益于东西部扶贫协作的政策，从 2009 年起，夷陵区就陆续派干部来到江浙沪地区学习各地经济建设、社会建设与文化事业发展的先进经验。2010 年我作为"夷陵区招商干部培训班"的一名年轻学员，第一次来到了上海，与上海的干部一起学习经济管理、招商引资、项目建设等方面的先进理念，和上海的缘分就此结下。此后的十年间，我在上海总计参与了四次不同类型的挂职锻炼和短期培训，与上海这片土地和对口支援夷陵地区的干部感情越发深厚了。下面，我就上海静安对口支援夷陵地区工作，简要分享下我的所见、所闻、所学、所想。

我在上海取到了"真经"

夷陵所需，静安所能。为了让上海的新技术、新方法、新理念能在夷陵区生根发芽，静安区开设"订单式"培训，累计培训人员 3000 多人次，覆盖区、乡（镇）、村三级，让我们夷陵地区干部及时"更新升级"，始终走在改革创新的最前沿，我也因此而受益。

2013 年，我来到静安区商务委进行了为期三个月的挂职学习。在静安的每天都过得相当充实，在商务委的领导与同事的无私帮助下，我先后参与学习了静安区营商环境优化服务工作、"白领午餐"项目运作、楼宇经济运行与管理、城区业态布局规划与管控等工作，走访多家静安商业市场主体，还参与文明城区创建工作等。通过此次挂职，开启了我对上海的认知之窗，架起了沟通的桥梁，更新了服务发展的理念。虽然时间短暂，但足够我受用一辈子。

此外，在静安生活的三个月还给我留下一个深刻印象：就是不管你走在哪一条马路上，一转角就能看到一家便利店；走不到 5 分钟，就能找到一家药店；再走远一点，就会有菜场、超市，生活相当便利。这足以体现了一个城市的管理水平，也体现了政府对老百姓生活需求的高度关注。这些微小的细节给予我们在日常工作中极大的启发，例如如何把网格化管理运用到移民城镇、街区建设过程中。只有把细节考虑好，才能把整个环境营造得更贴心，老百姓的生活也才会更舒心。

在挂职期间，除了像海绵般汲取城市管理的先进经验，我也结识了许多上海的师长亲朋。他们不仅在工作中给予悉心指点，更关心我的日常作息和饮食习惯，节假日期间更是带着我体验上海这座国际化大都市的"创新与包容"。这么多年过去了，我和当时在上海一起共事的领导、老师和同事之间还一直保持联系。

回夷陵工作后，我把取得的"真经"用在了工作中的方方面面。一是制定村规民约，推动移风易俗。以前我们夷陵地区人情风盛行，很多村民辛辛苦苦干一年，一半的收入都给了份子钱，这成为老百姓们无法承受之痛。如何刹住人情风？我在上海取到了"真经"——顺势而为，以人为本。就是我们基层干部要从群众最关心的小事、细节入手，引导群众自我管理、自我约束。如今，太平溪镇村成立了红白理事会，制定了村规民约，引导大家红事少办、白事简办、事事文明办。移风易俗我先行，大操大办带头禁。村民公约不仅走进了群众的心里，更落实到了每个人的实际行动中。另一个是针对社区青少年，开展项目化服务。我当时看到静安区团委为区内不同年龄阶段的学生和青年群体在区青少年活动中心有针对性地开设各类项目，在夷陵城区建设青少年活动中心的时候，我们就充分借鉴了静安区为社区青少年服务的先进经验，不仅在硬件设备上满足孩子们的需要，更是将其打造为"培根铸魂"的思想阵地。在我们提供的项目化服务中有青年志愿者服务队、青少年心理健康追踪，还设有思政培育项目，并开创了夷陵区的"红领巾课堂"。2019 年 8 月 7 日，《人民日报》以《让留守儿童也能快乐成长》为题推介了宜昌市夷陵区开展暑期德育加油站"红领巾课堂"的做法，让留守儿童近距离感受科技魅力，丰富假期生活。

沪夷两地青少年手拉手心连心

为进一步加强两地青少年的交流和互信，促进两地青少年互相关心帮助，共同成长成才，在时任夷陵区委副书记张峰同志的倡议下，静安区与夷陵区团委共同策划实施了两地青少年的暑期互访交流活动。

该项目的初衷，是打造以两地青少年为切入点的平台和机制，使沪夷两地的优秀青少年从中受益，成为融汇两地爱心、深化两地友谊的重要渠道和纽带，建立起上海学子与三峡移民后代之间的友谊。在夷陵，我们首先对参与项目的对象进行细分。一类是区内品学兼优的美德学生代表，另一类是三峡移民的孩子代表。其中一位名叫黄钰芳的留守儿童给我留下了很深的印象。

▲ 2015 年"三峡孩子看上海"夏令营

2015 年 7 月 20 日，"三峡孩子看上海"夏令营启动。"美德少年"黄钰芳荣幸成为夷陵区 25 名三峡移民子女、全区美德少年以及留守儿童等优秀青少年儿童代表其中的一员，一起免费参加此次活动。在路上，我们随行的老师了解到她此行的心愿就是能到爸爸在上海工作的地方去看一看。黄钰芳家住宜昌市夷陵区分乡镇分乡场村，她 2015 年小学毕业即将进入初中。她的爸爸黄治龙在外打工近 20 年，在上海的一家公司做油漆主管，妈妈王春秀多数时间也在外打零工，她一直留守在家由爷爷奶奶照顾，就读分乡完全小学。我们当时一听就觉得这是我们这一行必须完成的一个任务。

从情感上来讲，我们的移民通过自己勤劳的双手参与上海的基础设施建设，这也是一种相互沟通。我们也想在这个过程中看看能不能找到更多的共鸣。所以当时通过静安区团委联系到了他的父亲。我记得那天是 7 月 23 日，我们刚刚参观完东方明珠电视塔下来，黄同学的父亲就站在上海东方明珠广场上，手里拿了一个为女儿精心挑选的礼物。当时我们都还没反应过来，黄钰芳就直接冲到她爸爸的怀抱里，一场"穿越千里来看你"的感人画面定格在上海东方明珠广场。那种亲人相见的情景，令人备感温暖。在当天之后的行程中，黄钰芳紧紧地攥着爸爸的手，孩子的爸爸也特别激动。这次父女久别重逢，让"同饮长江水"的沪鄂两地之情更加深厚。在告别活动现场，黄钰芳和她爸爸代表夷陵区的留守子女和父母，向静安区团委以及社会上支持和关心移民生活的人们，深深地鞠了一个躬。

这个两地青少年暑期互访交流活动从 2015 年创办以来，一直延续至今，我认为其对两地孩子都产生了较为深远的影响：一是让来自夷陵的孩子们看到了上海这样繁华的大都市，开阔了他们的视野，了解了我们伟大祖国发展最前沿的面貌。二是让来自上海的孩子们了解到在辽阔壮丽的祖国，还有三峡大坝这个国之重器，树立了他们对祖国发展的自豪感。三是在两地的青少年之间架起了友谊的桥梁，这种友谊不仅仅只是停留在我们某一个项目上，而是扎根到年轻一代，再通过他们把上海国际化大都市来支持三峡地区发展，建立感情的故事讲得更久远。四是进一步巩固了两地传统友谊，深化了全方位交流合作，也奠定了两地未来合作共赢发展的坚实基础。让我们有理由坚信，沪夷对口支援工作之花必将更加绚丽地绽放，静安夷陵的传统友谊必将源远流长。

同饮一江水，牵手一家亲

上海与夷陵同饮一江水，牵手一家亲。自 1992 年上海静安对口支援夷陵以来，两地合作交流已走过了 28 个年头。20 多年来，静安在经济、社会、文化等方面给予了夷陵巨大的帮助，为夷陵的跨越发展提供了强大支持。我想从对移民们的搬迁安置与产业扶贫两方面来简要介绍一下。

三峡移民确确实实是对国家的重大工程付出很多的一个群体。因为仅从夷陵来说，就承担着葛洲坝水利工程、三峡大坝水利工程以及三峡输变电的建设任务。所以夷陵的移民特征一是数量大，二是迁移难度高。这些移民有的是靠后搬迁，有的是外迁，最远的有落户到上海的崇明岛。靠后的移民就是沿江往后撤，找地方安顿下来。我目前工作的太平溪镇，不仅是距离三峡大坝最近的，也是夷陵区移民最集中的一个乡镇。镇里有坝区移民，有库区移民，还有三峡输变电高压的移民。这些移民从原来生产生活的地方搬出来，住在完全陌生的一个新地方。在综合帮扶前，许多移民小区基础设施破旧落后，污水横流、管线乱拉，居住环境脏乱差又不安全，且移民生活来源不稳定。

◀ 太平溪镇许家冲村居民点公共洗衣池

为了解决这些问题，对口支援的干部带领我们下基层调研，申请各方面的援助资金，还积极引进上海的先进经验举措。在这个过程中，我们就考虑到：原来老百姓的哪些生活习惯是比较好的，我们把它保留下来，留得住这个乡愁。另一方面是如何将生态环境友好地与我们社区管理服务相结合。我想说两个案例：一是建洗衣池，留住乡愁。住在江边的老百姓，都习惯在江里面洗衣服。这是我们老百姓非常希望保留的一个方面。第一个原因是他们在那洗衣服用的是山泉水；第二个原因是大家都在那洗衣服，就跟跳广场舞一样，可以边洗衣服边拉家常，也可以把我们现在党和国家所关注的一些大事、要事，和移民生活相关的事在一起讨论讨论；第三个原因是能够一同回忆起当时在江边居住的场景。考虑到上述三个原因，我们把它保留了下来，老百姓也非常欢迎。2018 年 4 月 24 日，习总书记来看望三峡移民的时候，当时正好路过了我们的便民洗衣池。正在村里洗衣服的几位村民告诉总书记，过去是在江边洗衣服，现在村里建起了便民洗衣池，污水集中处理，非常环保。总书记还接过洗衣用的棒槌，俯下身试着捶打了几下衣服，并表示，看见大家日子过得好，我高兴！

另一个案例是做好污水处理与垃圾分类。以前移民们生活在江边，往往习惯把自己产生的生活污水和厨余垃圾扔到江里，直接影响了生活环境。我们通过引导建设一些相关的设施，把小区中所有移民的生活污水集中到一起，把管网布置起来，再将生活污水包括生活垃圾、厨余垃圾进行分类。如此，村居的生活环境得到了整体的优化，生活污水和垃圾废弃物也得到有效的处理。在落实垃圾分类工作时，结合本地实际情况，我们把垃圾分为干垃圾、湿垃圾和可回收垃圾。可回收的垃圾实际上是指必须回收处理的垃圾，不仅仅是可再生使用的垃圾；干垃圾可以用作还田；湿垃圾则是我们的厨余垃圾。可以说垃圾分类改变了老百姓原来的生活习惯，但是对我们的生活环境是有益的。我们也感觉到自己的努力得到了各个方面的认可，特别是领导的关注。

除了搬迁安置，产业扶贫也起了很大的作用。太平溪镇主打的农业品牌是早茶晚橙。早茶早到 2 月就可以有茶叶喝，而且销售的范围非常广，现在总共有 6 万亩的可采摘的茶园，这都是得益于上海对我们对口支援的农业项目。当

◀ 太平溪镇美人沱村
村民柑橘丰收

地优质的橙子一年四季只有两个月，不过品质非常好，不仅供给到国内各大城市的大型商超和水果市场，还远销到俄罗斯、哈萨克斯坦等国家。这对于整天奔波在田间地头的老百姓来说，收入有了稳定的提升。

扎扎实实做好民生保障工作

历届静安援夷干部都在保障移民生活上下功夫，用一句毫不夸张地话来形容，就是夷陵人生老病死、求医求学的过程，都有上海对口支援的影子。

因为当时移民的生产生活条件有限，对一些先天性疾病的排查与救治的医疗手段并不完善，导致当时一些患有先天性心脏病的儿童得不到有效的救治。在得知这一情况后，上海的对口支援干部牵头通过村镇与社会团体收集患儿信息，将他们分批送至上海的医院进行免费治疗，这样极大减轻了移民家庭的负担。

之后又专门打造"健康工程"捐资1000万元，援建妇幼保健院、三斗坪卫生院、乐天溪卫生院等卫生医疗服务机构，改善了就医条件。其中，夷陵妇幼保健院是静安重点支援项目之一。十多年前，它还是一所设施简陋、人才匮乏的小医院。在静安的大力援助下，夷陵妇幼保健院相继实施了业务楼改建、医用仪器设备更新改造和妇保中心、儿保中心建设，添置了进口先进诊疗设备30多台，医院诊疗环境大大改善。同时，静安持续不断帮助妇幼保健院加强队伍建设，开展人才培训、业务交流，培养了一大批医疗业务骨干，有效提升了医疗服务能力。目前，夷陵妇幼保健院已经建成经湖北省卫生厅评定的"二级优秀妇幼保健院"，医院的软硬件都达到一流水平，先后荣获包括"中国县市级优秀妇幼保健院"在内的多项国家级和省级荣誉，成为夷陵当地一块响当当的牌子。在此次抗击新冠肺炎疫情中，上海援建的医疗基础设施和交流培养的医护团队发挥了重要作用。

援夷干部，夷陵因你们而更精彩

我长期在夷陵区基层工作，与李永波、张峰、邢光、赵峰四位挂职区委副书记有过交往。作为夷陵区委班子的重要成员，他们理念先进、视野开阔、作风扎实、敬业严谨，工作中有思路、有点子、有能力，成绩突出，在夷陵当地干部群众中反响良好。他们不仅仅是给了当地基层干部很多在工作上面的支持和帮助，并且也非常愿意帮助解决我们个人成长、发展上的困惑。

通过长期的接触，我对上海援夷干部有几个突出的印象。一是他们在日常工作中处处都考虑周到细致，很注意细节。比如援建项目从论证选题到立项审批，从建设管理到竣工交付使用，都有一套严密的制度规定和管理办法，并且都充分吸纳当地党委、政府的意见。每一个项目从头到尾都有一套完整的资料，清清楚楚，毫不含糊。李永波书记在 2012 年至 2013 年期间，走遍全区33 个集中移民村和 20 个贫困村，详细了解村情、民情，撰写出非常有价值的调研报告，建立了对口支援集中移民村项目库，为今后一段时期对口支援项目立项提供了第一手资料。上海援夷干部这种认真负责的精神，赢得了沪夷两地干部群众的交口称赞。二是上海援夷干部政治过硬、素质很高、专业能力强、作风务实，有强烈的国家意识、大局意识、责任意识和奉献精神，他们服从组织安排选派，远离家人到夷陵工作，以钉钉子精神深耕对口支援各项事业发展，更是以自己的一言一行践行中央的重大战略决策，履行政治责任。三是对于形势的判断非常准确。他们所提出的顺势而为，是在对规律的把握和对事情的客观判断后，再来做出的正确决断。要顺着规律来做，而不是逆规律而行，这为我今后的工作提供了很多的思想指引。

历届对口支援干部对夷陵发展做出的贡献可以说是不胜枚举，但综合来看可以概括为三点：一是打好基础。不管是民生项目、产业项目还是社会公益项目，他们都在引入先进理念的同时为移民积极谋划，打好坚实的基础。二是优化结构。特别在产业发展方面，上海与市场对接得更为紧密，接收到的市场信息能够帮助夷陵当地的农副产品精准营销，少走弯路。三是精准助力。历届援夷干部在社区建设、服务经济社会发展、招商引资营造良好环境、医疗事业改善提升等众多关键领域上都能精准助力，带动当地发展。此外，这些干部从夷陵挂职回去后，还会找机会再一起聚一聚，从工作关系到朋友关系，彼此的心联系在一起，感情非常深厚。

静安区原区委书记，现上海浦发银行监事会主席孙建平在第五届中国宜昌（夷陵）柑橘节暨中国柑橘学会 2015 年学术年会开幕式上讲的两句话，我至今记忆犹新。他说："因为有静安，夷陵的明天将更加美好；因为有夷陵，静安的明天将更加精彩。"正是这些优秀的上海领导从未把自己当作夷陵的"过客"，而是视夷陵为故乡，以夷陵发展为己任，殚精竭虑，克服诸多困难，做了大量卓有成效的工作，才有夷陵今日的辉煌成就。

我们当地的干部群众非常希望这种机制、模式能很好地进行下去，希望上海继续选派优秀的干部来宜昌、夷陵挂职，和我们一起共同推进乡村振兴工作。在今后的工作中，我也希望两地能够建立更多的沟通渠道，助力双方共融合作向前发展。

援疆家属的"双城生活"

　　董捷，现任中共静安区委党校副校长、区行政学院副院长，是静安区第八批援疆干部周玉鸿家属。周扬，周玉鸿女儿，在校学生。2014年至2016年，周玉鸿担任中共新疆维吾尔自治区喀什地区巴楚县委常委、副县长，上海援疆巴楚分指挥部副指挥长，现任静安区委统战部副部长、区民宗办主任、区政府侨办主任。

口述：董　捷　周　扬
采访：郭晓静　李烨洁　陈　超
整理：李烨洁　陈　超　陈　童
时间：2020 年 7 月 3 日

我的爱人周玉鸿作为第八批上海援疆干部骨干，根据组织安排于 2013 年 8 月进疆，与第七期援疆干部进行了为期半年的"压茬"交接，并在 2014— 2016 三年援疆期间，担任巴楚县委常委、副县长，上海援疆巴楚分指挥部副指挥长职务，分管援疆项目及旅游发展工作。对我爱人而言，援疆三年既是一次难得的工作经历，更是一份深刻的人生体验。作为援疆干部家属，我们为他这三年的工作表现和成果感到与有荣焉。

一人援疆，全家奉献

对口援建新疆是静安区的一项长期工作，每轮工作周期都会选派符合条件的同志参与援疆任务。区委组织部每次发通知要求报名时，我丈夫周玉鸿都积极报名参与。这次也是一样，他是在报名后告知我的。说出来你们可能都不相信，他的第一次入疆可以说是一次"说走就走的远行"，我们基本上没有充足的时间做准备。因为第八批援疆采取了"压茬"推进的工作方式，就是在第七批还未结束援疆工作周期前，第八批的正副指挥长两个人必须提前半年到岗，熟悉工作环境，交接工作任务。从正式接到组织上的通知到出发只有五天时间，原以为有三个月的准备时间，变成了短短的几天。所以，当时只能简单收拾一些换洗衣服和随身物品就出发了。我记得当时他说要入疆的时候，我本人还在外地出差，我是连夜从外地赶回来送行的。如果说有准备的话，那更多的是我们全家人支持他援疆的态度和决心。希望他在思想上没有任何包袱，在心理上没有任何担忧地投入到全新的工作中，让他切实感受到家庭永远是他坚强的后盾、前进的动力。

记得当时，静安区的领导打电话问我们有什么困难或问题时，我们的回复是虽然有困难但会尽量自己克服解决。临行前，区里为两位正副指挥长举办了一场座谈会，我很荣幸以家属身份发言。会上，我表示一方面坚定支持我丈夫到巴楚援疆，因为他无论是政治素质，还是个人素养方面都符合条件。同时，我也表态会照料好家中老人、孩子，让他没有后顾之忧，筑造一个稳固的大后方。然而，新疆与上海无论是在自然环境、社会文化，还是在经济发展、风俗人情等方面都有很大差异，所以我当时心里也有三方面担忧：

一是安全方面。巴楚位于地震多发带，中等强度以上的地震时有发生，这就意味着要面对许多自然环境的考验。此外，当时当地的反恐维稳斗争形势还是比较尖锐复杂的，所以人身安全和工作安全都是我最关注的。

二是生活方面。对于长期在南方温润气候生活的人而言，要适应西北干燥的气候和口味偏重的饮食，也是不容易的。我爱人平时的餐食以清淡为主，所以刚到巴楚的时候，他不是很适应，在相当长时间内肠胃都不是很舒服。

三是工作方面。援疆工作远比在上海的工作任务重、节奏快、压力大。作为巴楚县委常委、副县长，他要履行好县领导的岗位职责，一手抓好当地经济社会发展，一手抓好社会团结稳定；作为巴楚分指挥部副指挥长，他要协助指挥长，管理好援疆队伍，关心好团队成员，带领大家圆满高效地完成各项援疆任务。面对这么大的工作量和这么广的工作面，对于他而言也是一次挑战。

援疆三年中，我们交流的方式更多的是打电话。平时同事们也会问我是不是经常用视频聊聊天，给爱人看看小朋友的成长变化。起初我也以为可以这样，其实等他去了之后才发现边疆的信号不是很稳定，每次视频常常是音画不同步或者掉线，效果不是很好。我印象最深的是在2014年"7.28"莎车暴恐事件发生以后，作为家属，我心里其实蛮着急的，感觉越是想知道爱人实时情况的时候，越是没有办法联系到他；越是想关心他安危的时候，越是感觉鞭长莫及。与此同时，他们的工作量也比往常翻了一番，周末也要加班，不可能做到每天联系。再加上时差关系，他们有时忙到晚上十点才下班，回到集体宿舍的时候，女儿已经睡觉了。最后，我们不得不做了一个"相约星期六"的约定，即约定每周六通一次电话。这成了我们"双城生活"的一种常态。

老百姓常说过日子如鱼饮水，冷暖自知。全国几万个援建干部家庭的情况尽管各不相同，但总会碰到一些共性问题。比如，家中大小琐碎事物全由一人担当，老人、孩子生病时感到心力交瘁，自己兼顾家庭与工作时觉得身心俱疲，担心爱人健康与否、安全与否的牵挂之情，等等。这其中的滋味只有经历过"双城生活"的家庭才能体会。在这三年当中，我很感谢静安区委、区政府各级领导的关心和关爱，也很感谢我爱人和我所在单位的各位领导和同事们的照顾及帮助，让我们这个小家庭没有成为一座孤岛，而是一个稳固的大后方，也让身在援疆一线的他可以安心踏实、心无旁骛地工作。

回首三年"双城生活"中的快乐和遗憾，其实是同一件事，那就是对孩子成长过程的影响。先说遗憾吧，我丈夫援疆的三年半里，女儿从 4 岁长大到 7 岁，从上幼儿园到走入小学校门。这个年龄段的孩子在身体、智商、情商、性格等方面的发展变化都很快，即便天天和她生活在一起，有时也会对她的显著变化感到惊讶。比如，怎么突然学会做这件事了？怎么也有自己的小个性，不再对大人的一切安排都言听计从了？这些变化都是孩子不可逆的成长过程，也是父母能陪伴孩子成长的最大快乐。但遗憾的是我爱人并没有见证女儿这段时间的成长，缺席了这段时间亲子关系的培养和维护，缺少了对孩子珍贵成长片段的记忆。这些都是无法弥补和追溯的。直到今天，孩子爸爸还时不时会感叹："宝宝，你怎么一下就长这么大了？原来只有这么小，什么都不知道呢。"因为，在他的记忆里女儿好像是从 4 岁一下跨越到了 7 岁。至于快乐，我觉得就是我们全家都平平安安地度过了这不平凡的三年，这段经历也给女儿的成长带来了许多深远的正面影响。我们常说言传不如身教，身教不如境教。在孩子的成长过程中，家长的言行举止和提供的环境是非常重要的。援疆的三年，虽然给我们日常的家庭生活造成短暂的形态上的"不完整"，但却为孩子提供了一个完整认识世界、认识自我，丰富个人心智的机会。孩子爸爸以自己的实际行动告诉了女儿什么是大爱、什么是奉献、什么是感恩。孩子自己也变得更加懂事明理，懂得体贴大人，学会自我管理，做好妈妈的"小帮手"。这些对她价值观的培养，对她性格的养成，都起到了积极的引导作用，而这些认识都是来自她对生活的真实体验而非家长的说教，所以就会更加深刻和久远。

真心融合，是民族大团结的要义

我爱人在援疆这三年当中，通过定期走访对口帮扶的困难家庭、"五个一"联系对象和"访民情惠民生聚民心"联系点，认识了很多维吾尔族家庭。在真心交流、真情互动中，大家结下了深厚的情谊，我们家也认识了很多维吾尔族"亲戚"，直到今天都保持着很好的关系。

三年中每逢过年回家探亲，我爱人都会和我聊起这些维吾尔族家庭的故事。其中，我印象最深的是一个叫木合塔尔的孩子。他是一名高三维吾尔族学生，家里祖祖辈辈都是农民，家庭收入很低，有一弟一妹，弟弟还患有先天性心脏病，家庭负担很重。但是，小木同学学习刻苦、成绩优异，是学校重点

◀ 2016年上海援疆工作巴楚分指挥部与结对少数民族家庭开展民族团结联谊活动

关注的贫困生。我丈夫在基层走访调研时，了解到他的情况后就决定要帮助孩子完成学业，考上大学，并承诺一直资助到他大学毕业为止。在他高三备考期间，我丈夫时不时打电话关心和鼓励他，最后小木同学如愿考上了喀什大学。在大学求学期间，我爱人每次到喀什开会都会去看望他，关心他的生活境况，送去一些生活和学习用品。小木同学原来是个不善言辞、有些内向的孩子，但通过一段时间的接触，他渐渐向我爱人敞开心扉，愿意主动交流，甚至在做一些重要决定前，还会征询我爱人的意见。其中，最令我动容的一段话是，他说以前觉得村里的干部就是"很大的官"，从没想过会认识一个副县长。如果没有认识我爱人，他可能会辍学，命运可能会发生重大改变。因此，他们全家都很感谢静安援疆干部的关心和帮助，小木同学自己也立志以后要像周大哥一样做对社会有用的人。毕业前，他发微信告诉我爱人，他已经顺利完成学业，本来可以留在喀什工作，家里人和村里领导也希望这个好不容易培养出来的大学生能够在城市扎根。但他说自己已经决定回到家乡做一名基层公务员，为当地老百姓服务，为维护边疆稳定做贡献。

古再努尔一家也是我们的朋友。和他们的相识，则要从一个可爱的维吾尔族小男孩说起。小古的儿子伊穆然患有先天性耳廓发育不全的病症，当时因为年纪小，不能贸然做手术，小伊的耳朵看起来和其他小朋友不一样。这导致他性格孤僻，不愿和其他小朋友一起玩。五年过去了，古再努尔带着孩子到乌鲁木齐看病，当时医生给出的结果简直是当头一棒——孩子听力减退，以后需要一直戴助听器，而且还要再做 3 次手术。佩戴助听器会不会造成孩子新的心理障碍？这么小的孩子要做 3 次手术，得受多少罪？一系列的问题，把她压得喘不过气来。后来，经她所在单位领导介绍，抱着试一试的心态，她找到了我爱人。了解了事情的原委之后，我爱人表示会竭尽所能帮助他们。当晚 10 点左右，古再努尔就接到了我爱人的电话，告诉她喀什第二人民医院有个上海五官科的专家来坐诊，已经帮她联系好了，让她第二天带着孩子去看病。当时古再努尔激动得连握电话的手都抖了起来，她不敢相信这么快就出现了转机和希望。第二天一早，伊穆然在喀什第二人民医院接受了全套的听力检查，诊断结果让古再努尔悬着的心放了下来：孩子的听力完全没问题，目前只需要依靠耳机多做听力训练，到 10 岁的时候，做个耳道打通和耳廓再造手术就可以恢复了。

后来，我爱人和古再努尔约定，每周抽出时间互学对方民族的语言，提升各自的工作能力；每逢肉孜节、古尔邦节等维吾尔族重要节日，我爱人都会登门拜访，送上祝福；当得知古再努尔爱人所在乡中学的班级里有特困生，他又主动与这些孩子"牵手"，同时还帮助古再努尔的爱人到上海的回民中学进修学习了一段时间。值得高兴的是，小伊同学就在今年暑假来到上海看病治疗，准备做耳道打通和耳廓手术。我爱人考虑到他们是首次来沪，就事先安排好住宿、接机、用餐、出行和住院等问题，让他们可以安心看病，我们也希望小伊手术顺利，早日康复。

踏上这片既熟悉又陌生的土地

作为援疆家属，组织上安排我们有一次探亲机会。2015 年"十一假期"，我和女儿启程去巴楚探亲。

对于巴楚，我们既熟悉又陌生。记得在去巴楚的高速路上，放眼望去，黄沙遍野、寸草不生，除了荒凉还是荒凉，真的是"千山鸟飞绝、万径人踪灭"，

◀ 2015 年董捷一家
在新疆的全家福

对于见惯了青山绿水、花红柳绿的我们来说，沪疆两地的自然环境真是天差地别。此外，我们也能感受到当地内紧外松的稳控压力。

可是当车辆慢慢靠近县城时，我们却发现了许多上海的影子，找到了不少静安的印迹。比如，进入巴楚县城的交通要道就叫世纪大道，这不禁让人马上联想到上海的世纪大道。在县城，你随处可见静安援建的幼儿园、医院、蔬菜大棚，还有维吾尔族老百姓的安居房等。在巴楚与当地一些同志聊天，你会觉得很亲切，因为他们工作的单位就有来自上海静安的同事，有些人还曾到静安进行过短期挂职或专项培训，家里的小孩子曾是静安支教老师的学生，家里的亲戚也曾请静安的医生看过病。静安援建巴楚的项目可谓遍地开花、落地生根。

也正是这一次难得的家属探亲，让我对援疆工作多了一份理解，对我们"双城生活"的经历多了一份感谢。在巴楚生活的几天，我亲身体验到了援疆干部在适应环境、开展工作等方面的种种不易，同时也真切感受到，新疆的发展确实需要来自全国各地的支援，巴楚的发展确实需要静安社会各界的帮助。在自然条件并不优渥的边疆地区，如果再没有外来资金、技术、人才的支持，再没有先进文化、教育、医疗的供给，那里的百姓将很难摆脱贫困落后的现状，社会也很难维持和谐稳定。只有实地了解了巴楚的现实情况，亲眼见证静安为巴楚所做出的努力，你才会明白静安与巴楚应该要走得更近一些，你才会明白巴楚党委、政府对加快当地发展的心情有多迫切，当地老百姓对改善自身生活的需求有多期盼。这也让我充分理解援疆干部身上的责任和使命有多重大，充分理解我爱人在巴楚的任务和担子有多繁重。

三年半的援疆历练让我爱人变化不少。外在的变化是人变黑了、瘦了，皱纹多了，白头发也增多了。内在的变化是内心变得更加丰富厚实了，对人生的体验更加深刻了，对社会的认知也更加全面了。以前，他的工作岗位是商业经济和区域规划发展，更多的是和企业家、专家学者打交道，做的是拟写规划计划、提供政策建议等方面的工作。援疆工作进一步增强了他的全局意识和大局观念，提高了他的统筹协调能力、突发情况应对能力和人际交往沟通能力。这些能力的储备，无论对他后来在街道工作，还是在民宗办工作都有很大的帮助。尤其对于民族宗教工作而言，这样一份宝贵的援疆经历让他对自己的工作定位有了更深刻的认识，工作站位更高、工作思路和视野也更加开阔。对他而言，民族宗教工作不是一份普通的工作，而是一项事关国家安全战略大局、边疆繁荣稳定的事业。在为静安的少数民族群众服务时，他会有一种天然的亲近感和共情意识，在做具体工作时更能换位思考，更能设身处地为服务对象着想。这样就更能团结凝聚少数民族群众，保持同频共振、共谋发展进步。

原来这就是爸爸奋斗的地方

2015 年国庆节，我和妈妈到新疆巴楚去看爸爸，在巴楚玩了三天。尽管时间不长，但我很喜欢那里，因为它和上海有很多不一样的地方。那里有很多上海吃不到的美食，比如甜得像蜜一样的香瓜、西瓜、李子，浓郁香甜的酸奶，美味可口的红海烤鱼和红柳烤羊肉……那里也有很多上海见不到的风景，比如广阔的胡杨林，一望无边的戈壁滩和沙漠。当然，还有一些在上海体验不到的事情，比如经常停水、没法洗澡，空气很干、嘴唇会开裂，风沙很大、打在脸上会很痛。

以前，我不能理解爸爸为什么不在家陪我而要到新疆工作。直到有一年春节，爸爸回来给我看了一段视频。视频拍了一个巴楚的乡村幼儿园，那个幼儿园看起来又简陋又破旧，桌椅板凳很笨重很难看，教室里没有好玩可爱的玩具，也没有精美好看的绘本图画。班级里有 40 多个小朋友，但只有两个老师照看他们。那些小朋友身上的衣服远不及我和我的同学们的漂亮干净，有的看起来都不太合身。看完视频，我就问爸爸：你去新疆是要帮助他们吗？爸爸说是的。我就想，那些小朋友和我一样大，但生活环境和条件却比我们差很多。爸爸应该去帮助那些小朋友和他们的爸爸妈妈，让他们过上和我们一样幸福的生活。

在巴楚，我游览了爸爸参与援建的旅游扶贫项目——红海景区。红海公园里有碧波万顷、波光粼粼的红海湖，湖边是美丽的胡杨林、红柳滩、杏花海，远处是金光闪闪的雪山，美得就像一幅画。公园里游人如织，到处都充满欢声笑语。有个热情的新疆小女孩自愿做我们的导游，她的普通话说得很标准，带

▲ 周扬在征文活动中获得的荣誉证书

我一起参观了大馕坑，观看了精彩的新疆歌舞。爸爸说，以前的红海景区是一片荒滩，红海湖是靠当地各族群众齐心协力挖出来的，所以也叫民族团结湖。爸爸和他的同事们来到巴楚后对景区进行了升级改造。现在，红海景区成了南疆地区的热门旅游景点，而且正在积极申报 5A 级景区。当地老百姓通过发展旅游业找到了工作，挣到了钱，改善了生活。所以，我觉得爸爸的工作很有意义，也很有价值。后来，我把自己在巴楚的所见所闻写成一篇作文，还获得上海市中小学生庆祝建国 70 周年主题征文活动一等奖，我为爸爸感到自豪和骄傲。

后记

2020 年是全面建成小康社会之年，根据习近平总书记关于"脱贫攻坚不仅要做得好，而且要讲得好"和中央关于党史工作"一突出，两跟进"的要求，经中共上海市委同意，市委党史研究室组织全市各区党史部门，在各级党委领导下，编写的"上海助力打赢脱贫攻坚战口述系列丛书"，经过各方的通力合作，与大家见面了。

《静安的责任》是"上海助力打赢脱贫攻坚战口述系列丛书"中的一本。本书在编纂过程中，得到了中共静安区委、静安区人民政府的领导和中共上海市委党史研究室的指导，在区委办公室、区委组织部和区合作交流办的大力支持帮助下，区委党史研究室根据市、区相关要求，全力推进本书的编写工作。自 2019 年 12 月至 2020 年 10 月，本书的编写历经制定工作方案、组建工作团队、确定口述对象、进行采访整理、修改文本初稿、编委审阅定稿等阶段，2020 年 10 月本书定稿交付学林出版社。在本书编纂过程中，中共上海市委党史研究室二处给予了精心指导，编委会成员对文稿审阅并提出了宝贵意见，主编林捷对全书进行审定，副主编郭晓静负责全书的统稿。刘伟星、蒋妍、化燕楠、李烨洁、王莺、范建英、陈超、祁耘书、陈童、黄泽骋负责口述内容整理、初稿编写、史实核准、照片征集和文稿校对，蒋妍、李烨洁在前期方案制定、团队组建、选题梳理、初稿整合等环节做了大量基础性工作，范建英在与出版社沟通联系等方面协助主编做了大量工作。学林出版社的许钧伟也为本书的出版付出辛勤劳动，在此一并致谢。

由于编者水平、资料及时间所限，本书内容难免存在疏漏不妥，恳请读者批评指正。

编　者

2020 年 10 月

图书在版编目(CIP)数据

静安的责任/中共上海市静安区委党史研究室编
. —上海:学林出版社,2020
ISBN 978 - 7 - 5486 - 1710 - 5

Ⅰ.①静… Ⅱ.①中… Ⅲ.①扶贫-静安区-文集
Ⅳ.①F127.513 - 53

中国版本图书馆 CIP 数据核字(2020)第 238110 号

责任编辑 许钧伟
封面设计 范昊如

上海助力打赢脱贫攻坚战口述系列丛书

静安的责任
中共上海市静安区委党史研究室 编

出　　版　学林出版社
　　　　　(200001　上海福建中路 193 号)
发　　行　上海人民出版社发行中心
　　　　　(200001　上海福建中路 193 号)
印　　刷　商务印书馆上海印刷有限公司
开　　本　720×1000　1/16
印　　张　19.25
字　　数　30 万
版　　次　2021 年 1 月第 1 版
印　　次　2021 年 1 月第 1 次印刷
ISBN 978 - 7 - 5486 - 1710 - 5/K·198
定　　价　118.00 元